Miguel de Cervantes y el humanismo europeo

Miguel de Cervantes y el humanismo europeo

Editado por
Christoph Strosetzki

DE GRUYTER

ISBN 978-3-11-073642-7
e-ISBN (PDF) 978-3-11-059863-6
e-ISBN (EPUB) 978-3-11-059433-1

Library of Congress Control Number: 2018966312

Bibliografic information published by the Deutsche Nationalbibliothek
The Deutsche Nationalbibliothek lists this publication in the Deutsche Nationalbibliografie;
detailed bibliographic data are available on the Internet at http://dnb.dnb.de.

© 2020 Walter de Gruyter GmbH, Berlin/Boston
This volume is text- and page-identical with the hardback published in 2019.
Typesetting: Integra Software Services Pvt. Ltd.
Printing and binding: CPI books GmbH, Leck
Cover image: Firma de Miguel de Cervantes (detalle), 1593–1594. Image
licensed under CC-BY 2.0: https://commons.wikimedia.org/wiki/
File:Firma_de_Miguel_de_Cervantes_(detalle)_1_(26692601375).jpg

www.degruyter.com

Prólogo

El presente volumen tiene como objetivo investigar acerca de la medida en que Miguel de Cervantes adopta posiciones del Humanismo y verificar si lo somete a examen o lo convierte más bien en blanco de sus sátiras. Se pretende también que estas líneas se conecten con las disciplinas básicas que caracterizan el Humanismo. Es la Ética la que se prefiere, frente a la Lógica y a la Metafísica. Por ello se prefiere la práctica frente al método escolástico, centrado en la teoría; el saber es importante si es relevante para la práctica.

El programa educativo humanístico recomienda el estudio de los textos antiguos, de donde se pueden extraer los conocimientos. La lengua y la literatura que éstos ponen al alcance son, por ello, fundamentales. Por lo tanto, los modelos antiguos de la literatura y de la historia pueden ser considerados maestros e invitan a su imitación. Ésta debe ser considerada más importante que la instrucción o la amonestación. En relación a esto, la educación es un fin en sí mismo y es independiente de las consideraciones utilitarias. Desde el punto de vista de los humanistas, la Retórica es más relevante que la Lógica aristotélica. Por ello es preciso cuidar la expresión lingüística y promover el diálogo con los autores antiguos.

Lía Schwartz ve en el *Viaje del Parnaso* de Cervantes elementos de la sátira de la Antigüedad, tales comos los que se presentaban en Horacio, Persio y Juvenal por la parte romana, y en Luciano de Samóstata y Menipo de Gádara por la parte griega. En su escritura, Cervantes habría tomado como referencia los códigos de la poética y la retórica de Horacio, Cicerón, Quintiliano y Aristóteles. Cervantes y los humanistas de su tiempo tuvieron que adquirir como lectores aquel saber que en su escritura los guiaba mediante la *imitatio* y que los acompañaba en las fases de la *dispositio* y *elocutio*. Resumiendo, Schwartz afirma: «La búsqueda de la erudición poética era una exigencia que compartieron los humanistas europeos de aquellos siglos y que Cervantes hizo suya.»

El mismo Cervantes se movió en los círculos de humanistas de renombre como López de Hoyos, el cardenal Ascanio Colonna, Don Luis de Vargas und Pedro de Valencia. Por ello, era capaz, como subraya Abraham Madroñal, de distinguir entre verdaderos y falsos humanistas. Mientras que debe incluirse en el primer grupo a Don Luis de Vargas, quien en la segunda parte del *Quijote* podría haber servido como modelo para el personaje de Don Lorenzo, para Cervantes aquéllos que se adornan con nimiedades, tales como índices de autores, pertenecen al segundo grupo. De igual manera, tampoco considera verdaderos humanistas a aquéllos que se apropian de méritos ajenos, que se adueñan de textos de otros, que se ocupan con saberes inútiles o crean hechos falsos, todo lo cual queda probado en cada caso con ejemplos extraídos del *Don Quijote*.

Entre ser y parecer diferencia Georges Güntert cuando ve en la *Galatea* de Cervantes elementos de un idealismo neoplatónico cuya idea de lo bueno, lo bello y lo verdadero considera burlada de una manera irónica y relativizada mediante contrapuntos ya en esta obra, y aún más en las piezas teatrales en las que se representa el cautiverio (como *Los tratos de Argel* o *Los baños)*. En la novela *El curioso impertinente*, insertada en el *Quijote*, el idealismo se convierte en último término en una «retórica de la persuasión» que finge y que en el caso de Camila da pie a ambigüedad y mentira.

El género literario de la utopía se ajustaba a la voluntad de creación de los humanistas. Entre otras razones fue por ello por lo que la *Utopía* de Tomás Moro fue recibida con gran interés, traducida a numerosas lenguas y utilizada como modelo para la conformación del orden social en el Nuevo Mundo. Jeremy Lawrance nos muestra dónde puede encontrarse el ideario utópico en el *Don Quijote* y en *Rinconete y Cortadillo*, ideario que, no obstante, se encuentra mezclado con elementos de contrautopía, antiutopía y distopía. Lawrance llega a la conclusión de que Cervantes no «invitaba a soñ*ar en otra sociedad, sino a ver la suya de otra forma»*.

Hans-Jörg Neuschäfer ve un componente utópico en el intercambio epistolar que tiene lugar en la segunda parte del *Quijote,* en los capítulos 36, 50, 51 y 52, entre Sancho, su mujer Teresa y la duquesa. En seis cartas se trata del gobierno de Sancho, el cual se evalúa y se admira. Al igual que las cartas humanistas de los siglos XV y XVI, en las que una élite intelectual de pensadores afines cultivaba un intercambio de ideas en latín acerca de cuestiones políticas y morales, la correspondencia arriba mencionada no era privada, sino pensada para la lectura en público. Neuschäfer resalta lo asombroso de que el intercambio epistolar en el *Don Quijote* sugiera de manera contrafáctica la igualdad y amistad por encima de toda barrera social, de tal modo que no se trata de una imitación ni de una parodia de los epistolarios humanistas: «Por un momento utópico en estas cartas llegan a entenderse Todos, y todos son igualmente reconocidos.»

Tan popular como el género epistolar fue para los humanistas el diálogo, que desde Platón fue objeto de aprecio y de imitación. Wolfgang Matzat examina las conversaciones entre don Quijote y Sancho. De manera paradigmática, se muestra que en ellas no se trata primordialmente de una argumentación lógica, sino más bien de un juego de la afectividad que oscila entre la cortesía y la disputa. Cuando en el capítulo XV Sancho, tras una derrota de don Quijote, pone en duda su autoridad, éste intenta restituir su reputación y con ello su autoridad en calidad de señor. En su diálogo, se muestra como *zoon politikón*, marcado más por deseos de poder, individualismo y egoísmo que por voluntad de cooperación.

El hecho de que la fama de Cervantes durante largo tiempo estuviera injustamente unida casi en exclusiva al *Don Quijote* lo demuestra José Montero Reguera presentándonos las virtudes de la lírica cervantina. Con este fin, presenta diversos poemas de diferentes épocas y los integra con los sucesos y dedicatorias correspondientes en su contexto histórico. Recurriendo a la *Agudeza y arte de ingenio* de Baltasar Gracián, explica qué papel juega en todo ello la retórica de los conceptos, los cuales pueden extraerse por ejemplo de la similitud, de las metáforas o de los nombres.

Jaume Garau recurre asimismo en su contribuación a la retórica al presentarnos elementos de la oratoria sagrada en Cervantes. Éstos los ve especialmente en el *Persiles* de Cervantes, cuyo protagonista aparece en no pocas ocasiones como predicador. Éste representa así las teorías de la ortodoxia católica de manera tan clara como puede leerse también en el catecismo coetáneo de fray Luis de Granada *Introducción de símbolo de la fé*. De este modo, se encontrarían elementos hagiográficos, metáforas de luz y oscuridad, el concepto del *Homo viator* o la idea de que la grandeza de la creación se puede inferir de la grandeza del creador. Al defender la libertad y el libre albedrío, Cervantes se posiciona contra Lutero.

Emmanuel Marigno Vazquez, partiendo de los presupuestos neoplatónicos y de las teorías sobre la mímesis, se interesa por las fuentes de la praxis y de la reflexión iconológica en Cervantes. ¿Se encuentran en primer lugar los aspectos éticos o los estéticos? Asimismo se pregunta «si se le puede considerar a Cervantes como una transición entre una cultura de lo divino hacia otra de lo metafísico, retomando términos de Gilbert Durand o Michel Focault. [...] qué significa la permanencia de Cervantes en las artes europeas desde las primeras traducciones del XVII hasta las recreaciones visuales más postmodernas?»

La recepción ocupa un lugar central también en las últimas dos contribuciones. Rafael Ramis Barceló da numerosas pruebas de los juicios mayoritariamente positivos sobre Miguel de Cervantes en la España de los siglos XVII y XVIII. Estos es válido tanto para los representantes de la escolástica tardía como para la fracción de los *novatores*. Gregorio Mayans fue un pilar central del cervantismo en el siglo XVIII y su amigo Andrés Piquer ve en el personaje de don Quijote un ejemplo de la demasiada credulidad ante las historias de caballerías. Cuando tilda a éstas de hijas de la ignorancia se posiciona como ilustrado contra los prejuicios y a favor del uso de la razón, igual que Antonio José Rodríguez, quien intercede en favor de una fundamentación empírica para todos los saberes, ajena a las autoridades. Cuando el padre Isla ve en el *Quijote* un ejemplo de pérdida de tiempo con la lectura de novelas de caballerías, no se sirve de un viejo argumento de la censura inquisitorial, sino que aboga por el postulado ilustrado de la utilidad.

En su análisis del *Don Quijote*, la filosofía alemana del siglo XIX recurre a la Antigüedad en varias ocasiones. En su preferencia por las ideas frente a la realidad, el idealismo alemán aparece como una nueva variante del platonismo. Así, el sujeto individual crea su propia realidad a partir de sí mismo y mediante su capacidad intelectual creadora. Allí donde el sujeto consciente está activo, está caracterizado por la libertad. Christoph Strosetzki muestra que don Quijote se convierte en paradigma para este sujeto que crea el objeto en su mente. Esto, igual que la colisión de las oposiciones, la lucha de lo ideal con lo real, el entusiasmo y la concepción errónea del mundo son características que los filósofos del idealismo alemán encuentran en su propia teoría y en don Quijote, quien se convierte por ello en nuevo mito, en filósofo, si bien también en objeto de la sátira y de la ironía distanciadora.

Las contribuciones reunidas en el presente volumen dan así pues claras pruebas de la presencia de la tradición humanista en Cervantes y en sus obras al mostrarse que el *poeta eruditus* debía disponer de los conocimientos de la Antigüedad para tener éxito en su *imitatio*; que Cervantes sabía diferenciar entre humanistas verdaderos y falsos; cómo los planteamientos neoplatónicos quedan relativizados mediante una retórica de la persuasión; qué importancia tiene el pensamiento utópico para la evaluación de la propia realidad; hasta qué punto las cartas humanistas conforman un modelo que facilita en la correspondencia de manera contrafáctica una situación comunicativa ideal en casos de desigualdad social; cómo en último término los diálogos oscilan entre la argumentación objetiva y el estado afectivo, entre la voluntad de cooperación y el ansia de poder; qué papel juega la retórica de la agudeza en la lírica cervantina; qué papel tiene la retórica de la predicación en el *Persiles y qué reflexión iconológica encontramos en Cervantes; y, por último, que el Don Quijote* pudo leerse durante la Ilustración como un alegato en favor de la razón, experiencia y utilidad, y más tarde como paradigma de la prioridad, representada por el idealismo alemán, de la idea frente a la realidad.

Christoph Strosetzki, Münster

Contenido

Prólogo —— V

Lía Schwartz
Cervantes — autor hacia 1614: técnicas de la *imitatio* en *Viaje del Parnaso* —— 1

Abraham Madroñal
Cervantes y el falso Humanismo. Algunos nombres propios —— 14

Georges Güntert
La contrastada verdad de la literatura: desde el idealismo neoplatónico hasta la retórica de la persuasión —— 24

Jeremy Lawrance
Las utopías en la obra de Cervantes —— 40

Hans-Jörg Neuschäfer
Parodia, Utopía y Cultura epistolar en la Segunda Parte del «Quijote»: El intercambio de cartas en el episodio de los Duques —— 75

Wolfgang Matzat
La lógica de la conversación en los diálogos del *Quijote*: cooperación y amor propio —— 81

José Montero Reguera
La retórica del concepto en la poesía de Cervantes —— 94

Jaume Garau
La libertad en el *Persiles* en el contexto de la ortodoxia cervantina —— 106

Emmanuel Marigno Vazquez
La imagen en la escritura cervantina. Nuevos planteamientos —— 120

Rafael Ramis Barceló
Escolásticos y novatores: precisiones a la recepción de Cervantes en el pensamiento hispano de los siglos XVII y XVIII —— 136

Christoph Strosetzki
Don Quijote y la filosofía del idealismo alemán —— 149

Lía Schwartz
Cervantes — autor hacia 1614: técnicas de la *imitatio* en *Viaje del Parnaso*

En 1614, al año siguiente de la aparición de sus *Novelas ejemplares*, Cervantes publicó una obra que llevaba el título de *Viaje del Parnaso*, tras la cual se sucedieron la segunda parte del *Quijote* en 1615 y *Los trabajos de Persiles y Sigismunda*, ya en edición póstuma, meses más tarde. A pesar del entusiasmo con el que presentó su *Viaje* – quien se convertiría en el gran autor, el novelista por excelencia de la literatura española – los filólogos y críticos del siglo XIX y aun de las primeras décadas del XX, no parecen haber aceptado su opinión por diversas razones, que incluyen el desconocimiento del exitoso desarrollo de las formas de la *satura* clásica que se difundieron en Italia y en gran parte de otros países europeos desde el primer Renacimiento. Otro factor a tener en cuenta es la influencia ideológica de movimientos literarios como el realismo y el naturalismo, perpetuados aun hasta hace poco tiempo, dentro de los cuales no se manifestó un verdadero interés por reconstruir los códigos de composición de un género grecorromano que se difundió profusamente desde la invención de la imprenta. Sin embargo, aun en estos momentos se encuentran especialistas que siguen concibiendo la sátira como una categoría *modal* que puede manifestarse tanto en obras de ficción, novelas picarescas por ejemplo, como en obras dramáticas o poéticas. Lo que se entiende por *sátira* desde este punto de vista queda reducido a un examen de los temas o motivos recurrentes en obras de crítica social, religiosa o política, ya que, al carecer de una *forma* específica, podía manifestarse en todo tipo de discursos.[1]

Esta concepción de un género prestigioso en la tradición de las literaturas griega y romana que Cervantes imitó en su obra parece haberles sido ajena a algunos críticos, aunque su autor demostró su conocimiento y familiaridad con la *satura* clásica precisamente al componer su *Viaje del Parnaso*, estructurado en diálogo intertextual, por un lado, con la variante romana, en la que se distinguieron Horacio, Persio y Juvenal; y por el otro, con las sátiras compuestas por Luciano de Samósata, que fueron fundamentales para recrear el modelo de las variantes en prosa, derivadas de las obras de Menipo de Gadara de cuyo nombre procede la designación de *sátiras menipeas*, como señalaremos más adelante.

---

[1] Canavaggio, 1981, pp. 29–41 y Close, 1990, pp. 493–511. He tratado la cuestión de la sátira como género o modalidad en Schwartz, 1990, pp. 209–227, que incluye su examen, con amplia bibliografía; ver también Schwartz, 1987, pp. 215–234; 2011, pp. 285–314 y 2012, pp. 21–48.

https://doi.org/10.1515/9783110598636-001

Desde el siglo XVI tanto Luciano como otros autores de obras de este género – compuestas en griego – circularon en Italia, en España y en otros países europeos en traducciones al latín.

En cuanto al *Viaje del Parnaso*, hasta este año sólo contábamos con las excelentes ediciones de V. Gaos y de E. L. Rivers, en la que se plantearon ya cuestiones relacionadas con la composición de esta sátira en verso y con las fuentes reelaboradas por Cervantes; pero los desarrollos teóricos de las últimas décadas, a partir de los cuales deben examinarse ahora estos textos cervantinos, y la necesidad de estudiarlos asimismo en perspectiva ecdótica, irán modificando necesariamente los juicios decimonónicos sobre el *Viaje del Parnaso* a los que aludimos.[2] Prueba de ello sería la publicación de dos nuevas ediciones de esta obra aparecidas en el año 2016. Por un lado, puede ahora leerse el *Viaje del Parnaso y poesías sueltas*, en la edición de José Montero Reguera y Fernando Romo Feito, con la colaboración de M. Cuiñas Gómez, que salió en Madrid, Biblioteca Clásica de la Real Academia Española, en MMXVI.[3] Por el otro, contamos también con la *edición conmemorativa* preparada por Abraham Madroñal y publicada en la colección Clásicos Hispánicos del CSIC. La descripción bibliográfica del volumen original, apuntada por Madroñal era: Miguel de Cervantes Saavedra, *Viaje del Parnaso*, edición y comentarios de Miguel Herrero García. Madrid, CSIC, 1983, 960 páginas. Esta vieja edición, cuya historia resume Madroñal, está por supuesto agotada; citamos, pues, un párrafo pertinente a su descripción de esta última, en la que se han puesto al día los datos presentados en aquellos volúmenes: «la nuestra es una edición con nueva maquetación en la que se han actualizado sobre todo las notas al texto [...]» (p. 10), afirma, pero debe añadirse que se completaron aún otros elementos de la versión anterior que serán de beneficio para sus nuevos lectores.[4]

Montero Reguera y Romo Feito, por su parte, editan y anotan «los dos núcleos fundamentales de la poesía» de Cervantes, es decir, la serie de poemas sueltos compuestos a lo largo de su vida, y lo que llaman «un extenso poema narrativo», el *Viaje*. Es evidente que los editores no lo consideran un texto satírico *tout court*, aunque señalan que «a la burla y la sátira literaria mezcla el encomio; discurre sobre poesía y poética» y contiene «rasgos autobiográficos» (p. 253). En el capítulo titulado «La cuestión del género» desarrollan su interpretación de la sátira como un *modo*, que puede manifestarse en obras de diversos géneros pero vuelven sobre esta cuestión varias veces en la sección «Estudio y anexos». Entre

---

[2] Cervantes, *Viaje del Parnaso*, 1973 y *Viage del Parnaso. Poesías varias*.
[3] Cervantes, *Viaje del Parnaso y Poesías sueltas*, 2016.
[4] Cervantes, *Viaje del Parnaso*, 2016.

estos últimos se incluyen las variantes y la anotación de los poemas editados; en la primera sección (pp. 243–332) desarrollan su interpretación de la obra en verso del autor de *La Galatea*, las *Novelas ejemplares*, el *Quijote* y el *Persiles*. Los jóvenes lectores de esta edición podrán desarrollar, asimismo, una visión más amplia de los logros artísticos de Cervantes-poeta.

Formación literaria y códigos compositivos en el siglo XVI

Es ya un lugar común el reiterar que los modelos que regían la educación renacentista eran diferentes de los del siglo XX. El autor del *Viaje del Parnaso* y quienes habían asistido a las escuelas de aquella época consideraban que la composición de textos poéticos y literarios en su totalidad no resultaba de un acto de creación personal sino de la aplicación de los códigos de la poética y la retórica clásicas que se estudiaban en la escuela y en la universidad. Los textos centrales eran, como sabemos, el *De arte poética* de Horacio y, para la retórica, textos teóricos de Cicerón y Quintiliano y desde mediados del siglo XVI, tras la recuperación de sus fuentes griegas, la *Poética* y la *Retórica* de Aristóteles.[5]

En cuanto a las obras que se aprendía a analizar aplicando los modelos teóricos mencionados, podían variar según la institución de enseñanza elegida pero, en términos generales, los textos del curriculum escolar incluían los géneros centrales de la literatura latina y, – en la traducción al latín a medida que se fueron difundiendo – las obras de autores griegos, cuando algunos de estos textos no se utilizaban para la enseñanza de la lengua misma.[6] Un ejemplo importante es el que ofrece el caso de Luciano ya que numerosas de sus sátiras, por el estilo sencillo con el que estaban compuestas, hizo que fueran consideradas apropiadas para la enseñanza del griego en las escuelas. En España se leyeron extensamente en las ediciones bilingües griego-latín compuestas por Erasmo y Thomas More, a las que Cervantes debe haber tenido acceso a través de su contacto con el humanista que fue su maestro, López de Hoyos; ya adulto las leería, asimismo, en traducciones italianas o españolas posteriores.[7]

---

5 Nos referimos a las siguientes ediciones: Horace, *Satires. Epistles. Ars Poetica*; Cicero, *De inventione. The optimo genere oratorum. Topica*; Quintilian, *Institutio oratoria*, en particular, su libro X, en el vol. IV de la edición citada; Artistóteles, *Poética*; Aristotle, *Classical Rhetoric*.
6 Ver Harmon, 1969; el estudio de Marsh, 1998, así como Zappala, 1990.
7 Para las traducciones ver Thompson, 1940.

Las obras de Luciano (ca. 125 d. C-180 d. C.?), de las que se conservaron unas ochenta, no se conocieron directamente hasta fines del siglo XIV.[8] Nacido en la Siria grecoparlante, entonces parte del imperio romano, se entrenó como orador y fue retórico itinerante dando conferencias para mantenerse en lugares cercanos y distantes de su patria de origen. Luciano escritor, compuso *melétai* y *prolalia*, escritos retóricos y descripciones breves de tono crítico o cómico y una larga serie de sátiras menipeas, siguiendo el modelo de las de Menipo de Gadara del siglo III a. C. En estas últimas describía y criticaba en tono cómico los viajes al Parnaso o al Hades, o hacía hablar a figuras históricas o imaginadas en sus así llamados *Diálogos de los muertos*, o inventaba situaciones fantásticas de ascenso a los cielos o descenso al infierno mientras se burlaba de dioses y hombres en otras variedades de discursos satíricos. En un conjunto significativo de su obra caracteriza a filósofos de tendencias diversas: epicúreas, escépticas o estoicas, o a mentirosos y tramposos, a presumidos y crédulos, desde reconocidas perspectivas éticas. Las traducciones de su obra al latín a partir de 1397, fecha en que se había contratado a Manuel Chrysoloras como profesor de griego en Florencia, y más tarde en versiones a numerosas lenguas europeas, lo convirtieron en el autor favorito de humanistas, filósofos y pensadores de la temprana edad moderna que lo consideraban un auténtico filósofo moral en contraste con los escolásticos solo interesados en sus «especulaciones metafísicas», según lo señalaba ya Marsh en 1998.[9]

Ahora bien, desde el siglo XIX los cervantistas podían admitir que algunas sátiras de Luciano ejercieran influencia sobre alguna novela ejemplar, el *Coloquio de los perros* o, de algún modo, sobre *El licenciado Vidriera*, pero se han dedicado menos estudios a la relación de otros textos cervantinos con los que nos legó Luciano, en particular sobre los que compuso imitando parcial o totalmente sátiras clásicas, como es el caso de *Viaje del Parnaso*. En obras del género de la *satura* romana, como sabemos, se componían retratos *in vituperatione* de la figura criticada, mientras que se reservaban los retratos en alabanza para otras clases de textos. Por tanto, la crítica directa de un tipo social o de un individuo en particular, se centraba en la denuncia de *vitia*, mientras que se daba por sentado que su retrato debía transmitir una visión negativa. Se entendía lo cómico y lo burlesco como una forma de crítica que, por otra parte, permitía detectar y calificar el estilo de un escritor. Horacio criticaba a los personajes representados en sus sátiras y epístolas en tono de burla; Juvenal,

---

8 Para una presentación más completa de Luciano en España, y en particular, su influencia sobre la obra de Cervantes, ver Schwartz, *Gran Enciclopedia Cervantina*, s. v. *Luciano*.
9 Ver el estudio de Marsh, 1998.

siempre hiperbólico, en tono de ataque. A estas normas para la composición de sátiras se refería Cervantes cuando en el *Coloquio de los perros* le hace decir a su personaje Cipión:

> Por haber oído decir que dijo un gran poeta de los antiguos que era difícil cosa el no escribir sátiras, consentiré que murmures un poco de luz y no de sangre; quiero decir que señales y no hieras o des mate a ninguno en cosa señalada; que no es buena la murmuración, aunque haga reír a muchos, si mata a uno; y si puedes agradar sin ella, te tendré por muy discreto.[10]

Cervantes no identifica al «gran poeta de los antiguos» pero revela su familiaridad con no pocos clásicos grecorromanos, tanto en lo que concierne a los textos transmitidos como a los códigos de composición que se enseñaban en las escuelas y que él mismo adoptó en su obra. Uno de los manuales de retórica que se utilizaban en su época era la *Institutio oratoria* de Quintiliano. El libro X se inicia con una valoración de la lectura de los autores clásicos, actividad fundamental para completar lo aprendido sobre las reglas de la redacción de discursos o de obras literarias.

> Sed haec eloquendi praecepta, sicut cogitationi sunt necessaria, ita non satis ad vim dicendi valent, Graecos ἕξις nominatur accesserit.[11]

Pero, continúa además, el futuro orador (o escritor) debe seguir leyendo obras (literarias) porque sin los modelos que le proporciona la lectura será como un barco sin timonel que lo dirija. Guía de lectura, según Quintiliano, debía ser la facultad crítica del lector: *in lectione certius iudicium*. Un buen lector podía retornar al texto varias veces, pero no debía memorizarlo. La buena *imitatio* exigía que se meditara sobre las frases en cuestión antes de que un escritor las incorporase mecánicamente a su obra.

Resulta, pues, significativo en nuestro presente, que en el *Viaje*, Cervantes se describa como lector y como inventor, afirmando así: «yo soy aquel que en la invención excede a muchos».[12] Alude, por tanto, a la teoría retórica que exponía Quintiliano en su tratado cuando insistía constantemente que había que leer para conocer a los mejores autores del pasado. Por otra parte, la fama de lector de Cervantes ya había sido objeto de alabanzas en su época pero sus intereses no se limitaban a los *antiqui auctores*, ya que incluían sin duda la obra de los clásicos de la temprana edad moderna, tanto en Italia como en su propio país cuando regresó de sus aventuras como soldado y luego prisionero en Argel. Como

---

10 Ver Cervantes, *Novelas ejemplares*, 2001, pp. 551–552.
11 Quintilian, *Institutio oratoria*, 1993.
12 Ver Cervantes, *Viaje del Parnaso*, IV, vv. 28–30.

sabemos, la *inventio* podía nutrirse además desde fines del XV con las obras de autores poco conocidos en Europa antes de la llegada de los bizantinos, quienes impartieron lección sobre la lengua y la literatura griegas desde la época de Boccaccio en adelante. Así ocurrió con Luciano, con otros autores de sátiras y con géneros literarios característicos de la literatura griega que no habían circulado en Europa.

Prácticas de la *imitatio*

Las prácticas de la imitación compuesta se caracterizaban por relacionar o combinar varias fuentes literarias o discursivas en un texto. Se juzgaba entonces que en este proceso se manifestaba la capacidad retórica de un autor; por otra parte, este arte de la *imitatio* revelaba cuáles habían sido sus lecturas y cómo se había preparado para ser un valioso escritor. Es en este contexto que pueden apreciarse mejor las declaraciones de Cervantes sobre la importancia de su formación literaria, así como los elogios que prodiga a Fernando de Herrera, a quien juzga «gran poeta por ser», como se diría hoy, un sabio filólogo. En las *Anotaciones a la poesía de Garcilaso de la Vega* Cervantes debe haber hallado información valiosa sobre la literatura clásica que aprovecharía para ampliar su conocimiento de los autores grecolatinos e italianos, que también funcionaron como fuentes sobre las que había construido su poesía su admirado Garcilaso. Se han citado frecuentemente, por ello, unas frases famosas incluidas en la *Adjunta al Parnaso* en las que había declarado:

> Yten, que todo buen poeta, aunque no aya compuesto poema eroyco ni sacado al teatro del mundo obras grandes, con qualesquiera, aunque sean pocas, pueda alcançar renombre de divino, como le alcançaron Garcilaso de la Vega, Francisco de Figueroa, el capitán Francisco de Aldana y Hernando de Herrera. (210).[13]

La estructura escogida por su autor para el *Viaje* permitía la alternancia temática en los ocho capítulos en los que estaba dividido y aun la inclusión en el capítulo II de esta sátira escrita en tercetos de una extensa sección sobre la poesía encomiástica. Cervantes ya había dedicado a la poesía de elogio el *Canto de Calíope* en *La Galatea*, compuesto en octavas reales. Algunos estudiosos se refirieron a este binomio genérico en el *Viaje* que examinó, entre otros críticos, Patrizia Campana en un artículo publicado en 1999, en el que se basaba a su vez en un estudio

---

[13] Ver sus comentarios en el texto citado de Cervantes, *Viage del Parnaso*, 1991, p. 210; y sobre este tema, Schwartz, 2016, pp. 171-187.

de David Gitzlit también citado por Rivers.[14] Nuestro autor ya había practicado el subgénero poético de la poesía de encomio en su novela pastoril. Conocería, además, la lista de 44 nombres que incluyó Caporali en su *Viaggio*, modelo inicial del *Viaje* cervantino. Sin embargo, si se comparan los dos catálogos que inventó Cervantes son evidentes las diferencias, ya que el construido para su *Viaje* funcionaba con no pocos rasgos burlescos como correspondería al lenguaje literario de un texto satírico. Ya había señalado Rivers que la diferencia en el número de poetas mencionados en ambas obras – cien en *La Galatea* frente al hiperbólico número de 130 en el *Viaje* – debía interpretarse «como una exageración de por sí burlesca» mientras lo consideraba «el aspecto menos significativo del poema».[15]

La *satura* clásica: *dispositio* y *elocutio*

En griego y en latín se escribieron textos de crítica o ataque a tipos sociales que partían indudablemente de una opinión negativa de tales individuos pero el estilo de cada escritor podía variar según sus preferencias filosóficas y estilísticas. Como ya señalamos, el estilo con el que Horacio compuso sus sátiras y epístolas difería radicalmente del que había desarrollado Juvenal. Ahora bien, quienes habían descrito las normas retóricas, por ejemplo Quintiliano, insistían en afirmar que la *satura qua* género se había realmente desarrollado en Roma a partir de lo que podían haber sido sus antecedentes en Grecia: las invectivas en yambos compuestas por Arquíloco o ciertas formas de ataque o insultos en tono cómico característicos de la *comedia antigua*, como las que compuso Aristófanes. Otros estudiosos asimilaron la *satura* a los epigramas satíricos, tan difundidos en el XVI y el XVII en las versiones que compuso Marcial. Pero Marcial mismo afirmó que a pesar de algunas semejanzas temáticas los humildes epigramas no podían compararse con las *saturae* de Horacio, Persio o Juvenal. Ello explica que en su tratado Quintiliano afirmara que algunos géneros literarios romanos se remontaban a los griegos, pero en lo que respecta a la sátira sólo cabía afirmar que se había inventado en Roma en sus dos modalidades características: *satura tota nostra est*. En efecto, podía estructurarse como un *carmen* en verso compuesto en dísticos elegíacos o en el formato de la así llamada *sátira menipea* en prosa, que podía ser prosimétrica, es decir, compuesta en mezcla de prosa y verso. La técnica desarrollada consistía en trasponer a un registro cómico visiones críticas de diversos grupos sociales, del comportamiento de

---

14 Ver Campana, 1999, pp. 75–84 y Gitzlit, 1972, pp. 191–218.
15 Ver Cervantes, *Viage del Parnaso*, 1991, «Introducción», p. 15.

figuras importantes o poderosas en la política, las artes o la literatura. Quevedo, por ejemplo, compondría siete sátiras menipeas que incluirán los *Sueños* y *El discurso de todos los diablos* y *La hora de todos* en años posteriores a los de la muerte de Cervantes.

Su *Viaje del Parnaso*, en cambio, fue compuesto en tercetos, en verso, como las *saturae* de Horacio, autor favorito de Cervantes, cuyo desprecio por Juvenal ya hemos señalado pero ello no implica que no lo hubiera leído. De hecho, el capítulo o canto cuarto ya mencionado se inicia con una cita del conocido verso de Juvenal: *Si natura negat, facit indignatio versum*, que Cervantes traduce y desarrolla en los primeros dos tercetos.

> Suele la indignación componer versos,
> pero si el indignado es algún tonto,
> ellos tendrán su todo de perversos,
> De mí yo no se más, sino que prompto
> me hallé para decir en tercia rima
> lo que dijo el desterrado a Ponto.

En el segundo terceto se señala la versificación escogida: un *terceto*, es decir que Cervantes adopta la fórmula ideada por los poetas italianos para traducir los dísticos latinos, mientras anticipa un motivo temático, interpretado por algunos críticos como alusión a su situación personal de poeta rechazado o menos reconocido, que compara irónicamente con las tribulaciones del poeta Ovidio. Cervantes alude a la decisión del emperador Augusto, ya entonces considerada cruel en Roma por haberlo desterrado – sin que se supiera muy bien cuál fue la causa – a Tomis, una población junto al Mar Negro, desde la cual Ovidio compuso dos colecciones de poemas, las *Epistulae ex Ponto* y *Tristia*.

Este soneto titulado *El autor a su pluma*, impreso en algunos de los primeros ejemplares publicados, fue interpretado literalmente *qua* queja o protesta de Cervantes porque se lo describía frecuentemente en busca de reconocida fama. Sin embargo, a mi modo de ver, los toques irónicos que despliega el autor sugieren otras posibles lecturas.

> ***El autor a su pluma***
>   Pues veys que no me han dado algún soneto
> que ilustre d'este libro la portada,
> venid vos, pluma mía mal cortada,
> y hazedle aunque carezca de discreto.
>   Haréys que escuse el temerario aprieto
> de andar de una en otra encruzijada
> mendigando alabanzas, escusada
> fatiga e impertinente, yo os prometo.

> Todo soneto y rima allá se avenga
> y adorne los umbrales de los buenos,
> aunque la adulación es de ruin casta,
>   y dadme vos que este *Viage* tenga
> de sal un panezillo por lo menos,
> que yo os le marco por vendible y basta.[16]

Cervantes, sin embargo, vuelve sobre el escritor que fue y quiso ser en la primera sección del capítulo IV del poema, comentada ya por Jean Canavaggio y por Elías Rivers. En efecto, en la estructura del *Viaje* se observa una alternancia entre «el yo cervantino» que asume diferentes formas: es el protagonista de un viaje imaginario y, al mismo tiempo, representa «al autor mismo... es una versión autobiográfica» suya. Rivers, en su edición del *Viaje* que citamos concuerda con esta lectura y puntualiza, por su parte, que la obra no es una «autobiografía ortodoxa».[17] No podría serlo, a mi modo de ver, ya que los pasajes en los que habla el escritor sobre su obra se entrelazan con la narración de una aventura ficcional basada en la imitación de varias fuentes satíricas. Es así que el conocimiento que tenía Cervantes de las prácticas de la *imitatio* se atenía a las reglas que la gobernaban según los manuales retóricos, el de Quintiliano, que ya citamos, por ejemplo. De allí el peligro de interpretar algunas de sus observaciones fuera del contexto histórico-literario en el que se inscriben.

Un primer ejemplo lo ofrece el juego retórico establecido por Cervantes entre su fuente principal, según él mismo lo declara, y el tratamiento que se dio a este y a otros motivos, o ya *topoi* literarios y satíricos tradicionales. En los primeros tercetos del capítulo primero decía el narrador identificado con la persona del autor:

> Un quidam Caporal italiano,
> de patria perusino a lo que entiendo,
> de ingenio griego y de valor romano,
> llevado de un capricho reverendo
> le vino en voluntad de yr a Parnaso
> por huír de la corte el vario estruendo.

En efecto, como se ha dicho, el *Viaje* cervantino se remonta al *Viaggio di Parnaso* (1582) de Cesare Caporali di Perugia (1531–1601), ya señalado por Benedetto Croce a fines del siglo XIX, quien lo estudió como obra que iniciaba un género literario que había sido de interés y éxito en Italia.[18] Importa recordar, sin embargo, que Cervantes reelaboró su fuente central combinándola con otros elementos estructurales y temáticos, como lo requería la técnica de la *imitatio*. Incorpora así otros elementos

---

16 Ver Cervantes, *Viage del Parnaso*, 1991, p. 3.
17 Cervantes, *Viage del Parnaso*, 1991, pp. 24–26 y Canavaggio, 1981, pp. 29–41.
18 Croce, 1899, pp. 161–193 y la ed. de Caporali, *RIME, / di Cesare Caporali / Perugino* [1604].

que proceden de las sátiras menipeas de Luciano, por ejemplo de sus *Diálogos de los muertos*, y de otras obras en las que había representado la imagen clásica de un universo estructurado en tres secciones: el Olimpo, el Hades y la Tierra, concebida como un umbral en el medio de ambas. Este mismo orden es el que presentaba Séneca en su sátira menipea *Apocolocyntosis* sobre la muerte y sitio final en el Hades al que es condenado el emperador Claudio. Como sabemos, Erasmo recreó este mismo *topos* con algunos matices cuando compuso en el mismo género su *Julius exclusus a caelo* en el que se castiga al Papa Julio II *post mortem*, como Séneca se vengó de Claudio, quien lo había enviado al exilio por varios años. Continuando esta misma tradición literaria se fueron imitando otros motivos centrales de la poesía y prosa satíricas que se leen en la de Cervantes, como es el del *sueño* del protagonista en el capítulo VI. Según lo describe, en su sueño ve a una figura femenina enorme, de nombre Vanagloria, que está descrita en estos términos.

> Esta que hasta los cielos se encarama,
> preñada, sin saber cómo, del viento,
> Es hija del Desseo y de la Fama.

Dos hermanas la mueven, le hablan: la Adulación y la Mentira que «están contino en su presencia», pero quien se deja adular, no sabe que su gloria pasará como «el viento leve». El personaje cervantino, por suerte, podrá despertar de su molesto sueño con lo que confirma cuán peligrosas son las fantasías oníricas.

> Esto escuché, y en escuchando aquesto,
> dio un estampido tal la Gloria Vana
> que di a mi sueño fin dulze y molesto.
> vv. 232-234

Los sueños se habían convertido, efectivamente, en *topoi* satíricos. Procedían del imaginario colectivo del humanismo renacentista. A través de estos textos oníricos se dio forma a la crítica social, a la sátira política y a la utopía. El relato de un sueño ficticio podía constituir una sátira, ya que permitía decir lo indecible. Al ser lo onírico incontrolable se constituyó en un recurso de distanciación. El sujeto que relataba un sueño carecía del control que suele imponer la vigilia, y por tanto, no se le podía imputar total responsabilidad. Así dice el poeta Cervantes en los versos finales del capítulo V:

> Yo quedé en fin dormido como un leño,
> llena la fantasía de mil cosas,
> que de contallas mi palabra empeño,
> por más que sean en sí dificultosas.
> vv. 331-334

Y en el capítulo VI describe su sueño, lo que vio, que no se atreve a relatar:

> Palpable vi... mas no sé si lo escriva,
> que a las cosas que tienen de imposibles
> siempre mi pluma se ha mostrado esquiva.
> VI, vv. 49-51

Pero, precisamente, por estos rasgos o características que mencionamos también Justo Lipsio había escogido, como título de su sátira, el lexema *Somnium* y, por citar sólo otro ejemplo, así lo eligió Quevedo, nuestro conocido autor de los *Sueños* y *discursos*, también relacionados con las obras de Luciano y de Lipsio.

En la sátira clásica se recreaban frecuentemente aun otros *topoi* centrados en la descripción de los movimientos de ascenso al Parnaso, al Olimpo y de descenso de la tierra al Hades, desarrollados por Homero y Virgilio en sus poemas épicos y también presentes en alguna obra de Cicerón, el *Somnium Scipionis* por ejemplo y sin duda en las de Luciano. Cervantes las había leído, como se deduce evidentemente de algunos pasajes de las *Novelas ejemplares*, y así en el *Coloquio de los perros* o *El Licenciado Vidriera*, además de no pocas referencias indirectas. Habría que recordar, además, que Cervantes mismo incluyó algunas reelaboraciones de relatos épicos o épico-satíricos en sus obras de ficción adaptándolas a los argumentos que se prestaban para incorporarlos a partir de aparentes semejanzas. Los viajes al inframundo juegan a veces con la descripción de algún descenso paródico, a la cueva de Montesinos por ejemplo, como se narra en el conocido episodio de la segunda parte del *Quijote* (II, 22). En cuanto al relato de ascensos ficticios al cielo, basta recordar su parodia en el episodio preparado por los criados de los duques para divertirse con el engaño inventado, mientras el narrador puede burlarse de Sancho, ingenuamente contento de haber adquirido cualidades heroicas en aquel simulado viaje descrito en el libro II, capítulo 41. Sancho resultaría también víctima de una caída accidental «en la sima», aunque no real descenso, cuando regresa al palacio de los duques después del episodio de la Ínsula Barataria en II, 55, cuyo epígrafe reza: «De las cosas sucedidas a Sancho en el camino y otras que no hay más que ver.» El accidente parece sugerir que fue concebido como acción paralela a la aventura de Don Quijote en la cueva de Montesinos.

La visión del Parnaso que nos legó Cervantes procedía de textos satíricos que tan bien conocía. Resultó, por tanto, del proceso de *imitatio* de fuentes consagradas por la retórica y la poética clásicas en tanto que las cualidades que se esperaba que manifestara un buen escritor incluyeran un conocimiento apropiado de los modelos escogidos para su recreación y de los géneros literarios predominantes de su época. Riley resumía en la sección dedicada a «The imitation of models» consideraciones importantes para reconstruir los códigos que regían la creación literaria en la época de Cervantes. Los enumera en la sección dedicada a «The making of a writer – *Natura, studium, exercitatio*».[19] Sin lecturas no logrará un poeta, un escritor, desarrollar su arte; sin erudición, no lograría ser un buen artista. La búsqueda de la erudición poética era una exigencia que compartieron los humanistas europeos de aquellos siglos y que Cervantes hizo suya. Así lo demuestra hoy una lectura inteligente de su obra literaria.

Bibliografía

Aristóteles, Poética, ed. Valentín García Yebra, Madrid, Gredos, 1974.
Aristotle, Classical Rhetoric, ed. George A. Kennedy, North Carolina University Press, 1999.
Campana, Patrizia, «Encomio y sátira en el *Viaje del Parnaso*», *Anales cervantinos*, 35, 1999, pp. 75–84.
Canavaggio, Jean, «La dimensión autobiográfica de *Viaje del Parnaso*», *Cervantes*, 1, 1–2, 1981, pp. 29–41.
Cervantes, Miguel de, *Novelas ejemplares*, ed. Jorge García López, Barcelona, Editorial Crítica, 2001.
Cervantes, Miguel de, *Viage del Parnaso. Poesías varias*, ed. Elías L. Rivers, Madrid, Espasa Calpe, 1991.
Cervantes, Miguel de, *Viaje del Parnaso*, ed. Vicente Gaos, Madrid, Castalia, 1973.
Cervantes, Miguel de, *Viaje del Parnaso,* ed. Miguel Herrero García y Abraham Madroñal Durán, Madrid, CSIC, 2016.
Cervantes, Miguel de, *Viaje del Parnaso y Poesías sueltas*, ed. José Montero Reguera y Fernando Romo Feito, Madrid, Real Academia Española, 2016.
Caporali, Cesare, RIME,/di Cesare Caporali Perugino, Perugia, 1604.
Cicero, *De inventione. De optimo genere oratorum. Topica,* ed. Harry Mortimer Hubbel, Cambridge/London, Harvard, 1993.
Close, Antony, «Algunas reflexiones sobre la sátira en Cervantes», *Nueva Revista de Filología Hispánica*, 38, 1990, pp. 493–511.
Croce, Benedetto, «Due illustrazioni al *Viaje del Parnaso* de Cervantes», en Victoriano Suárez (ed.), *Homenaje a Menéndez Pelayo*, vol. 1, Madrid, 1899, pp. 161–193.
Gitzlit, David, «Cervantes y la poesía encomiástica», *Annali* (Istituto orientale, Sezione romanza), 14, 1972, pp. 191–218.
Horace, *Satires. Epistles. Ars Poetica,* ed. Henry Rushton Fairclough, Cambridge/London, Harvard University Press, 2005.
Luciano de Samósata, en *Lucian,* vols. 1–8, ed. Austin Morris Harmon, Cambridge, Harvard University Press, 1969.
Marsh, David, *Lucian and the Latins. Humor and Humanism in the Early Renaissance,* Ann Arbor, The University of Michigan Press, 1998.
Quintilian, *Institutio oratoria,* ed. Harold Edgeworth Butler, Cambridge/London, Harvard University Press, vol. IV, 1993.

---

19 Riley, 1962, pp. 67 y ss.

Riley, Edward Calverley, *Cervantes's Theory of the Novel,* Oxford, Clarendon Press, 1962.
Schwartz, Lía, «Formas de la poesía satírica en el siglo XVII: sobre las convenciones del género», *Edad de* Oro, 6, 1987, pp. 215–234.
Schwartz, Lía,«Golden Age Satire: Transformations of Genre», *MLN,* 105, 1990, pp. 209–227.
Schwartz, Lía, «Luciano», en Alfredo Alvar Ezquerra y Florencio Sevilla Arroyo (eds.), Gran enciclopedia cervantina, vol. 7, Madrid, Editorial Castalia, 2010, pp. 7246b–7252b.
Schwartz, Lía,«Cervantes, *felice ingenio: lector curioso* de Horacio», en Florencio Sevilla Arroyo (ed.), *ReTrato de Miguel de Cervantes Saavedra,* México, Museo Iconográfico del Quijote/Fundación Cervantina de México/Universidad de Guanajuato, 2011, pp. 285–314.
Schwartz, Lía,«*Satura* y sátira en los siglos XVI y XVII. Teoría y Praxis», en Antonio Gargano, Flavia Gherardi y Maria D'Agostino (eds.), *Difícil cosa es no escribir sátiras. La sátira en el siglo de oro,* Santiago de Compostela, Academia del Hispanismo, 2012, pp. 21–48.
Schwartz, Lía,«Cervantes y Herrera. Elogios del saber», en Nuria Morgado y Lía Schwartz (eds.), *Cervantes ayer y hoy,* New York, 2016, pp. 171–187.
Thompson, Craig Ringwalt, *The Translations of Lucian by Erasmus and St. Thomas More,* Ithaca, Cornell University Press, 1940.
Zappala, Michael, *Lucian of Samosata in the Two Hesperias: An Esssay in Literary and Cultural Translation,* Potomac, MD, Scripta Humanistica, 1990.

Abraham Madroñal
Cervantes y el falso Humanismo. Algunos nombres propios

Como es bien sabido, Cervantes se forma con un humanista de la talla de López de Hoyos y se cobija a la sombra de mecenas poderosos, que también tienen que ver con el humanismo europeo, como el cardenal Ascanio Colonna, a quien dirige justamente *La Galatea* en 1585. Seguramente con este prócer participa en varias academias, una de ellas, he defendido en otro lugar, tuvo que ser la del rico noble don Luis de Vargas en su casa de campo toledana, donde se hablaba de todo tipo de artes: pintura, escultura, y, como no podía ser de otra manera, también de las artes literarias.[1] Y, como han demostrado otros estudiosos, también es lector de Erasmo, otro humanista de talla europea, y seguramente compartió su tiempo y quizá algunas de las ideas de otro humanista de talla, como fue Pedro de Valencia, discípulo de Arias Montano y autor de buen número de discursos sobre temas tan pintorescos como la existencia de brujas o la expulsión de los moriscos, que está comprobado dejaron su huella en el autor del *Quijote*.

Cervantes conoce, pues, a verdaderos humanistas y convive con ellos en las academias como la del ya citado caballero y poeta toledano, nuevo Garcilaso, don Luis de Vargas Manrique, donde seguramente se fragua el cambio de rumbo en la literatura española hacia 1580, al menos en el llamado romancero nuevo, en que participaba activamente nuestro autor. El joven Vargas, es un modelo de humanista en sí mismo al estilo clásico: conoce todas las artes, practica la literatura y sirve de mecenas a otros escritores. También pertenece al círculo del mencionado cardenal Colonna.[2]

En cierto modo, creo que el modelo de don Luis de Vargas se traslada en la «Segunda parte» del *Quijote* a don Lorenzo, el hijo poeta del caballero del Verde Gabán, don Diego de Miranda. El joven se dibuja como un verdadero humanista, formado en la Universidad de Salamanca y que

> Todo el día se le pasa en averiguar si dijo bien o mal Homero en tal verso de la *Ilíada*; si Marcial anduvo deshonesto o no en tal epigrama; si se han de entender de una manera o otra tales y tales versos de Virgilio. En fin, todas sus conversaciones son con los libros de los referidos poetas, y con los de Horacio, Persio, Juvenal y Tibulo, que de los modernos romancistas no hace mucha cuenta. (*Quijote*, II, 16, 2004, p. 666)

---

[1] Madroñal, 2016a, pp. 225–241.
[2] Marín Cepeda, 2015.

A pesar de lo dicho, don Lorenzo es gran poeta en romance, y la muestra que le da a don Quijote de una glosa y un soneto en castellano, así se lo hace entender. Es posible que don Diego y don Lorenzo sean dos modelos de humanistas que quiere proponer Cervantes que representen el verdadero humanismo cristiano; en caso del primero (don Diego es hombre misa diaria, que no consiente que se murmure en su presencia, en suma, un seguidor de las ideas de Erasmo y otros reformadores) y el humanismo literario en el caso de su hijo, ocupado en cuestiones de filología clásica, pura y dura, pero sin hacer ascos a la literatura en lengua vernácula, pues todos los poetas componen en la lengua que mamaron en la leche, como le dice don Quijote al del Verde Gabán, al cual augura también que su hijo llegará, como buen estudiante, «a la cumbre de las letras humanas» (2004, p. 668), es decir, a la cumbre del humanismo. Eso sí, le recuerda que no le permita hacer «sátiras que perjudiquen las honras», como la que le habrían dirigido al mismo Cervantes en aquel soneto agresivo y soez, seguramente promovido o compuesto por el mismo Lope, cuando este interpretó que otro poema de ese estilo lo había escrito Cervantes contra él, que aquí extracto:

> Hermano Lope, bórrame el sone[to]
> de versos de Ariosto y Garcila[so]
> y la Biblia no tomes en la ma[no]
> pues nunca de la Biblia dices le[tra] [...]
> Y en cuatro leguas no me escribas co[sas]
> que, supuesto que escribas boberí[as]
> las vendrán a entender cuatro nacio[nes].
> No acabes de escribir la *Jerusa[lén]*,
> bástele a la cuitada su traba[jo].[3]

Lope interpretó que era Cervantes quien esto escribía, seguramente por su crítica, otra vez, a la afectación de cultura, por la mezcla de asuntos religiosos y profanos. El caso es que Lope contestó también de muy mala manera, como es sabido, con otro soneto mucho más hiriente y soez, que nada tenía que ver con el humanismo y mucho con la maledicencia y por eso y por ser bien conocido no lo reproduzco aquí.

Porque frente al del Verde Gabán y a su hijo, Cervantes deplora también en el *Quijote* a los falsos humanistas, es decir, a los que bajo la capa de estudiosos de las Humanidades se dedican a representar que lo son, con un somero barniz cultural. Y, por supuesto, a los que se dedican a conocimientos inútiles o irrelevantes, como el famoso primo que está tratando de averiguar quién fue el primero que estornudó o el primero que se rascó la cabeza, en la «Segunda parte» del

---

[3] Sánchez Portero, 2008, pp. 289-298.

libro. El primo, como sabemos, estaba componiendo obras para averiguar cosas peregrinas, que una vez averiguadas a nadie interesaban.

En este caso podría estar, según la opinión de Cervantes, el humanista Bartolomé Jiménez Patón, autor de libros tan pintorescos como el discurso dedicado a los tufos, copetes y calvas o el que escribe de la *Reforma de los trajes*, bien es cierto que en época posterior a Cervantes, pero que ya daba pistas de por dónde iba su astro humanista, cuando era capaz de escribir cosas como que el primer vejado del mundo fue nuestro padre Adán en aquella primera universidad de la tierra que fue el paraíso terrenal.

Enfrentemos estos dos textos, el primero un diálogo entre Sancho y el famoso primo:

> –Dígame, señor, así Dios le dé buena manderecha en la impresión de sus libros: ¿sabríame decir, que sí sabrá, pues todo lo sabe, quién fue el primero que se rascó en la cabeza, que yo para mí tengo que debió de ser nuestro padre Adán?
> –Sí sería – respondió el primo–, porque Adán no hay duda sino que tuvo cabeza y cabellos, y siendo esto así, y siendo el primer hombre del mundo, alguna vez se rascaría. (Cervantes, *Quijote*, II, 22)

Y ahora comparemos lo que dice Jiménez Patón en una obra suya que pretendía recopilar todo lo que había escrito, los titulados por él *Comentarios de erudición*:

> Los vejámenes que se dan a los grados. Osaría yo afirmar que si el primer graduado fue Adán que fue el primer vejaminado. Hízole Dios presidente desta universidad de todas las cosas criadas [...]. Y habiéndolo graduado aquí de maestro y dotor, porque no se ensoberbezca, le vejamina diciendo que si come del árbol de la ciencia del bien y del mal, que tiene de morir; que es decille que lo que tiene le vino de mano de Dios, que de su parte está dispuesto a corrución y a tanta miseria como le sucedió por no ser obediente.[4]

Patón, como he escrito en otro lugar, es un apasionado defensor de Lope y un no menos apasionado censor de Cervantes, escritor al que elimina en su obra más conocida, la *Elocuencia española en arte* [primera edición en 1604, segunda en 1621] y al que vitupera de forma bastante descarada, según mi opinión.[5] Compárese un fragmento del prólogo del primer *Quijote*, cuando Cervantes le confiesa a un amigo que su obra carece de erudición y doctrina y, por tanto, también de citas de autores clásicos o de la Divina Escritura:

> De todo esto ha de carecer mi libro, porque ni tengo qué acotar en el margen, ni qué anotar en el fin, ni menos sé qué autores sigo en él, para ponerlos al principio, como hacen todos,

---

4 Madroñal, 2005, p. 508.
5 Madroñal, 2009.

por las letras del abecé, comenzando en Aristóteles y acabando en Xenofonte y en Zoílo o Zeuxis, aunque fue maldiciente el uno y pintor el otro. También ha de carecer mi libro de sonetos al principio, a lo menos de sonetos cuyos autores sean duques, marqueses, condes, obispos, damas o poetas celebérrimos. (*Quijote*, I, prólogo)

Curiosamente, al final de la obra del citado Bartolomé Jiménez Patón *Proverbios morales concordados, de Alonso de Barros* [1615], figura un «Catálogo de los autores que se cuenta en esta obra, con algunas advertencias», en el que después de una larga lista (que comienza con Adamantius y termina en Xenofón), escribe su autor:

> Algunos tienen semejantes catálogos por ociosos y dicen que es vana ostentación por no ser de importancia [...] y algunos dudan la leción verdadera de estas abreviaturas, y para que tengan dónde puedan leerlas enteras y salir de su duda se les pone. [...] Con esto se entenderá cómo en este libro ni en otros no es ostentanción vana de comenzar con Avicena y acabar con Xenofonte, como algunos momos suelen murmurar.[6]

Avicena y Xenofonte están muy cerca de Aristóteles y Xenofonte en el *Quijote*, y *momo*, en el sentido de 'murmurador', podría ser una alusión directa a Cervantes, al que Patón nunca menciona en sus textos, si acaso, sin nombrarle, para vituperarlo. Patón escribe, defendiendo a su amigo Lope:

> sin causa le ha murmurado quien dice que no guarda artificio ni preceptos retóricos, porque es en ellos tan universal como he dicho, y como lo da a entender en la satisfación que dirigió a don Juan Arguijo.[7]

Patón considera a Cervantes un inculto, un «ingenio lego», que no ha estudiado, y a él parece aludir cuando escribe:

> Otros, por no haber estudiado, dicen lo que saben y no saben en todas ocasiones, cumpliendo con un sermón en muchos evangelios. Y porque también pecan en esto algunos de los poetas (que llaman «legos»), yo sé de alguno que la fiesta de san Pedro en junio la celebró con las octavas que hizo Lope de Vega a la muerte del hijo del duque de Alba; otro las que se hicieron a la muerte del marqués de Santa Cruz las aplicó a la de un clérigo; y a un abogado conozco que, si la noche de antes que le pidan el escrito ha leído a *Florisel de Niquea*, ha de entrar lo que leyó en la alegación en derecho, porque no le salga la leción en vano y de balde.[8]

Novela de caballerías, como el *Quijote*, «ingenio lego», como Cervantes. Esta crítica a la caballerías una y otra vez aflorará en las diversas obras del maestro de

---

[6] Jiménez Patón, *Proverbios morales*, 1615, ff. Zvº y [Z 2]. Mantengo la grafía de Xenofón para conservar el efecto.
[7] Jiménez Patón, *Elocuencia española en arte*, 1993, p. 188.
[8] Jiménez Patón, *Elocuencia española en arte*, 1993, pp. 302–303.

Villanueva, como cuando escribe: «Y advierto que son historias tan ciertas como las otras cosas que no señalase en las historias sagradas. No son fábulas milesias, cuentos de viajes, transformaciones poéticas, ni libros caballerías; antes verdades santas, católicas, piadosas y ciertas».[9] En otra ocasión, Patón aconseja a sus alumnos en otro libro suyo, *El virtuoso discreto*:

> 6. No se lean autores deshonestos y sin provecho como son libros de caballerías, porque las hablas deshonestas corrompen las buenas costumbres. 7. Lo demás de erudición es bueno, reduciéndose a su fin, este es la virtud, y esta es obrar bien y huir el vicio.[10]

Acaso referencia al *Quijote* y a toda esa suerte de burlas que se deslizaban en su prólogo, porque en efecto, en él Cervantes parece burlarse de aquellos que fingen cultura utilizando en sus libros una lista de autoridades clásicas que no han visto o anotando en sus márgenes tal o cual pasaje de la Sagrada Escritura (aunque tratasen de asuntos profanos) o los autores latinos. O a aquellos que se hacen escribir poemas preliminares de nobles, damas y otros escritores. La crítica va dirigida a los supuestamente gramáticos, eruditos y elocuentes y los estudiosos han creído ver la figura de Lope de Vega como blanco de todas estas críticas, pues tenía la costumbre de pedir multitud de poemas para sus obras y estaba acotando una rimbombante *Jerusalén* con infinidad de citas de lugares clásicos y notas probablemente del discípulo de Lope Baltasar de Medinilla. El libro saldría publicado en 1609, aunque estaba escrito en el momento en que Cervantes publicaba su primer *Quijote*. Desde luego, Patón participaba también de esta costumbre y le venía como anillo al dedo tanto lo de gramático como lo de erudito o elocuente.

Se diría que Cervantes abominaba de los libros de citas, de los *Lugares comunes* de Juan de Aranda o de las polianteas al uso de Ravisio Textor, Celio Rodiginio y otros, que servían como libros de cabecera a los supuestamente eruditos de entonces. Pero es evidente que el autor del *Quijote* los utiliza también, claro está, no para componer un libro erudito, sino su historia del loco caballero.

Pero Cervantes critica también cuestiones como la de los falsos eruditos que creen descubrir o hacen ver que han descubierto antigüedades como las de los falsos plomos del Sacromonte o la de la falsa ermita dedicada a san Tirso en Toledo, justo cuando se hacen unas obras cerca de la catedral y se encuentra lo que parece ser un antiguo templo y un objeto en que hay escritas unas letras misteriosas que rápidamente son interpretadas en esa clave. Como he señalado ya,[11]

---

9 Jiménez Patón, *Comentarios de erudición*, t. IV, ms. s. XVII, f. 196vº.
10 Jiménez Patón, *El virtuoso discreto*, 2014, p. 215.
11 Madroñal, 2014, pp. 23–54.

demasiado cercano al descubrimiento que hace un médico en una ermita que se derribaba del manuscrito que contiene los poemas de los académicos de Argamasilla relativos al *Quijote*. Aquí hay que recordar a otro falso humanista, como fue el jesuita Jerónimo Román de la Higuera, el inventor de los falsos cronicones y de otros textos interesados, seguramente con la mejor intención del mundo, pero no por eso menos falsos.[12]

Higuera, responsable del falseamiento de los conocidos cronicones de Dextro, Máximo o Julián Pérez, defendió que los cimientos de una obra donde se había encontrado un tapador con unas misteriosas letras góticas (en 1594) cerca de la catedral de Toledo, eran en realidad de un templo de san Tirso, santo mozárabe y patrono toledano en la antigüedad, cuyo culto pretendía resucitar. Todo resultó, como los cronicones, una superchería, pero a diferencia de los primeros (que fueron defendidos por muy doctos humanistas como Lorenzo Ramírez de Prado o Tomás Tamayo de Vargas), la superchería de san Tirso fue agriamente contestada por otros humanistas como Pedro Salazar de Mendoza o el propio Tamayo, y el asunto no prosperó. Curiosamente Lope de Vega prestó su pluma para promocionar a este supuestamente nuevo santo toledano y escribió una comedia de santos, *San Tirso de España*, pero fue prohibida y confiscada y casi le cuesta la cárcel al dramaturgo. Y, como en las páginas del *Quijote*, se enfrentó a humanistas como el canónigo de Toledo, que abomina de los libros de caballería y de las comedias de este tiempo, según dice, y recomienda a don Quijote la lectura de los libros de historia profana o de la Biblia, y que defiende la verdad frente a la falsificación. He intentado asimilar a este canónigo toledano, seguramente enemigo de Lope, con el citado Salazar de Mendoza. Compárese lo que dice el citado canónigo en el *Quijote*:

> En lo de que hubo Cid no hay duda, ni menos Bernardo del Carpio; pero de que hicieron las hazañas que dicen creo que la hay muy grande. En lo otro de la clavija que vuestra merced dice del conde Pierres, y que está junto a la silla de Babieca en la armería de los reyes, confieso mi pecado, que soy tan ignorante o tan corto de vista que, aunque he visto la silla, no he echado de ver la clavija, y más siendo tan grande como vuestra merced ha dicho. (Cervantes, *Quijote*, I, 49, p. 621)

Con las palabras de Pedro Salazar de Mendoza en su *Monarquía de España*, donde refiere algunas hazañas del famoso Cid, Rodrigo Díaz de Vivar, pero cuando llega al episodio de la boda de sus hijas y el ultraje de los infantes de Carrión tiene mucho cuidado en distinguir esto como «el cuento de las hijas del Cid» y dice: «Esta historia refieren de esta manera muchos autores graves y entre ellos don

---

[12] Madroñal, 2016b, pp. 109–126.

fray Juan de Belhorado [pero...] a mi juicio en lo del primer matrimonio parece comenticia».[13]

A Cervantes no le gustaba la literatura inverosímil o que no guardaba el decoro, ni tampoco era amigo del falseamiento de la historia, como hizo el citado Jerónimo Román de la Higuera. Ni de la mezcla impropia entre lo profano y lo religioso: no es partidario de obras que mezclan un discursico cristiano después de una historia de amores. Se diría que prefiere deslindar lo humano de lo religioso y, en todo caso, dejar al lector sacar sus propias conclusiones. Acaso la crítica se dirija a los que como el autor del *Guzmán* mezclan moralidades y ficciones, o acaso también a otros escritores.

En lo de las comedias, es de la opinión de que no se mezclen momentos históricos en anacronismo, como que en una comedia que sucede en tiempos de Carlomagno aparezca el emperador Heraclio ni que se atribuyan milagros de un santo a otro, como tantas veces ocurría en los textos de Lope de Vega. Esa impropiedad o inverosimilitud no le parecía propia de un literato a él que había sabido mostrar con propiedad un desatino.

En el escrutinio de la librería de don Quijote, abomina de aquellos libros que siguen adocenadamente una senda trazada por los verdaderos creadores de un género, como el *Amadís*, o los supuestos humanistas que traducen malamente un texto escrito en lengua distinta, como el *Orlando*, por lo que se vienen a llamar sus autores, cuando no son sino deturpadores de la obra. Así dice Cervantes:

> de donde también tejió su tela el cristiano poeta Ludovico Ariosto; al cual, si aquí le hallo, y que habla en otra lengua que la suya, no le guardaré respeto alguno, pero, si habla en su idioma, le pondré sobre mi cabeza. (Cervantes, *Quijote*, 2004, p. 64)

En este caso tenemos al escritor Luis Hurtado de Toledo, el famoso traductor del *Palmerín de Inglaterra*, pero autor también de las *Cortes de casto amor* y continuador de tantas y tantas obras que se llamaba suyas, aunque su papel era solo el de disponerlas para la imprenta o, si acaso, continuar con leves modificaciones un texto ajeno. Creo haber demostrado en otro lugar que este Luis Hurtado conoció a Cervantes, porque ambos compartieron el trato del caballero toledano don Luis de Vargas, seguramente mecenas de varios ingenios y acaso alumno de este viejo escritor pseudohumanista.[14] Hurtado ha pasado a la historia de la literatura como un plagiario de otros autores, un continuador de obras ajenas, que seguramente disponía para la imprenta con la intención de ganar dinero a costa de otros, haciendo honor a su apellido. Pero es evidente que se le debe al menos,

---

[13] Salazar de Mendoza, *Monarquía de España*, 1780, pp. 137–138.
[14] Madroñal, 2016a, pp. 225–241.

como digo, la traducción castellana del *Palmerín de Inglaterra*, libro del que sigue diciendo Cervantes por boca del cura:

> Este libro, señor compadre, tiene autoridad por dos cosas: la una, porque él por sí es muy bueno; y la otra, porque es fama que le compuso un discreto rey de Portugal. Todas las aventuras del castillo de Miraguarda son bonísimas y de grande artificio; las razones, cortesanas y claras, que guardan y miran el decoro del que habla con mucha propiedad y entendimiento. (*Quijote*, 2004, pp. 64–65)

Pero Cervantes critica igualmente las historias falsas, como la de don Rodrigo, supuestamente escrita por un sabio árabe y traducida por el morisco Miguel de Luna, que es quien había tenido más que ver con los supuestos descubrimientos del Sacromonte granadino. Cervantes parece burlarse del autor, un supuesto sabio árabe como Cide Hamete Benegeli, y de su traductor, Miguel de Luna, morisco intérprete como el que le ayuda a traducir la historia de don Quijote, cuando se la encuentra en el Alcaná de Toledo. Es evidente que Cervantes leyó la historia de Miguel de Luna, que fue un *best seller* publicado en dos partes, entre 1592 y 1600, y que influyó en buen número de autores, entre ellos el del *Quijote*, que cita explícitamente algunos pasajes de la obra, seguramente también con intención paródica. Falso humanista y falsa obra nuevamente que Cervantes se propone ridiculizar.

En esas listas de ingenios que publica tanto en *La Galatea* («Canto de Calíope») como en el *Viaje del Parnaso*, Cervantes relaciona el nombre de algunos humanistas de talla, y no solo literatos, como es el caso de Pedro de Castro (Mantuano), Luis Cabrera de Córdoba o Lorenzo Ramírez de Prado, los tres historiadores y el último humanista propiamente dicho, aunque también resultara engañado, como casi todos, por los falsos cronicones de la época, que había urdido el citado padre Higuera. Pero no menciona, por ejemplo, al padre Mariana, sin duda el más famoso de los historiadores de su época, el autor de una *Historia de España* muy controvertida porque pronto mereció la réplica en las *Advertencias* del citado Pedro Mantuano [1611], a las cuales contrarreplicó un humanista defensor de Mariana, el madrileño Tomás Tamayo de Vargas. Cervantes parece tomar partido en la polémica, al citar por dos veces a Mantuano y ninguna a sus oponentes. Como cita también en el *Viaje* a otros humanistas como Francisco de Rioja o Miguel Cejudo, no conocidos en ese momento como poetas, aunque después lo fueran.

Seguramente porque Cervantes sufrió el desprecio de algunos de sus contemporáneos, precisamente por su falta de letras. Lope, en su prólogo a las *Novelas a Marcia Leonarda* hace una pequeña historia del género novelesco en España, y cita, como no puede ser de otra manera, las *Ejemplares* de Cervantes pero para criticarlo, porque – dice – para que fueran verdaderamente ejemplares este tipo de escritos habían de escribirlos «hombres científicos o, por lo menos, grandes cortesanos»,[15] y Cervantes – bien se puede deducir de sus palabras – no era ni una cosa ni otra. Se supone, claro, que el gran Lope está defendiendo para sí ese carácter de sabio o de cortesano o las dos cosas. Ahora bien, hay que recordar que muy poco antes de este prólogo el mismo Lope había recibido la crítica de otro supuesto humanista, Pedro de Torres Rámila en una obrita titulada *Spongia*, en la que le acusaba justamente de su falta de letras y de apoyarse en amigos latinistas cuando le hacía falta. Y tampoco podemos olvidar que a este profesor de Alcalá en la réplica que publicaron los del bando de Lope titulada *Expostulatio Spongiae* se le acusa justamente, y en este caso por parte de otro humanista de la talla de González de Salas, de escribir en un latín bárbaro, como corresponde a un mísero hijo de sastre.[16]

Lope también parece burlarse de nuevo del carácter de «ingenio lego» del genial autor del *Quijote*. Seguramente quien antes así lo había llamado, aunque no lo recoge por escrito hasta su *Junta de libros* [1624], es otro humanista conocido, el doctor Tomás Tamayo de Vargas, y digo que antes debería haberlo puesto en circulación porque Cervantes mismo se mofa de esta denominación en el *Viaje del Parnaso*. Porque para erudito humanista, este madrileño que siempre se consideró toledano (por provenir de allí la familia de su madre) y que llegaría a ser nada menos que cronista real; escribe un libro en defensa del falso cronicón de Dextro. Es decir, que se deja engañar – como tantos otros – por Román de la Higuera, al que sigue al pie de la letra para autorizar sus escritos históricos.

Tamayo de Vargas escribe sobre muchas materias: dedica un libro a defender la *Historia* del padre Mariana, unas *Anotaciones a Garcilaso*, otro a la vida de Diego García de Paredes, varios discursos genealógico y otras muchas cosas que se han perdido. Defendió a su amigo Lope por encima de todas las obras, hasta que parece que se acercó más a Góngora, concitando la enemistad del Fénix. Y escribió de Cervantes justamente aquello de «ingenio lego», pero también que había sido «el más festivo de cuantos escribieron en España».

Cervantes, que resulta aquí a la altura de los mayores ingenios, al menos en lo cómico, se había atrevido sin embargo con los pedantes, con los eruditos a la violeta, con los que afectan saber latín, cuando solo saben copiar algún latinajo de un libro de citas, con los que incluyen en sus libros – para autorizarlos – poemas rimbombantes, con los que se dedican a una vana erudición que nada importa, acaso también con los genealogistas de encargo, con los que mezclan lo humano y lo divino aunque no venga a cuento, también con los que falsean

---

[15] Lope de Vega, *Novelas a Marcia Leonarda*, 2007, p. 47.
[16] Conde Parrado y Tubau Moreu, 2015.

la realidad según sus intereses o los que convierten en inverosímil o disparatada una obra de ficción. En suma, los falsos humanistas contra los que luchaba su libro, igual que don Quijote luchaba con los falsos gigantes que resultaron ser solo unos pobres molinos harineros.

Bibliografía

Cervantes, Miguel de, *Don Quijote de la Mancha*, ed. Francisco Rico, Madrid, Real Academia Española, 2004.
Expostulatio Spongiae. En defensa de Lope de Vega, ed. y trad. Pedro Conde Parrado y Xavier Tubau Moreu, Madrid, Gredos, 2015.
Jiménez Patón, Bartolomé, *Comentarios de erudición*, t. IV, ms. s. XVII. Biblioteca particular.
Jiménez Patón, Bartolomé, *El virtuoso discreto*, ed. Jaume Garau y Carmen Bosch, Madrid, Iberoamericana, 2014.
Jiménez Patón, Bartolomé, *Elocuencia española en arte*, ed. Francisco Martín, Barcelona, Puvill, 1993.
Jiménez Patón, Bartolomé, *Proverbios morales*, Baeza, Pedro de la Cuesta, 1615.
Madroñal, Abraham, «De grado y de gracias», en *Vejámenes universitarios de los Siglos de Oro*, Madrid, CSIC, 2005.
Madroñal, Abraham, *Humanismo y filología en el Siglo de Oro: en torno a la obra de Bartolomé Jiménez Patón*, Madrid, Iberoamericana, 2009.
Madroñal, Abraham, «*San Tirso de Toledo*, tragedia perdida de Lope de Vega», *Hipogrifo*, 2, 2014, pp. 23–54.
Madroñal, Abraham, «*Él scribe come pinta*. Entre Cervantes, el Greco y otros ingenios en Toledo», *Boletín de la Biblioteca Menéndez Pelayo*, 92, 2016a, pp. 225–241.
Madroñal, Abraham, «Jerónimo Román de la Higuera y la literatura de su tiempo», en Mechthild Albert y Ulrike Becker (eds.), *Saberes (in)útiles. El enciclopedismo literario áureo entra la acumulación y aplicación*, Madrid, Iberoamericana/ Vervuert, 2016b, pp. 109–126.
Marín Cepeda, Patricia, *Cervantes y la corte de Felipe II. Escritores en el entorno de Ascanio Colonna [1560-1608]*, Madrid, Polifemo, 2015.
Salazar de Mendoza, Pedro, *Monarquía de España*, Madrid, Ibarra, 1780, I, pp.137–138.
Sánchez Portero, Antonio, «Un soneto revelador: conexión entre Avellaneda y Liñán de Riaza», *Lemir*, 12, 2008, pp. 289–298.
Vega, Lope de, *Novelas a Marcia Leonarda*, ed. Marco Presotto, Madrid, Castalia, 2007.

Georges Güntert
La contrastada verdad de la literatura: desde el idealismo neoplatónico hasta la retórica de la persuasión

El supuesto neoplatonismo de Cervantes

Según parece, en septiembre de 2017 se va a celebrar en Madrid un congreso acerca del tema «Cervantes y la filosofía». No supone ninguna novedad que se hable de las *ideas* de Cervantes y se considere su obra como una aportación relevante a la historia del pensamiento europeo; tampoco es infrecuente encontrar comparaciones entre dos tan grandes innovadores como Cervantes y Descartes, «solo que el alcalaíno pensaba con vidas»: así comenta Javier Blasco este hiperbólico parangón.[1] Albergo ciertas reservas, con todo, cuando oigo aseverar en discusiones entre expertos (como en ocasiones hacen quienes quieren destacar la modernidad de nuestro autor) que «Cervantes era ateo como Espinosa»: juicio que me deja perplejo, y no porque me asuste la referencia al ateísmo, sino por la falta absoluta de pruebas sobre las que semejante sentencia supuestamente se sostiene. En lo que a mí concierne soy partidario de tratar a Cervantes no como filósofo, sino como escritor. Como tal, es un creador de textos, principalmente de narraciones y de obras teatrales, de lo cual se desprende que quienes manifiestan sus ideas en sus textos son los «personajes», cuya postura ideológica no suele coincidir ni con la del autor, que además es muy difícil de identificar, ni con lo que voy a llamar «la verdad afirmada por el texto», que resulta del debate sobre los valores inherente al discurso. Que las creencias de Don Quijote no se correspondan con el sentido de la mayor novela cervantina no necesita ser demostrado: la verdad del *Quijote*, observada desde la atalaya de la «Segunda parte» y, en especial, desde el encuentro del ilustre hidalgo con el Caballero del Verde Gabán, se resume en una paradoja: la de un Don Quijote loco en sus acciones y cuerdo en sus discursos, y ese mismo carácter paradójico de su obra es lo que Cervantes transmite a los lectores. Puede haber personajes, claro está, que se encuentren más próximos al autor que el alienado protagonista: pienso, por ejemplo, en aquel portavoz del saber académico que es el Canónigo de Toledo, en quien algunos estudiosos han querido reconocer a un alter ego de Cervantes. Si me convence poco esta interpretación es porque creo que el «enunciador» del texto, esto

---

[1] Blasco, 2016, p. 3.

https://doi.org/10.1515/9783110598636-003

es, la inteligencia cervantina activa en el discurso, se complace en los capítulos 47 y siguientes en escenificar una controversia entre un Don Quijote inmerso en sus creencias vitales y un sabio representante de la cultura literaria de hacia 1600, que, con todo, no preveía la categoría de la novela irónica moderna tal y como fue inventada por Cervantes.

A pesar de la distinción que acabo de trazar, en la crítica cervantina la confusión entre el mundo propio de los personajes y la realidad histórica del autor es constante. Hasta hace poco los biógrafos nos contaban la vida de Cervantes a partir de episodios narrados en sus obras: se suponía que Miguel había estudiado con los jesuitas porque en el *Coloquio de los perros* Berganza acompaña a sus amos, hijos de ricos mercaderes, al renombrado colegio sevillano; y se reconstruía el viaje por Italia del joven Cervantes según los itinerarios indicados en *El licenciado Vidriera*, sin tener en cuenta el particular significado que asumen en aquella novela los desplazamientos del protagonista.[2] El reto principal consiste, por tanto, en distinguir más claramente entre el plano de los personajes y el del autor y, algunas veces también, entre las afirmaciones de las voces narrativas y el sentido atribuible a la obra o a la conciencia del propio Cervantes. Pero, ¿cómo podemos remontarnos a la conciencia del autor si no es a través del análisis de sus obras? Este paso no siempre se ha dado con la necesaria circunspección.

Uno de los biógrafos más recientes, Jordi Gracia, autor del estudio *Miguel de Cervantes: la conquista de la ironía*, sostiene en su capítulo sobre *La Galatea* que Cervantes, por haber leído los debates filosóficos del Renacimiento, se identificaba con las ideas expuestas en los tratados de León Hebreo, Bembo y Castiglione; llega a la conclusión de que «las ideas del neoplatonismo lo empapan a él [a Cervantes] como empapan la cultura del humanismo del XVI: es casi el catecismo cultural y sentimental que identifica una forma de entender la existencia como perfeccionamiento por la vía del amor [...]».[3] En realidad lo que hace Cervantes es asignar aquellas ideas a ciertos personajes de su ficción, dejando que dialoguen con otros, de opinión distinta, en animadas controversias. Se encaran así, en el centro de la obra, los pastores Lenio y Tirsi, el primero para vituperar el amor-pasión como fuente de todos los males y el segundo para exaltar el amor como un camino de perfección del alma que, según declara, «no puede parar sino en Dios».[4] Los dos exponen sus argumentos ante la comunidad de pastores. De entre los presentes, quienes han sufrido traiciones y desengaños se reconocen en los casos lamentables recordados por el «desamorado Lenio», pero Galatea

---

[2] Güntert, 2007, pp. 283–288.
[3] Gracia, 2016, p. 111.
[4] Cervantes, *La Galatea*, 1996, p. 265.

y su amiga, «por no haber amado aún», se inclinan hacia el optimismo de Tirsi. Además del entusiasmo de este pastor, seudónimo de Francisco de Figueroa, se advierte, si no en toda la obra al menos en el eje Elicio-Galatea, la pervivencia de un idealismo de raíz platónica. La propia protagonista, un modelo de «discreción y hermosura», de «kalokagathía», se nos aparece como un ideal a la vez femenino y poético; aúna en sí los primores «de las tres Gracias»[5] y desempeña un papel de musa inspiradora, despertando en el ánimo de sus admiradores un intenso deseo de hermosura y de perfección estética. La fascinación erótica favorece el deseo de dictar versos en honor de Galatea, cuya figura acaba adquiriendo un significado político-cultural. Cuando, en el libro V, surge el temor de que a consecuencia del casamiento de Galatea con un pastor lusitano «se le quite al claro Tajo la prenda que le enriquece» (o sea, de que se prive a Castilla de su señorío con el traslado de la capital del imperio a Portugal), caemos en la cuenta de que la «sin par Galatea» representa asimismo el prestigio de Castilla.[6] El elogio final se dirige tanto a los atractivos del paisaje como a la bella pastora, metonimia de la tierra castellana. Después de celebrar «la incomparable belleza de estas riberas», Elicio señala «con el cayado» a su amada y «sin decir más, dejó admirado a Timbrio de ver la discreción y palabras con que había alabado las riberas de Tajo y la hermosura de Galatea».[7] El recurso al lenguaje platónico sirve para ensalzar un valor ideal con el que apoyar la causa de Castilla y la obra misma se concibe como un homenaje a los poetas de España. Ahora bien, si *La Galatea* representa un momento culminante del neoplatonismo cervantino, ello es debido también a su filiación literaria. Al optar por el género bucólico, Cervantes no pudo sustraerse al impacto de la herencia neoplatónica, que informaba ya las novelas pastoriles precedentes, comenzando por *La Diana* de Montemayor, que sigue muy de cerca la ciencia de amor de León Hebreo.

Es lícito preguntarse, con todo, por qué el discurso neoplatónico ocupa un lugar dominante en la novela pastoril, pero no en la *Tragedia de Numancia*, que es una obra algo posterior a *La Galatea*.[8] La *Numancia* contiene, a su vez, reflexiones sustanciales sobre el amor, pero lo que predomina en ellas es una idea de la amistad y del amor como sacrificio del uno por el otro, de acuerdo con la jerarquía de valores que propone este drama. Los numantinos, viendo que se les niega la posibilidad del combate, deciden inmolar sus vidas en aras de un valor más alto:

---

5 Cervantes, *La Galatea*, 1996, p. 58.
6 Cervantes, *La Galatea*, 1996, p. 324.
7 Cervantes, *La Galatea*, 1996, p. 359.
8 En su edición de las *Ocho comedias* [1615], Cervantes recuerda que la *Numancia* fue estrenada en alguno de los corrales estables de Madrid. Según la crítica más reciente, el estreno «hubo de tener lugar ya entrado 1585»; ver Baras Escolá, 2015, II, p. 171.

su anhelo por la libertad. Cabe señalar que la *Numancia* contiene asimismo una importante innovación estética por ser la primera obra cervantina que termina en paradoja: al vencedor se le niega la gloria, ya que la fama pertenece por derecho a los vencidos. La introducción de esta novedad comporta consecuencias: una vez que Cervantes comienza a experimentar con sus modelos irónicos y paradójicos, no queda lugar para valores absolutos. Por eso en sus obras de madurez es difícil hablar de neoplatonismo, a no ser que se interprete la «ejemplaridad» de sus *Novelas* como un valor exclusivamente moral, según la acepción que daba a este término la sociedad de la Contrarreforma, y se proponga una lectura ortodoxa del *Persiles*, haciendo caso omiso de su evidente ambigüedad.

Volviendo a la época de *La Galatea*, creo, no obstante, que la cuestión de si Cervantes era un autor neoplatónico está mal formulada. Sus tendencias idealistas dependen en parte del género literario, como ya hemos visto, y en parte del período creativo, como aún hemos de mostrar. Hay que recordar, a este propósito, que hacer de Cervantes un seguidor del neoplatonismo equivale a convertirle en representante del discurso mayoritario. No olvidemos que esta corriente filosófica, presente en casi todos los grandes escritores religiosos de la segunda mitad del siglo XVI, formaba parte integrante del sistema ideológico de la Contrarreforma. Es cierto que entre los primeros trabajos de Cervantes y sus obras de madurez se advierten cambios, y que solo inicialmente se observa en él esa tendencia hacia el idealismo. La observación de Jordi Gracia se refiere al Cervantes de los años ochenta, que intenta hacerse un nombre en el mundo de las letras y especialmente en el teatro, presentándose ante el público como un defensor de los valores de la monarquía y de la religión. Para conocer mejor esos comienzos, tenemos que remontarnos a sus trabajos más antiguos, entre los cuales se destaca su primer drama sobre el cautiverio en Argel. El hecho de existir dos dramas sobre este asunto, escritos en períodos distintos – el segundo veinte años después del primero – permite observar de cerca la evolución del arte dramático de Cervantes y es, por tanto, de especial interés.

Cervantes patriota y cristiano en *El trato de Argel*

La trayectoria literaria de Cervantes, si prescindimos de sus poemas juveniles, empieza casi ciertamente con *La Comedia llamada Trato de Argel*, que evoca sus cinco años de cautiverio en el Norte de África y que, según el estado actual de la investigación, «hubo de ser escrita no más tarde de 1584».[9] Es una de las piezas

---

[9] García Aguilar, Gómez Canseco y Sáez, 2016, p. 43. Los autores de este estudio consideran *El trato* como la pieza teatral conservada más antigua de Cervantes. Asimismo, Sevilla Arroyo

que Cervantes no incluyó entre sus *Ocho comedias* y que ha llegado hasta nosotros en dos manuscritos bien distintos, causa de no pocas dificultades ecdóticas.[10] Mucho se ha escrito acerca del carácter autobiográfico de esta obra: es cierto que Cervantes convirtió en drama una experiencia traumática suya, imaginando situaciones similares a las que había conocido y transformándolas en escenas teatrales: piénsese en sus bien documentados intentos de fuga, que en *El trato de Argel* no afectan al personaje nombrado Saavedra, alter ego de Cervantes, sino a dos esclavos anónimos. No faltan, pues, alusiones a vivencias personales, pero su mención obedece a la coherencia semántica de la obra, cuyo protagonista, adviértase, no es Saavedra sino Aurelio, el representante del discurso novelesco-amoroso. Amén de contener recuerdos íntimos del autor, la comedia contiene algunas referencias a sucesos históricos que curiosamente no respetan el orden cronológico: hay confusiones de fechas y anacronismos, porque más de una vez se presentan como contemporáneos hechos que ocurrieron a varios años de distancia. Todo esto nos invita a desconfiar de las lecturas ingenuamente *referenciales* y a tener en debida cuenta la estructura del drama.

Se ha reprochado a este Cervantes, ya desde los tiempos de Moratín, una construcción dramática algo defectuosa, postura a mi modo de ver no del todo justificada. Desde el acto primero se percibe una coherencia atmosférica que confiere unidad al drama. Las diversas peripecias de los cautivos tienen un denominador común: la falta de libertad y, sobre todo, la continua manipulación que se ejerce sobre la voluntad de hombres, mujeres y muchachos, para que se dejen seducir por la promesa de una vida regalada y abracen la nueva religión. A semejante temática le corresponde un clima de patética denuncia que culmina en las invocaciones al monarca y a las órdenes de frailes rescatadores. El *pathos*, término que se opone al de *ironía*, alcanza su paroxismo en la «Jornada segunda», cuando asistimos a la brutal separación de una familia de cautivos – padre, madre y dos muchachos – vendidos cada uno a un amo distinto. No extraña que poco después, en el centro del drama, Aurelio entone su queja sobre la pérdida de la libertad con la desaparición de la Edad de Oro y sobre la progresiva decadencia de la humanidad que, cegada por la avaricia, se ha dejado llevar a todo género de crímenes y abusos (vv. 1313-1375). La evocación de la utopía por parte del protagonista, lejos de tener un carácter episódico, constituye el fundamento de la reflexión ético-filosófica de esta obra.

---

y Rey Hazas opinan que *El Trato* es «acaso la primera de las piezas cervantinas conservadas», 1987, p. 843.
10 Para el más reciente estado de la investigación, consúltese el estudio de Ojeda Calvo, 2015, pp. 156-170.

Joaquín Casalduero, con un toque de estructuralismo *avant la lettre*, observó hace ya más de cincuenta años que *El trato de Argel* mostraba la oposición entre dos civilizaciones y sus sistemas de valores, sugerencia que me parece todavía actual, porque se nos invita a reflexionar aquí, precisamente, sobre un conflicto de valores.[11] La estructura del drama es antitética: los personajes en escena se ven confrontados con los representantes del sistema de creencias opuesto.[12] No faltan comparaciones explícitas entre las distintas maneras de interpretar los valores, por ejemplo, entre el mercantilismo sin escrúpulos de los corsarios argelinos y el aristocrático rigor de los militares españoles, muy conscientes de su pundonor y, por eso mismo, incapaces de reaccionar con destreza en situaciones de emergencia. Así, Mamí, un corsario berberisco, de vuelta de una de sus correrías por el Mediterráneo, explica a un mercader argelino: «Pero allá tiene la honra/el cristiano en tal extremo/que asir en un trance el remo/le parece que es deshonra;/y, mientras ellos allá/en sus trece están honrados,/nosotros de ellos cargados/venimos sin honra acá» (vv. 851-858).[13] Si la crítica en este caso se dirige contra los españoles, estos por lo general se nos muestran como éticamente superiores a los argelinos, y superiores aparecen asimismo los valores cristianos: la primera comedia de Cervantes es hasta cierto punto *obra de propaganda* y, con esta denominación, le suponemos tanto la ausencia de una estructura irónica, esto es, de un punto de vista equidistante respecto de los antagonistas, como la falta de una plena conciencia del carácter ficticio del texto. Sobra, por tanto, en este drama buscar reflexiones metaliterarias acerca de la verdad de la literatura. La verdad aquí, o bien es histórica, pero no en el sentido referencial, o bien ético-religiosa: se transparenta en las numerosas antinomias del tipo amor ideal (del cristiano) *vs.* hedonismo (de los musulmanes), justicia verdadera (en España) *vs.* arbitrariedad (entre moros), dignidad moral *vs.* oportunismo, confiar en la divina providencia *vs.* fiarse de la mutable fortuna.

Para ilustrar estos contrastes podría ser útil un repaso de las principales escenas de la «Jornada primera»: se encaran en ellas Aurelio y su ama argelina Zahara, acompañada de su criada Fátima, una experta en prácticas de hechicería; aparecen después Saavedra y su compañero de infortunios Leonardo, quienes discrepan en el modo de interpretar el honor; a Saavedra y Leonardo se les une

---

11 Casalduero, 1966, pp. 224-230. Acerca de este drama, ver además la interpretación de Franco Meregalli, quien, desde el punto de vista estético, prefiere *El trato* a *Los baños de Argel* (ver Meregalli, 1972, pp. 395-409).
12 Para más detalles, cfr. con nuestro análisis detallado de este drama: Güntert, 2017, pp. 189-202.
13 La numeración de los versos se corresponde con la que ofrece la edición dirigida por Gómez Canseco, 2015, I.

Sebastián, que en su larga narración alude a dos maneras distintas de entender la justicia: la condena a muerte – por parte de la Inquisición valenciana – de un morisco traidor de su propia gente y la consecuente represalia ejercida en la persona de un sacerdote inocente a manos de un grupo de berberiscos, a propósito de lo cual Sebastián y Saavedra contraponen la «verdadera justicia» practicada en España a la arbitrariedad que, según ellos, reina en el mundo islámico (vv. 699–703).

El primer cuadro, con intervención de Aurelio, Zahara y Fátima, subraya el contraste entre el amor ideal, interpretado en clave neoplatónica, y el amor lascivo, con lo que basta para caracterizar los dos universos de valores. Aurelio representa al amante perfecto, capaz de sufrir privaciones; Zahara, en cambio, busca la satisfacción inmediata. Lo que las dos mujeres prometen al esclavo es la libertad del cuerpo: una vida regalada y el permiso para moverse dentro del presidio. Su lenguaje recuerda el hedonismo renacentista y es, sobre todo, Fátima la que arrostra a Aurelio con estos argumentos: «Goza de la coyuntura/ que se te ríe delante» (vv. 201–203) o «mira a tu señora Zahara/y lo mucho que merece,/contempla su juventud/su riqueza, nombre y fama» (vv. 205–210). La intriga amorosa, presente desde el comienzo, se complicará en los actos segundo y tercero, cuando entre en escena Silvia, también cautiva, y dé motivo para un ficticio juego de amores entrecruzados: el amo de Aurelio, Yzuf, se encapricha con la hermosa cristiana y pide ayuda a su esclavo, quien se ha concertado con ella; la esposa de Yzuf, Zahara, continúa requebrando a Aurelio con la ilusión de que Silvia le sirva de intermediaria.

Pero volvamos a la segunda escena de la «Jornada primera», donde llegan a ser antagonistas Leonardo y Saavedra. Si este se distingue como defensor de los valores éticos, su amigo se nos antoja algo oportunista, comportamiento que Saavedra desaprueba. No obstante esta disonancia, los dos comparten su pasión por la política, cuyas últimas evoluciones parecen ser propicias a los cautivos. La noticia de que Felipe II ha congregado a su ejército en la frontera de Portugal les llena de esperanza, tanto más cuando perciben que los argelinos temen un ataque dirigido contra ellos. A través de las voces de Saavedra y Leonardo, Cervantes sugiere un plan político de actuación de la monarquía española en el Mediterráneo, por lo cual su primer drama se concibe como un intento de intervención sobre la realidad. (Hoy sabemos que Felipe II, ante la expansión de las potencias protestantes del Norte, tenía su mirada puesta sobre el Atlántico, por lo que defraudaría las ilusiones de los cautivos de Argel).

Cabe destacar que la solución del conflicto en este drama, más que política, es religiosa. Poco antes del final llega el navío del fraile trinitario Juan Gil, encargado de rescatar esclavos, y la obra termina con una oración de gracias dirigida a la Virgen. En realidad el desenlace comienza algo antes, con la aparición del rey de Argel, en persona del renegado veneciano Hasán Bajá: un déspota tan codicioso como arbitrario, sumamente cruel con algunos y generoso con aquellos de quienes espera un crecido rescate. Es sintomático que este indigno *destinador final* compare su gobierno con la arbitrariedad de la Fortuna y le diga a Aurelio: «No pierdas la confianza/en esta vida importuna,/pues sabes que de *Fortuna*/la condición es *mudanza*» (vv. 2411-2414). En realidad, quien determina la suerte de los esclavos cristianos es, según se mire, la divina Providencia o la monarquía española, a través de la política del Redentor General de Castilla. Con esta última oposición entre la ciega Fortuna y la Providencia queda confirmada nuestra tesis de la estructura antitética de *El trato de Argel*.

Lope, imitador de *El trato*, y la respuesta de Cervantes en *Los baños de Argel*

Es significativa la diferencia semántica y estructural que existe entre el primer drama de Cervantes sobre su cautividad y el segundo drama de asunto análogo, *Los baños de Argel*, obra que fue escrita, según sabemos hoy, algo después del año 1600 y que aparece publicada entre las *Ocho comedias* de 1615, razón por la que no se puede excluir la posibilidad de retoques ulteriores.[14] Ahora bien, entre la primera y la segunda de estas piezas interviene Lope de Vega, quien, con su comedia *Los cautivos de Argel*, escrita en los albores del reinado de Felipe III, esto es en 1599, realiza casi un plagio del primer drama cervantino. La semejanza entre ambas obras es patente en la concepción tanto de la trama principal, relativa al sufrimiento y a la liberación de los esclavos españoles, como de la trama secundaria, que versa sobre los amores entrecruzados; y la tesis del plagio queda a la postre confirmada por el hecho de que reaparezca el soldado Saavedra y se reproduzca tal y cual la escena de la venta pública de una familia cristiana. Pero Lope no comparte los valores de Cervantes: si por un lado mantiene el tono de exaltación patriótica, reforzándolo aún más si cabe con sus hiperbólicos elogios al joven monarca, no vuelve a proponer, por otro, ni la utopía de la Edad de Oro, ni las antinomias cervantinas del tipo: amor ideal *vs.* hedonismo o fortuna *vs.* providencia. Tampoco le interesa demasiado el conflicto de valores entre las dos etnias. No todo es de buen gusto en su comedia, con esa mezcla discordante de

---

14 No hay consenso entre la crítica acerca de la datación de *Los baños*. Según Baras Escolá, «los datos biográficos y las fuentes apuntan a una fecha entre el otoño de 1601 y la primavera de 1602»: en Gómez Canseco, 2015, II, p. 85. El espejismo colectivo del que se da noticia en la pieza se produjo en la zona de Argel en octubre de 1601.

eros y religión, frívolo coqueteo y cruel martirio, pero su habilidad de dramaturgo es innegable: aprovecha, por ejemplo, la narración de Sebastián sobre la condena a muerte de un morisco y la consecuente represalia dirigida contra un sacerdote, para convertir en acción dramática lo que en Cervantes era mera noticia referida. La muerte del sacerdote, empalado en la cruz el Viernes Santo, ocurre aquí sobre el escenario, mientras que la traición y condena del morisco valenciano le ofrecen a Lope el material con el que forjar las escenas iniciales. Los dos primeros actos comienzan con sendos asaltos de piratas a un pueblo costero español: la primera vez, el morisco Fernando decide cambiar su nombre y hacerse corsario al servicio de Argel; pero cuando, en la «Jornada segunda», intenta un nuevo asalto, acaba preso y en poder de la Inquisición. Lope retoma asimismo la trama de los amores entrecruzados, haciendo que Leonardo y Marcela, objetos de deseo de sus respectivos amos, se encuentren en el cautiverio. Pero ¡qué diferencia de tono! Lope concibe un espectáculo desencadenado en el que todos actúan: Solimán y Aya, marido y mujer, que se detestan el uno a la otra; el gracioso Basurto, que simula ser judío para rebajar el precio de su rescate; los dos amantes, quienes, después de beber una poción mágica, simulan haber perdido el juicio, lo que les permite soltar toda clase de disparates. Es evidente que así se pierde la atmósfera trágica, a la vez que domina, por lo menos en las dos primeras jornadas, un tipo de comicidad propio de la farsa. La invocación al monarca, formulada aquí en un soneto de Saavedra, condice mal con el tono frívolo de la comedia de amor. El sacerdote empalado no expira sin antes haber recitado su soneto. Curiosamente Cervantes, quien no debe de haber apreciado este plagio cuando concibe su comedia *Los baños de Argel*, aprovecha a su vez algunas escenas de la pieza de Lope, a saber: el asalto de los corsarios a un pueblo de la costa española, las intervenciones del gracioso (pero el bufón de Cervantes tiene diversas funciones y no se burla solo de los judíos) y el martirio de un cristiano en Semana Santa, no un sacerdote en esta ocasión, sino uno de los dos hijos separados de su familia, de nombre Francisquito. Lope influye, por tanto, sobre la concepción de *Los baños de Argel*, aunque sin condicionar a Cervantes en su elección de un asunto original.

El nuevo planteamiento de *Los baños de Argel* deriva de la relevancia que adquiere en esta comedia la leyenda de la hija de Agi Morato, que trata de la liberación de don Lope y de sus compañeros gracias a la milagrosa intervención de Zara (aún no se llama Zoraida, como en el cuento del Capitán), asunto que constituye un claro elemento innovador, tanto respecto de *El trato* cervantino como de *Los cautivos* de Lope. Esta vez Cervantes elige como trama principal una historia *ficticia*, convirtiéndose en un inventor de *ficciones*, como lo será en el *Quijote*, en las *Novelas ejemplares* o en el *Persiles*. La historia ficticia, con todo, no deja de ser creíble puesto que sucede en un entorno auténtico y dolorosamente real. La segunda novedad, no menos importante, es de tipo semántico-estructural: aludo a la intención del autor de dotar al texto de una dimensión *metafórica* y de convertir el texto mismo en medio autorreflexivo. Para demostrar esta nueva complejidad semántica será imprescindible comentar detalladamente algunas escenas del drama.

El argumento secundario de *Los baños de Argel* es el de don Fernando, quien, arrojándose al mar para seguir a su Constanza en la esclavitud, sacrifica su libertad y casi también su vida en aras del amor, con un gesto de abnegación que recuerda ciertos pasajes de los evangelios de Marcos 8, 35 («el que pierda su vida por mí, la salvará») o de Juan 12, 25. Ahora bien, este motivo bíblico no se encuentra aislado en la comedia que estamos analizando. La leyenda de la hija de Agi Morato, tanto para los cristianos de la pieza como para los lectores, asume las características de un *mito de redención*: algunos días después del martirio de Francisquito, que tiene lugar un Viernes Santo, los cautivos españoles regresan a su patria en la nave que don Lope ha fletado para llevar a Zara. Además, Cervantes relaciona el sentido religioso de la redención con una reflexión meta-teatral, esto es, con el desenlace feliz de la comedia, haciendo decir a don Lope que Zara «también escribió en el fin [de su billete]/que sepamos el jardín/de su padre, Agi Morato,/do *a nuestra comedia y trato/se ha de dar felice fin*» (vv. 1514-18) y en el texto se encuentran más observaciones de este tipo. En otro lugar, el compañero de don Lope, Vivanco, recuerda el significado de la Pascua hebraica, que evoca la liberación del pueblo judío de Egipto: Zara es «otro nuevo Moisén» y «deste Egipto disoluto/pasamos el mar enjuto/a gozar la patria cara» (vv. 2599-2601). Es un hecho, empero, que, como el drama se desarrolla entre el Viernes Santo y el domingo de Resurrección, más que a una comedia se asemeja a una «tragicomedia», y en efecto don Fernando, con ocasión del martirio de Francisquito, observa «que siempre *en tragedia acaban*/las *comedias de cautivos*» (vv. 2382-2383), para finalmente admitir, el domingo de Pascua, que «este día/lágrimas no permite» (vv. 2115-2116). La tematización del género sale a relucir de nuevo con la mención de la representación de un «coloquio pastoril del gran Lope de Rueda»: Cervantes contrapone a la hegemonía de Lope de Vega su predilección por el teatro quinientista del gran sevillano. Naturalmente el coloquio pastoril incluye un significado que remite como *mise en abyme* al drama principal, por ejemplo, cuando el pastor consuela a sus ovejas y les dice: «No os aflija el ser mordidas/de las lobas deshambridas/tragantonas, malcontentas,/[...] que él sin medida contento/[...] os librará de lesión» (vv. 2193 y ss.); o cuando el gracioso interrumpe el espectáculo con el grito: «Si mi dolor no remedia/[...] todo acabará en *tragedia*» (vv. 2143-2145).

Sigamos con los ejemplos que apoyan una lectura metafórica. El traidor que delata la fuga de un esclavo recibe «treinta doblas» como Judas (v. 528); los «once escudos» que Zara envía a don Lope con su caña, dado que van acompañados de un doblón, se comparan con las cuentas y el «paternoster del rosario» (v. 339); el compañero de don Lope, Vivanco, no sabiendo de dónde proviene este don, lo interpreta como gracia divina, pues dice: «[...] para mí tengo yo/que fue Aquel que el cielo rige,/que por no vistos caminos/su pródiga mano acorre/a los míseros mezquinos» (vv. 470-474); y el buen renegado Hazén, que quiere volver a ser cristiano, es empalado en la playa, donde, antes de morir, proclama: «por tal *palo, palio* espero/y, así, correré ligero» – hacia la salvación, hay que entender, puesto que la imagen del palio recuerda un paso de San Pablos, *Hebr.* XII, 1, donde se nos exhorta a «correr con perseverancia en la prueba» (vv. 859-860). Y hay algo más: a diferencia de lo que sucede en los dramas de cautivos que hemos analizado, en *Los baños* ya no aparece sobre las tablas la familia completa, con el padre, la madre y los dos hijos, sino solo el padre con Francisquito y Juanico. En efecto, en la escena correspondiente de *Los baños*, Cervantes hace decir al Bajá: «Viene cautiva la madre?», a lo que Caurali contesta: «No señor» (vv. 680-681). El cambio es, por tanto, explícito. En los dos dramas precedentes, la presencia de la madre contribuía a exasperar el dolor de la despiadada separación, por lo que se plantea el interrogante de por qué Cervantes renuncia ahora a tan conmovedora figura. La respuesta tiene que ver con el nuevo contexto, que interpreta las aventuras de los cautivos como mito de redención. El incendio del pueblo costero, asaltado por los turcos, recuerda el de «Troya» y el padre que huye con sus hijos es «un cristiano Eneas», imagen de la *pietas* virgiliana interpretada en clave cristiana. El fugitivo de Troya sufre la expulsión de su primera patria para emprender una ardua peregrinación hacia otro destino. Con esta imagen de la expulsión y del camino, parábola de la vida cristiana, se abre de hecho el nuevo drama.

En resumen: todas las escenas de *Los baños* se orientan hacia ese doble sentido religioso y metateatral, lo que en modo alguno ocurre con el cuento del Capitán. Las dos versiones cervantinas de la leyenda comparten entre sí algunos elementos del contenido narrado, pero sus significados divergen. Así, la bondad y discreción de Zara, en la pieza dramática, nada tienen que ver con la frialdad calculadora de Zoraida, que, en el cuento del Capitán, nos desagrada sobre todo por su actitud ingrata hacia su padre. Zara, cuyo nombre en árabe significa «alba brillante», es figura de la esperanza; Zoraida, la mujer «cautivadora», se nos describe como una rara combinación de fascinante riqueza y de fanatismo religioso. Su retrato, en el capítulo 41 del primer *Quijote*, roza lo grotesco: no solo aparece cubierta, desde la cabeza a los pies, de oro, diamantes y perlas, sino que también se nos informa, por así decirlo, respecto de la cuenta bancaria de su padre. Según puede comprobarse, la historia de Ruy Pérez de Viedma obedece a distintos criterios semánticos, cuyo análisis excedería los límites que hemos puesto a estas consideraciones.

Invención y persuasión: Cervantes frente al problema de la «verdad de la literatura»

La originalidad de Cervantes como inventor de ficciones es un mérito que la crítica le reconoce desde hace tiempo y que no deja de impresionar a los lectores de hoy, según indican algunas publicaciones recientes: «Cervantes, raro inventor», así se titula un conocido ensayo de Javier Blasco; «The Man Who Invented Fiction: How Cervantes Ushered in the Modern World», a su vez, es el último estudio de William Egginton. No es que antes de Cervantes no hubiese grandes inventores de relatos ficticios: basta con recordar a Ariosto, quien, además, fue uno de sus maestros. Pero Ariosto imaginaba sus novelas en verso dentro de los cauces del poema caballeresco, que era considerado, con razón o sin ella, obra de fantasía y de entretenimiento. La novedad de Cervantes, si prescindimos de su opción por la prosa, tal vez consista en su predilección por las historias más bien inverosímiles, que, no obstante, a las pocas páginas de lectura, se nos vuelven familiares y plausibles. ¿Acaso no son peregrinas sus parábolas de locos y no contiene más de un elemento maravilloso su *Coloquio de los perros*? Pero, a pesar de la extravagancia de estas invenciones, se elogia comúnmente el realismo del autor del *Quijote* y la pertinencia de su sátira social. Todo esto indica que Cervantes, como pocos autores de la literatura europea, sabe combinar los vuelos de su imaginación con la observación exacta de la realidad, siendo un experto en aquella categoría narrativa que Aristóteles denomina «lo imposible creíble».[15]

Cuanto mayor la audacia del inventor, tanto más necesita recurrir a las estrategias de la persuasión. Ya desde el primer párrafo del *Quijote*, por citar un ejemplo archiconocido, Cervantes demuestra su arte persuasivo, con el que induce al lector a adherirse a la realidad que se le pone delante. Los sintagmas iniciales «En un lugar de la Mancha, de cuyo nombre no quiero acordarme», además de constituir una elegante configuración métrica y un clásico tópico narrativo, suponen una ingeniosa manipulación del lector por parte de quien narra, ya que es como si el narrador dijera: «No te digo, lector, qué pueblo manchego era el de nuestro héroe, pero lo cierto es que se trató de un lugar *de la Mancha*». Se nos oculta algo para que nos centremos en lo esencial de la afirmación. Algo análogo ocurre al final del párrafo, donde el narrador, después de habernos mareado con la variedad de los nombres atribuidos al protagonista, concluye: «Pero esto importa poco a nuestro cuento; basta que en la narración dél no se salga un punto de la *verdad*». Al admitir el hecho de que existen dudas acerca del nombre del protagonista, el narrador confiere mayor veracidad a la existencia de Don Quijote y a la historia que nos va contando.

---

[15] Aristóteles, *Poetics*, vol. 2, xxv, pp. 24–30.

En ambos momentos se produce un análogo efecto de *veridicción*, que comporta la adhesión emotiva del lector a la imagen del mundo que ha sido evocada.

Quien publicaba una narración ficticia en torno al 1600 y no se contentaba con la solución tradicional de la legitimación alegórica, tenía que justificar su obra ante los lectores y, por supuesto, ante la censura. Al no poder demostrar el valor didáctico o moral de su invención, su obra corría el riesgo de ser considerada un desatino. Las justificaciones se introducen preferentemente en los prólogos. Valga como ejemplo el de las *Novelas ejemplares*, lleno de protestas moralizantes. Pero un autor de la categoría de Cervantes es capaz de aprovechar otros momentos dentro de sus obras para reflexionar sobre candentes cuestiones éticas y estéticas. Encontramos así en el primer *Quijote* algunas consideraciones sobre la verdad del lenguaje y el modo de entender la literatura; en «La Gitanilla», que encabeza la colección de las *Novelas ejemplares*, la tematización del pacto de confianza que se establece entre el texto y el lector[16]; y finalmente en el *Persiles*, en el cuento del portugués que muere nada más acabar su relato, una reflexión sobre la *aporía* inherente a la concepción de esta ambigua novela.[17]

En el *Quijote* de 1605, Cervantes, queriendo reflexionar sobre la verdad de la literatura, se vale de esa irónica *mise en abyme* que es *El curioso impertinente*: una novela encontrada en un manuscrito y destinada a la lectura en público ante los huéspedes de la venta, en ausencia de Don Quijote. Sabido es que el dinamismo de la novela se origina en la incredulidad de Anselmo, quien, incapaz de amar, desea llegar a saber, cueste lo que cueste, si la *apariencia* de honradez que todo el mundo reconoce a su esposa se corresponde con la *realidad* o, dicho de otro modo, si el *parecer* de Camila es conforme a su *ser*. En efecto, el objeto de estudio del marido curioso, y en cierta medida también el de la novela misma, no es la virtud de Camila sino la *verdad* de su virtud. Para someter a prueba la honradez de su esposa, Anselmo se vale de la ayuda de su mejor amigo, Lotario, a quien obliga a hacer el papel de seductor. En el ápice de la crisis, Camila debe ofrecer una demostración de su virtud, que en ese momento ha dejado de ser perfecta. Consigue, sin embargo, persuadir a su marido con una especie de representación teatral en la que imita a Lucrecia Romana (Anselmo la está escuchando desde su escondite, como Camila sabe: el presunto *voyeur* es un espectador como los demás, Lotario y la criada Leonela, quienes, por el contrario, sí que conocen el estado auténtico de la situación). Es interesante observar cómo la estructura de la novela se basa en una inversión de roles: si, en el capítulo 33, la intriga parte del marido, el gran manipulador de todos (*hacer hacer*), en el capítulo siguiente, el 34, quien soluciona el conflicto gracias a su arte persuasivo

---

16 Güntert, 2007, p. 237.
17 Güntert, 2012, pp. 231–233.

(*hacer creer*) es su mujer.[18] Camila sale victoriosa del apuro, si obviamos el hecho de que aún falta por conocer el desenlace moralizante, que no se nos comunica sino después de la lucha sonámbula de Don Quijote con los odres de vino.

Detengámonos a examinar dos momentos significativos del capítulo 34. He aquí el primero: un día, Lotario, en presencia de Anselmo y Camila, recita dos sonetos amorosos suyos sobre una «bella ingrata», cierta «Clori», que Anselmo, siempre propenso a la lectura *referencial*, identifica enseguida con su esposa; Camila, en cambio, después de escuchar estos versos, pregunta al sonetista: «Luego ¿todo aquello que los poetas enamorados dicen *es verdad*?», a lo que Lotario contesta: «En cuanto poetas, *no la dicen* [...] mas en cuanto enamorados, siempre quedan tan cortos como *verdaderos*».[19] Con esta broma, lejos de ser gratuita, Lotario admite que los poetas, cuando están apasionados, logran infundir algo de sus emociones en sus textos, pero no por eso la lírica amorosa puede ser considerada verdadera en un sentido «referencial». Y es que los poetas no dicen la verdad, sino que «fingen». Huelga insistir en que tampoco la representación de Camila es verdadera en el sentido «referencial»: todo lo contrario. Camila miente; miente al mismo tiempo que urde su artificio, pero dice la verdad en lo referente a sus sentimientos de mujer humillada: su indignación y su dolor han sido reales, y lo siguen siendo. En su laberíntico discurso se superponen la verdad y la mentira hasta el punto de crear otra «superior verdad»: la «verdad de la ficción». El propio Lotario comienza a dudar, no sabiendo ya a qué atenerse, y algo análogo le ocurre al narrador, quien, por primera vez en este relato, aparece desorientado, pues se expresa, también él, en la modalidad dubitativa: [Camila amaga con acometer a Lotario con su daga, pero luego la dirige contra sí misma y se hiere levemente] «porque, viendo que no podía haber a Lotario, *o fingiendo que no podía*, dijo...».[20] Pero merece la pena recordar el párrafo entero, en que Camila logra crear una perfecta ambigüedad:

> Y diciendo estas razones, con una increíble fuerza y ligereza arremetió a Lotario con la daga desenvainada, con *tales muestras* de querer enclavársela en el pecho, que casi él estaba en duda si aquellas demostraciones *eran falsas o verdaderas*, porque le fue forzoso valerse de su industria y de su fuerza para estorbar que Camila no le diese. La cual *tan vivamente fingía aquel estraño embuste y falsedad*, que por dalle *color de verdad* la quiso matizar con su misma sangre; porque viendo que no podía haber a Lotario, o *fingiendo* que no podía dijo:
>
> –Pues la suerte no quiere satisfacer del todo mi tan justo deseo, a lo menos no será tan poderosa que en parte me quite que no le satisfaga.–

---

[18] Greimas y Courtés, 1982, pp. 251–253.
[19] Cervantes, *Don Quijote de la Mancha*, 2005, p. 450.
[20] Cervantes, *Don Quijote de la Mancha*, 2005, p. 451.

> Y haciendo fuerza para soltar la mano de la daga, que Lotario la tenía asida, la sacó y, guiando su punta por parte que pudiese herir no profundamente, se la entró y escondió más arriba de la islilla del lado izquierdo, junto al hombro, y luego se dejó caer en el suelo, *como* desmayada.
>
> Estaban Leonela y Lotario suspensos y atónitos de tal suceso, y todavía dudaban de la verdad de aquel hecho, viendo a Camila tendida en tierra y bañada en su sangre.[21]

La fuerza de Camila, en este momento, consiste en la intensidad de su representación y en la astucia de su artificio. Ella consigue confundir y hasta engañar durante algún tiempo a todos los presentes. Pero quienes no caemos en el engaño, a pesar de la momentánea incertidumbre de la voz narrativa, somos los lectores. El continuo uso de expresiones como «dar muestras», «dar color de verdad», «fingir» y «se dejó caer [...] *como* desmayada», así como alguna que otra anticipación del narrador con respecto a lo que va a suceder, demuestran sin lugar a dudas que estamos asistiendo a una recitación. (La trampa, para los que estamos leyendo el *Quijote*, nos espera más adelante: cuando, en el capítulo 35, Don Quijote reaparece en camisa de noche para luchar contra los cueros de vino; los lectores, todavía inmersos en las impresiones que nos ha causado la historia de *El curioso impertinente* tendremos momentáneamente la sensación de haber vuelto a la «realidad», si bien lo que ocurre no es sino un cambio de nivel de ficción). Camila, por tanto, engaña a su marido y confunde a su amante, pero no a los lectores, quienes nos situamos a la necesaria distancia del espectáculo para comprender los mecanismos del juego. Si, no obstante, quedamos impresionados es porque hemos sufrido el impacto del lenguaje expresivo – rítmico, sonoro, plástico – del narrador cervantino. Por encima de las palabras de Camila está, de hecho, el arte retórico de Cervantes. No solo el discurso de Camila en esta escena, sino todo el *Quijote* es ficción, y su principal instrumento, el lenguaje, no deja de ser una combinación de signos que se inscriben en la dimensión del *parecer*; con todo, cuando el lenguaje se alimenta de las pasiones y «se tiñe de sangre», consigue transmitir algo vital, tal vez una reminiscencia del *ser* que el lector es capaz de percibir, y entonces resulta, como en este caso, plenamente persuasivo.

Bibliografía

Aristóteles, «Poetics», en Jonathan Barnes (ed.), *The Complete Works of Aristotle: The revised Oxford Translation*, vol. 2, Princeton, Princeton University Press, 1984.

---

21 Cervantes, *Don Quijote de la Mancha*, 2005, pp. 450–451.

Baras Escolá, Alfredo, «Tragedia de Numancia«, en Gómez Canseco Luis (ed.), *Miguel de Cervantes. Comedias y tragedias*, volumen complementario, Madrid, Real Academia Española, 2015, pp. 170–182.

Blasco, Javier, «Trilogia cervantina», *Revista de libros*, 5 de sept. 2016, pp. 1–7, en <http://www.revistadelibros.com/resenas/trilogia-cervantina>.

Casalduero, Joaquín, *Sentido y forma del teatro de Cervantes*, Madrid, Gredos, 1966.

Cervantes, Miguel de, «Comedia llamada trato de Argel», en Florencio Sevilla Arroyo y Antonio Rey Hazas (eds.), *Teatro completo*, Barcelona, Planeta, 1987.

Cervantes, Miguel de, *Comedias y tragedias*, ed. Luis Gómez Canseco, Madrid, Real Academia Española, 2015.

Cervantes, Miguel de, *Don Quijote de la Mancha*, ed. Francisco Rico, Barcelona, Galaxia Gutenberg-Círculo de Lectores, I, 2005.

Cervantes, Miguel de, *La Galatea*, ed. Florencio Sevilla Arroyo y Antonio Rey Hazas, Madrid, Alianza, 1996.

Cervantes, Miguel de, *Novelas ejemplares*, ed. Jorge García López, Barcelona, Galaxia Gutenberg-Círculo de Lectores, 2005.

Cervantes, Miguel de, *Poesías*, ed. Adrián J. Sáez, Madrid, Cátedra, 2016.

Fothergill-Payne, Louise, «*Los tratos de Argel, Los cautivos de Argel* y *Los baños de Argel*: tres trasuntos de un asunto», en José María Ruano de la Haza (ed.), *El mundo del teatro español en su Siglo de Oro: Ensayos dedicados a John E. Varey*, Ottawa, Dovehouse, 1989.

García Aguilar, Ignacio, Gómez Canseco, Luis y Sáez, Adrián J., *El teatro de Miguel de Cervantes*, Madrid, Visor, 2016.

Gómez Canseco, Luis (ed.), *Miguel de Cervantes: Comedias y tragedias*, Madrid, Real Academia Española, 2015.

Gracia, Jordi, *Miguel de Cervantes: La conquista de la ironía*, Barcelona, Taurus, 2016.

Greimas, Algirdas J. y Courtés, José, *Semiótica, Diccionario razonado de la teoría del lenguaje*, versión española de Enrique Ballón Aguirre y Hermes Campodónico Carrión, Madrid, Gredos, 1982.

Güntert, Georges, *Cervantes: Narrador de un mundo desintegrado*, Vigo, Editorial Academia del Hispanismo, 2007.

Güntert, Georges, «La pluridiscursividad del Persiles», en Itzíar López Guil *et al.* (eds.), *De Garcilaso a Gracián. Treinta estudios sobre la literatura del Siglo de Oro*, Vigo, Editorial Academia del Hispanismo, 2012.

Güntert, Georges, «Obras dramáticas y narrativas de Cervantes sobre su cautiverio en Argel», *Anuario de Estudios Cervantinos*, 13, 2017, pp. 189–202.

Lucía Megías, José Manuel, *La juventud de Cervantes. Una vida en construcción (1547–1580)*, Madrid, Edaf, 2016.

Meregalli, Franco, *De los «Tratos de Argel» a «Los baños de Argel». Homenaje a Casalduero*, ed. Rizel Pincus Sigele y Gonzalo Sobejano, Madrid, Gredos, 1972, pp. 395–409.

Ojeda Calvo, María del Valle, «El trato de Argel», en Luis Gómez Canseco (ed.), *Miguel de Cervantes: Tragedias y comedias*, vol. 2, vol. complementario, Madrid, Real Academia Española, 2015, pp. 156–170.

Vega Carpio, Lope de, «Los cautivos de Argel», en *Obras de Lope de Vega publicadas por la RAE*, vol. 4, Madrid, Revista de Archivos, Bibliotecas y Museos, 1917, pp. 223–260.

Jeremy Lawrance
Las utopías en la obra de Cervantes

Hablar de la Utopía en el contexto de estas indagaciones sobre «Cervantes y el Humanismo europeo» es desde un punto de vista comprensible, desde otro cuestionable. Comprensible, porque a la zaga de la invención de la palabra *utopia*, 'no-lugar', por el humanista inglés Thomas More hace exactamente 500 años, en 1516, la fantasía de una sociedad ideal imaginaria de acuerdo con antecedentes en Platón, Plutarco, Luciano, Virgilio, y San Agustín vino a ser una forma característica de discurso humanista, incluso un discurso que caracterizaba al humanismo. Cuestionable, no sólo porque Cervantes nunca se refirió de modo explícito a la Utopía, sino porque el autor del *Don Quijote*, como uno de los padres fundadores del realismo, podría ser considerado precisamente como anti-utópico, un escritor cuyas obras constituyen una crítica de los postulados fantásticos del utopismo. Buena muestra del dilema es el título del libro de José Antonio Maravall, *Utopía y contrautopía en el «Quijote»* (1976); y no menos significativo, el hecho de que esta obra fuera una revisión concienzuda de otra anterior titulada *El humanismo de las armas en «Don Quijote»* (1948).

No obstante, a pesar del aparente silencio de Cervantes sobre la fantasía humanista de soñar en *le meilleur des mondes (im)possibles*, lo cierto es que hay numerosos estudios sobre el tema de las utopías en Cervantes; Stelio Cro incluso declara que *Don Quijote* es «la utopía literaria más importante de España».[1] Al final mencionaré algunas de las ideas que se han formulado en torno a esta paradoja de un escritor que, sin aludir nunca a la utopía, dio al mundo el mito afín del *donquichottisme*, pero el objeto principal de estas líneas es más elemental, el de una sencilla *Quellenforschung*: la historia literaria de las utopías humanistas, y la cuestión de sus posibles ecos en Cervantes.

En este sentido valdrá la pena empezar con una explicación de lo que entiendo por «una utopía». El artículo indefinido es importante; podemos hablar de «la Utopía» y entender con ello una ideología política, pero este sustantivo abstracto incontable no pasa de ser una sinécdoque para el utopismo, la búsqueda de una sociedad perfecta. «*Una* utopía», en cambio, es un término literario; se refiere a la «*descripción fictiva* de tal sociedad», y como observó Northrop Frye, aunque el género admite variedades importantes – entre ellas, la distinción entre las positivas y las negativas, las *distopías* –, en esencia demuestra ciertos

---

[1] Cro, 1990, pp. 4–5. Fernández, 2008, revela que «utopía» figura en los títulos o intertítulos de unos 40 estudios; pero el concepto aflora en muchísimos más, como en éste de Cro.

elementos formales o estrategias retóricas que lo tipifican: por un lado, el ser estructurado como la narrativa de un viaje a una isla o país mítico, o en ejemplos barrocos y más modernos a una ciudad fantástica; y por otro, la configuración de esta fantasía de algún modo como crítica del estado real del mundo.[2] Como afirma Vita Fortunati, estos aspectos de «mediación fictiva», «lejos de ser marginales, [son] fundamentales, y a derechas preceden a todas las demás aproximaciones».[3] Lo que tienen en común el utopismo y el género literario de las utopías es «esa actitud mental peculiar que especula sobre las potencialidades alternativas de la experiencia [...], la hipotética creación de un orden distinto del de la realidad, [...] la aspiración a sobrepasar la fijeza del presente»; pero las utopías novelizadas contienen necesariamente otro elemento, una ambivalencia esencial que suele faltar en los proyectos ideales de los utopistas y que surge del contraste entre la utopía inventada y la realidad social en que se encuentran el autor y sus lectores. Este conflicto entre la «*otra parte*» fantástica y la crítica del «*aquí y ahora*», el juego entre la abstracción y la realidad, es el eje de la ficción utópica.[4] Y en este respecto la naturaleza genérica de las utopías literarias – el hecho de que forman una cadena, cada una en diálogo con sus predecesores – será el objeto de nuestro interés. Como afirma Todorov en su estudio de la literatura fantástica, «un texto es el producto no sólo de una combinatoria existente [...], sino también de la *transformación* de aquella combinatoria».[5] Este «doble movimiento» es lo que involucra un estudio del tema de la utopía en cuanto afecta el puesto de Cervantes en el humanismo europeo.

---

2 Frye, 1965.
3 «Criticism has allowed itself to focus on the political, philosophical side [...]. The formal aspect of the utopian project, far from being marginal, is fundamental and rightly precedes all other approaches [...]. In utopian literature there is a dynamic relationship between content and expression, a fictional mediation which any reader must reckon with [...] to grasp its full meaning» (Fortunati, 2000, p. 634).
4 «By *Utopianism* is generally meant that peculiar mental attitude which speculates on the alternative potentialities of experience [...], the hypothesis of creating an order other than reality [...], the aspiration to go beyond the fixity of the present. [...] By *utopia* as a literary genre is meant a work where the utopian attitude has been translated into a literary [...] paradigm whose archetypal model is More's *Utopia* [...]. The *elsewhere*, the journey, the layout of some city, these simulate society [...] in contrast with a political reality [...]. The essence of utopia lies precisely in its inherent ambiguity, in its play between a design which is not-yet-real and the reality which the design contests» (Fortunati, 2000, p. 635).
5 «[U]n texte n'est pas seulement le produit d'une combinatoire préexistante [...]; il est aussi une transformation de cette combinatoire. [...] Toute étude de la littérature participera [...] de ce double mouvement: de l'œuvre vers la littérature (ou le genre), et de la littérature (du genre) vers l'œuvre» (Todorov, 1970, pp. 10–11).

Empiezo, pues, con un repaso al papel de las utopías en la literatura humanista, y de lo que Cervantes sabía y presumía que sus lectores sabrían de ellas; luego pasaré a considerar un par de ejemplos de los reflejos genéricos de aquella tradición en sus obras, y del modo en que, en palabras de Todorov, la «transforman».

El paradigma del género utópico, no solamente para el Renacimiento sino para épocas posteriores, el *De optimo reipublicae statu deque nova insula Utopia* de Thomas More, se concibió durante una visita del autor a los Países Bajos en 1515 como miembro de una embajada al archiduque Carlos de Austria, más tarde emperador y rey de España. En Flandes se reunió con Erasmo, a quien envió el manuscrito el 3 de septiembre de 1516 para que lo publicara.[6] La impresión la dirigió en Lovaina un amigo mutuo, Pieter Gillis; luego Erasmo confió a Thomas Lupset el cuidado de una segunda edición, con acotaciones suyas y de Guillaume Budé, en París en 1517.[7] Finalmente el humanista holandés se encargó en persona de una tercera edición, con epístolas y epigramas adicionales, impresa en Basel en marzo de 1518.[8] Ésta se reimprimió en diciembre de aquel año y, antes de la muerte de Cervantes un siglo después en 1616, al menos doce veces más en Basel, Firenze, Köln, Louvain, Wittenberg, Frankfurt, y Hanau. Mientras tanto se publicaron traducciones al alemán (dos versiones: 1524, de Lib. II, y 1612), al italiano (1548; Lib. II adaptado en 1561), al francés (cuatro versiones, 1550 de Lib. II, 1559, 1585, y 1611), al inglés (1551), y al holandés (1553).[9] No se imprimió una versión española hasta 1637, cuando apareció la de Medinilla (Lib. II) con un prefacio por Quevedo fechado el 28 de septiembre en Torre de Juan Abad afirmando que «le importuné a que hiziesse esta tradución», más unas veinte páginas de elogios

---

6 «*Nusquamam* nostram nusquam bene scriptam ad te mitto: praescripsi epistolam ad Petrum meum. Cetera tu ut recte cures, expertus sum non esse opus ut te adhorter» (Erasmus, 1906–1958, II, pp. 339–340 §461; Erasmus, 1974–2016, IV, pp. 66–67), a lo cual Erasmo respondió el 2 de octubre, «De *Insula* deque caeteris curabuntur omnia. [...] P. Aegidius mire favet tuae *Nusquamae* teque valde salutat» (*Opus ep.*, p. 354, §474; y ver §467, 477, 481, 484, 487, 491, 499, 502, 508, 513, 524, 530, 534, 537 sobre el progreso de la edición). La sustitución del nombre latino por el griego *Utópia* fue tal vez una sugerencia de Erasmo; más afortunado que *Nusquama* («algo cacofónica» (Quarta, 2006, pp. 42–46) y más preciso que el *Udepótia* (< οὐδέποτε 'nunca') o *Hagnópolis* (< ἁγνός 'casto') sugeridos por Budé («Guillielmus Budæus Thomę Lupseto Anglo s.», en More, [s.a. (1517)], sig. A2^r–7^v, a A5^r, A6^r).
7 More, 1516 (*Libellus vera aureus*); More, 1517 (*Opusculum illud vere aureum*).
8 More, 1518 (*De optimo reip. statu deque nova insula Utopia*; todas mis citas remiten a esta edición de 1518, en adelante *Utopia*).
9 Extraigo estos detalles de Lakowski, *International Thomas More Bibliography (U): Utopia, Part A: Editions and Translations*, en línea, y el USTC · *Universal Short Title Catalogue*, <http://ustc.ac.uk/>.

en prosa y verso; pero se conserva una versión anónima más temprana, a lo mejor de 1519-35, en un códice de la biblioteca del conde de Gondomar (1567-1626).[10] No obstante, si Cervantes conocía la obra – y sugeriré que sí la pudo conocer – es razonable conjeturar que la leyó en la versión italiana de Lando.[11]

La obra de More consiste en dos libros. El segundo, escrito primero, contiene la narración por el marinero portugués Raphael Hythlodaeus de su viaje a la ínsula de Utopia (o como tradujo Quevedo, «No hay tal lugar») situada en el Océano cerca de América, pero de cuyo paradero exacto More se olvidó convenientemente de cerciorarse («neque nobis in mentem venit quaerere, neque illi dicere, qua in parte Novi illius Orbis Utopia sita sit»).[12] Según Hitlodeo, los utopienses viven contentos en una sociedad fundada en la razón y en la justicia, siendo sus rasgos principales la ausencia de rangos, la elección democrática de sus gobernantes, y la abolición de la propiedad privada y del dinero, considerado como la raíz de todos los males. Los senarios yámbicos preliminares atribuidos al poeta laureado Anemolio («ventoso, parlanchín») hacen explícito el paralelo entre esta

---

10 More, 1637 (*Utopia: traducida de latin en castellano*), con Francisco de Quevedo, «Noticia, juicio, í recomendación de la Utopía, i de Thomás Moro», sig. **2ᵛ-**3ᵛ; y Madrid, Real Biblioteca II-1087. Para la fecha de la versión ms. ver Davenport y Cabanillas Cárdenas, 2008, pp. 110-127, pp. 233-271 (pp. 110-112).
11 More, 1548 (*La Republica nuovamente ritrovata*). Su Lib. II fue adaptado como «Del governo della rep. d'Utopia» en *Del governo de i regni et delle republiche cosi antiche come moderne libri XVIII*, Francesco Sansovino (ed.), Venetia, el editor, 1561, Lib. XVIII, del que hubo una 2ª ed. en 1566, reimpr. 1567, 1578, 1583, [*ca.* 1600], 1607, etc. Se ha afirmado que Cervantes «seguramente» leyó la edición de *Utopia* de Lovaina 1542 (por lo demás, inexistente), pero me parece menos verosímil que lo manejara en latín.
12 *Utopia*, pp. 17-24 «Thomas Morus Petro Aegidio s.d.», a p. 21; Gillis explica en su prefacio «Hieronymo Buslidio» (p. 16) que él tampoco pudo oírlo... porque alguien tosió. Quevedo, «Noticia» (n10) «*Utopia*, voz Griega cuyo significado es, no ai tal lugar»; *tópia* significa «paisaje (pintura)» (pl. < τόπιον «campo, lugar sagrado»; Vitruvio, *De archit.* VII.5.2 «varietatibus *topiorum* [...] imagines exprimentes; pinguntur enim portus, promunturia, litora, flumina, fontes, euripi, fana, luci, montes, pecora, pastores»), pero el nombre original Nusquama (n6, *supra*) < *nusquam* «en ninguna parte» indica que, en efecto, por «*Utopia*» entendía «país de no-lugar» (*nowhereland*), con *-ia* «país» como en *Italia, Gallia, Hispania*. La idea de que la isla no existe es por supuesto el eje del libro. Derivaba de Platón, *Rep.* IX 592a-b ἐν ᾗ νῦν διήλθομεν οἰκίζοντες πόλει λέγεις, τῇ ἐν λόγοις κειμένῃ, ἐπεὶ γῆς γε οὐδαμοῦ οἶμαι αὐτὴν εἶναι. – 'Αλλ', ἦν δ' ἐγώ, ἐν οὐρανῷ ἴσως παράδειγμα ἀνάκειται τῷ βουλομένῳ ὁρᾶν καὶ ὁρῶντι ἑαυτὸν κατοικίζειν. διαφέρει δὲ οὐδὲν εἴτε που ἔστιν εἴτε ἔσται («Dices, en la ciudad cuya fundación acabamos de describir, la que *consiste en palabras*, ya que no creo que se halle *en ninguna parte de la tierra*. –Quizá, dije yo, se guarda un modelo de ella *en el cielo* para quien quiera verla y, viéndola, hacerse su ciudadano; sin embargo, no importa si existe, ni si existirá»); pero la transforma totalmente la ficción exótico-cómica de presentarla como una Nusquama/Utopia «real».

república ideal y la καλλίπολις o «ciudad hermosa» esbozada en la *República* de Platón con un juego entre οὐ-τόπια 'no-lugar' y εὐ-τόπια 'bien-lugar':

> Utopia priscis dicta, ob infrequentiam,
> nunc civitatis aemula Platonicae
> – fortasse victrix (nam quod illa literis
> deliniavit, hoc ego una praestiti
> viris & opibus optimisque legibus) –
> Eutopia merito sum vocanda nomine.[13]

La narración demuestra sus credenciales humanistas en otras deudas con la tradición utópica de los griegos, por ejemplo la descripción de la *politeia* espartana por Plutarco en su vida de Licurgo, *Apophthegmata Laconica*, y *Antiqua instituta Laconica*; o, ya en clave paródica, la *Vera historia* de Luciano, que cuenta un viaje imaginario a la luna, al mar de leche, a la isla de queso, y a las Ínsulas de los Bienaventurados (también en dos libros).[14]

El primer libro, con un prefacio a Pieter Gillis que también forma parte del cuadro fictivo, se añadió más tarde, después de la vuelta de More a Inglaterra y, según Erasmo, «de improviso».[15] Más corto (9167 palabras, contra 18.200) pero no menos importante, adopta la forma de un diálogo entre Hitlodeo y un personaje llamado Morus que condena la injusticia y desigualdad de la sociedad inglesa, imagen inversa de la utopiense hasta en el detalle de que cuenta con 53 condados más Londres, correspondientes a las 54 ciudades de Utopia. Sin embargo, «Moro» e Hitlodeo no llegan a un acuerdo sobre principios tan centrales como la abolición de la propiedad privada o la representación democrática; en este sentido el diálogo queda indefinido, sin concluir. Así que los dos libros de *Utopia* presentan juntos un epítome de la contradicción indecisa que apunté como componente esencial de las utopías literarias, encarnada no sólo por el equívoco οὐ-/εὐ-τόπια, sino por detalles como su Río Anydrus (ἄνυδρος 'sin

---

[13] *Utopia*, p. 11 «Hexastichon Anemolii poetae laureati, Hythlodaei ex sorore nepotis, in Utopiam insulam». La versión inglesa procuró explicar el equívoco: «Wherfore not *Utopie*, but rather rightely | My name is *Eutopie*: A place of felicitie» (More, 1556, sig. s6ᵛ–7ʳ). Para *Calípolis* ver Platón, *Rep.* 527c οἱ ἐν τῇ καλλιπόλει σοι μηδενὶ τρόπῳ γεωμετρίας ἀφέξονται.
[14] Plutarco, 1914–1926 Λυκοῦργος, y 1927–1976 Ἀποφθέγματα Λακωνικά y Τὰ παλαιὰ τῶν Λακεδαιμονίων ἐπιτηδεύματα; Luciano, 1913–1967 Ἀληθῶν Διηγημάτων (sobre el género parodiado aquí ver p.e. Prescott, 1908). Ver Logan, 2016; Fortunati, 2000, pp. 152–159; Davis, 2010.
[15] Erasmus, 1906–1958, IV, 12–23, §999 a Ulrich Hutten 23 julio 1519 (biografía de More) «*Utopiam* hoc consilio aedidit, ut indicaret quibus rebus fiat ut minus commode habeant respublicae [...]. Secundum librum prius scripserat per ocium, mox per occasionem primum adiecit ex tempore» (p. 21); Erasmus, 1974–2016, VII, p. 24.

agua'), su capital Amaurotum (ἀμαυρός 'borroso, evanescente'), o el príncipe Ademus (ἄδημος 'sin pueblo'). Como observa George Logan, estas tergiversaciones lúdicas y lo inconcluso del debate entre los dos personajes proyectan «a dividedness of mind» en More que «ayuda a explicar su aparente disociación de Utopía» mediante la creación de un *alter ego* narrador cuyo nombre exótico significa «experto en sandeces» (ὔθλος 'tontería' + δᾶος 'sabedor, astuto', como explicaba Gerrit Vossius al traductor francés Sorbière en 1643); y de manera más sutil, por la del abogado cauto Morus – μωρός es 'lerdo, estulto' – como *persona* del autor, «un More que nunca podría haber escrito *Utopia*, ni elegido el martirio».[16]

En resumen, More emplea la ironía constantemente para subvertir no sólo la veracidad de su narración, sino su propio sentido. De ahí la distinción especiosa (o como dice la nota marginal de Erasmo, «teológica») en su prefacio entre «decir una ficción» y «mentir»:

> Si tú no te acuerdas, escribiré, como he escrito, lo que parezco recordar; porque me esforzaré en asegurar que no haya nada falso en el libro, de modo que si surge cualquier materia dudosa, antes será un caso de decir algo incorrecto que de fabricar una mentira.[17]

Como comenta David Marsh, esto reemplaza con «un toque de auténtica ironía socrática» el *jeu d'esprit* de Luciano, quien admitía abiertamente que su «verdadera historia» era mentira:

---

[16] Logan, 2016, p. xxii. El juego de aproximación/distanciamiento se refleja incluso en el grabado xilográfico *Utopiae insulae figura* incluido al principio (More, 1516, f. [*]1ᵛ) como parte de la «masterful blending of literary "reality" and "utopian" fantasy which keeps the reader in constant suspense [...] to add credibility to More's hoax» (Schulte Herbrüggen, 1997, p. 227; Erasmus, 1906–1958, II, 380, §487 Gerard Geldenhouwer (Noviomagus) a Erasmo 12 noviembre 1516 «*Utopiae* imprimendae provinciam Theodoricus noster lubens ac gaudens suscepit. *Insulae ipsius figuram* a quodam egregio pictore effictam Paludanus [Jan van den Broeck/Desmarais] noster tibi ostendet; si quid mutatum velis, scribes aut figurae annotabis»); fue rediseñado a instancias de Erasmo en la 3ª ed. por el hermano de Hans Holbein para convertir el mapa en imagen biestable de una calavera, jugando con el calembúr melancólico entre *(Memento) mori* y «More» (Bishop, 2005). En sentido similar, Greenblatt, 1980, pp. 11–73 descubre una equivalencia entre la «anamorphic virtuosity» de la calavera en el retrato *Los embajadores* de Hans Holbein y los «subtle displacements, distortions, and shifts of perspective» en *Utopia*, que presenta «two distinct worlds [Inglaterra-Utopía] that occupy the same textual space while insisting upon the impossibility of their doing so» (p. 22).

[17] *Utopia*, «Thomas Morus Petro Aegidio s.d.», pp. 20–21 «Sin ipse non recolis, scribam, ut feci, quod ipse recordari videor mihi, nam ut maxime curabo *ne quid sit in libro falsi*; ita, si quid sit in ambiguo, potius *mendacium dicam* quam *mentiar*. [*marg.*] Nota Theologicam differentiam inter mentiri & mendacium dicere».

Para no ser el único excluido del privilegio de la licencia poética, y como no tenía nada verdadero para contar – no habiendo tenido ninguna aventura digno de decirse –, recurrí a la mentira; pero de una forma mucho más honesta que la suya [*i.e.* de los poetas épicos], porque *al menos diré la verdad en una cosa: es decir, que miento*. En esta manera pienso evitar la censura dirigida a los otros, confesando yo mismo que no digo nada verdadero. Entiéndase, pues, que escribo *cosas que ni he visto ni he vivido, ni las oí de otros* – cosas que en efecto son del todo inexistentes y que ni siquiera tienen la posibilidad de existir. De modo que los que por acaso las leen no deben *de ninguna manera creerlas*.[18]

Paradójicamente, la afirmación contraria de More nos hace dudar no sólo de la narración sino del narrador; así que resulta difícil, si no imposible, determinar hasta qué punto la ironía del autor procura trastornar la moraleja aparente de su república ideal. En la misma página de la epístola a Gillis, por ejemplo, cuenta que cierto «teólogo profesional pío», al oír la descripción de Utopia por Hitlodeo, concibió enseguida el deseo ardiente de solicitar al papa que le promoviera a obispo de esa diócesis, «no desde luego por vana curiosidad ni por ambición del rango *con sus pingües rentas*», sino con la intención «piadosa y sagrada» de seguir instruyendo a los utopienses en la doctrina cristiana.[19] Del mismo modo,

---

18 Luciano, Ἀληθῶν Διηγημάτων, p. 252: «ἵνα μὴ μόνος ἄμοιρος ὦ τῆς ἐν τῷ μυθολογεῖν ἐλευθερίας, ἐπεὶ μηδὲν ἀληθὲς ἱστορεῖν εἶχον – οὐδὲν γὰρ ἐπεπόνθειν ἀξιόλογον – ἐπὶ τὸ ψεῦδος ἐτραπόμην, πολὺ τῶν ἄλλων εὐγνωμονέστερον· κἂν ἓν γὰρ δὴ τοῦτο ἀληθεύσω λέγων, ὅτι ψεύδομαι. οὕτω δ' ἄν μοι δοκῶ καὶ τὴν παρὰ τῶν ἄλλων κατηγορίαν ἐκφυγεῖν αὐτὸς ὁμολογῶν μηδὲν ἀληθὲς λέγειν. γράφω τοίνυν *περὶ ὧν μήτε εἶδον μήτε ἔπαθον μήτε παρ' ἄλλων ἐπυθόμην*, ἔτι δὲ μήτε ὅλως ὄντων μήτε τὴν ἀρχὴν γενέσθαι δυναμένων. διὸ δεῖ τοὺς ἐντυγχάνοντας *μηδαμῶς πιστεύειν αὐτοῖς*»; Marsh, 1998, pp. 194–195. Para la contextura de *Utopia* fue fundamental la «Socrática Ironía» de Luciano, que Moro alaba en la epístola dedicatoria a su traducción, con Erasmo, de varios diálogos del mismo («Thomæ Mori Traductionis e Luciano ad M. Ruthalum præfatio», en *Luciani Compluria opuscula longe festivissima in Latinorum linguam traducta*, [Paris], Badius Ascensius, 1506, sig. AAa1ʳ, reimpr. al menos × 14 antes de 1535, bien conocido a Cervantes: ver Zappala, 1979, pero que tuvo que defender contra la incomprensión de sus coetáneos en la carta a Gillis añadida en la 2ª ed. de 1517, ff. 103ᵛ–105ᵛ, donde explica – irónicamente – la intención irónica de los nombres griegos (*habría* utilizado palabras que indicaran «insulam nusquam esse, urbem evanidam, sine aqua fluvium, sine populo esse principem [...], qui *nisi me fides coegisset hystoriæ*, non sum tam stupidus ut barbaris illis uti nominibus & nihil significantibus "Utopię", "Anydri", "Amauroti", "Ademi" voluissem. Cęterum [...] quę nos homines simplices & creduli Hythlodæo referente perscripsimus, ea homines circumspecti ac sagaces egre adducuntur ut credant»; Surtz, 1958, pp. 319–324; Bracht Branham, 1985).
19 «[V]ir pius & professione Theologus, qui miro flagrat desyderio adeundæ Utopiæ, *non inani & curiosa libidine collustrandi nova*, sed uti *religionem nostram* feliciter ibi cœptam *foveat atque adaugeat*; quod quo faciat rite, decrevit ante curare ut mittatur à Pontifice atque adeo ut creetur Utopiensibus Episcopus [...]. Quippe *sanctum ducit ambitum, quem non honoris aut quæstus ratio, sed pietatis respectus pepererit*» (*Utopia*, p. 21).

después de la peroración del *sermo* de Hitlodeo en la que alaba la república utopiense, «Moro» añade un epílogo no menos ambiguo:

> Cuando terminó Rafael de explicar estas cosas, aunque se me presentaban no pocas instituciones en las costumbres y leyes de aquel pueblo que parecían totalmente absurdas – no sólo en torno al modo de hacer la guerra o de ordenar la cosas divinas y la religión y otros puntos más, sino sobre todo en lo que es el mayor fundamento de toda su constitución, es decir la vida y economía en común sin cualquier uso del dinero, cosa que por sí sola derrumba toda nobleza, magnificencia, esplendor, y majestad, las que según la opinión pública son los ornamentos más verdaderos y honrados de una república – sin embargo, percibiendo que estaba cansado por su narración [...], y especialmente porque recordaba que sobre este tema había censurado a varios que parecían tener miedo de que les tomaran por ignorantes si no lograban hallar algún puntillo que criticar en los inventos de los demás, [...] le tomé por la mano y le invité a entrar a cenar. [...] Mientras tanto, si no puedo asentir en todo lo que fue dicho, con todo confieso libremente que hay muchas cosas en la república de los utopienses que quisiera ver en nuestras ciudades, si bien no espero verlas.
>
> FIN DEL LIB. II[20]

Aquí el desenfadado paréntesis sobre los que critican sólo por vanidad intelectual, junto con la sospechosa moralidad del reparo sobre la amenaza que supone el ideal comunitario, «según la opinión pública», para la «nobleza, magnificencia, esplendor, y majestad» – o sea, para los pilares de la «injusticia y desigualdad» castigadas en la sátira de la sociedad inglesa en el Lib. I – sintetiza perfectamente la ambigüedad perturbadora del libro de More. Desde el primer momento, por tanto, ha dado pie a interpretaciones contradictorias, caracterizadas en gran parte por la ilimitada ingenuidad crítica de los que se han empeñado en atribuir al autor sus propias convicciones políticas, por lo visto incapaces de apreciar que cierto reconocimiento de la ambivalencia esencial del sueño utópico

---

20 «Hæc ubi Raphael recensuit, *quanquàm haud pauca mihi succurrebant quæ in eius populi moribus legibusque perquàm absurde videbantur instituta* – non solum de belli gerendi ratione & rebus divinis ac religione aliisque insuper eorum institutis, sed in eo quoque ipso maxime quod maximum totius institutionis fundamentum est, *vita scilicet victúque communi sine ullo pecuniæ commercio*, qua una re funditus evertitur omnis *nobilitas, magnificentia, splendor, maiestas*, vera *ut publica est opinio* decora atque ornamenta Reipub. –, tamen quoniam defessum narrando sciebam [...], præsertim quod recordabar eo nomine quosdam ab illo reprehensos, quasi vererentur ne non satis putarentur sapere nisi aliquid invenirent in quo vellicare aliorum inventa possent, [...] manu apprehendens intro cœnatum duco. [...] Interea quemadmodum *haud possum omnibus assentiri quæ dicta sunt*, [...] ita facile confiteor permulta esse in Utopiensium republica quæ in nostris civitatibus optarim verius quàm speraim. SECUNDI LIBRI FINIS» (*Utopia*, Lib. II *ad fin.*, pp. 161–162).

constituye en sí una forma – y de las más serias – de pensar sobre el problema del *optimo reipublicae statu*.[21]

Para Todorov, el signo genérico de la literatura fantástica consiste en su presentación *naturalista* de lo sobrenatural, una forma de narración que excluye una lectura alegórica o poética y por ello deja al lector «vacilando entre una explicación natural o sobrenatural».[22] La *Utopia* de More da cabida plena a esta brecha hermenéutica, pero no funciona exactamente así; sus ironías no nos hacen dudar ni un momento la no-existencia de No-lugar, pero sí dejan un espacio amplio para ponderar las contradicciones intrínsecas del utopismo, que, como no se han abstenido los críticos de señalar, siempre implica un vaivén entre el ideal libertario de la felicidad individual y los peligros de la disciplina dirigista y sumisión regresiva inherentes en cualquier plan ideológico de imponer una transformación social autoritaria – la delgada línea entre la utopía y la distopía, o «el sueño como pesadilla».[23] En términos bajtinianos, el utopismo abstracto es monológico, ya que la yuxtaposición de la fantasía utópica y el mundo real no es un enfrentamiento de dos autoridades semánticas, sino la subordinación de ambas posiciones a la instancia suprema del autor. Por lo contrario, en utopías literarias como la de More la autoridad de la voz utópica (Hitlodeo) está socavada por una segunda voz práctica («Moro»), estructura dialógica que impide aceptar a ninguna de las dos como autoritativa, implicando así al lector en el juego ambivalente de proyectar utopías.[24]

La *Utopia* de More se convirtió, como he dicho, en best-seller, y dejó una estela extensa entre los humanistas del siglo siguiente; hay ejemplos muy conocidos

---

[21] Los juicios van desde los que reclaman a More como un comunista *avant la lettre* hasta los que detectan en él un profundo cinismo conservador. Para una visión que, sin ignorar la ambigüedad del libro, toma en cuenta el lenguaje normativo de la época, situándolo en el contexto de los debates coetáneos entre el escolasticismo «griego» (Aristóteles, Platón – en efecto, Morus llama los argumentos de Hitlodeo «philosophia scholastica», p. 61) – y el humanismo cívico «latino» (Cicerón, Seneca) ver Skinner, 1987, pp. 123–157.

[22] «Il existe des récits qui contiennent des éléments surnaturels sans que le lecteur s'interroge jamais sur leur nature, sachant bien qu'il ne doit pas les prendre à la lettre. Si des animaux parlent, aucun doute ne nous vient: nous savons que les mots du texte sont à prendre dans un sens autre, que l'on appelle allégorique. La situation inverse s'observe pour la poésie. Le texte poétique pourrait souvent être jugé fantastique, si seulement l'on demandait à la poésie d'être représentative. Mais la question ne se pose pas [...]. Le fantastique implique donc [...] une manière de lire [...]: il faut que le texte oblige le lecteur à considérer le monde des personnages comme un monde de personnes *vivantes*, et à hésiter entre une explication naturelle et une explication surnaturelle des événements [...]; il refusera aussi bien l'interprétation "allégorique" que l'interprétation "poétique"» (Todorov, 1970, p. 37).

[23] Ferns, 1999, pp. 31–66, 105–38.

[24] Ferns, 1999, p. 110, citando a Bajtín, 1986, pp. 274–275.

franceses, italianos, alemanes, ingleses.²⁵ Pero su influencia fue más fuerte en España, donde aparte de la traducción anónima de los años 1520–1530 se produjo la única imitación directa anterior a Cervantes, la también anónima *Omníbona* o *Reino de la Verdad*, descripción en 12 libros y 293 capítulos de una ciudad ideal imaginaria por el viajero Caminante Curioso, acompañado por su criado Amor-de-dos-grados.²⁶ El libro de More era muy familiar a los cortesanos erasmistas de Carlos V; se han trazado alusiones a él en autores como Guevara y Maldonado.²⁷ Ya en el reinado de Felipe II, en su curioso libro anticuario sobre las costumbres y lengua vascas Andrés de Poza lo aducía para defender la conservación del primitivo «hábito de las mugeres y hombres Vascongados, [...] uno de los estraños del mundo,» contra la acusación de parecer «algo indecente», echando mano – evidentemente con plena confianza de ser entendido – de la extraordinaria justificación de los utopienses (derivada de Plutarco, *Lyc.* xiv.4-xv.5, pp. 246–248, y Platón, *Lg.* 772a), que en aras de la «transparencia» insisten en que los novios se inspeccionen desnudos antes de casarse, como si estuviesen comprando un caballo.²⁸

---

[25] Pohl, 2010. Para citar tan sólo algunos, Francia: François Rabelais, *Pantagruel* (Lyon, 1532/3), *Tiers, Quart*, y (atrib.) *Cinquiesme livre* (Paris 1546, Lyon 1548, [s.l.] 1564); Michel de Montaigne, «Des cannibales», en *Essais*, 2 vols. (Bordeaux 1580), Livre I, Chap. 31 (I, 299–330). Italia: Tommaso Campanella, *La città del Sole* (1602, Trento, Biblioteca Comunale Ms. 1–1538); 1ª ed. *Civitas Solis: Idea reipublicæ philosophicæ*, en *Realis philosophiæ epilogisticæ partes quatuor*, Frankfurt 1623, pp. 415–64). Alemania: Johann Valentin Andreae, *Reipublicæ Christianopolitanæ descriptio* (Strasbourg 1619). Inglaterra: Francis Bacon, *Nova Atlantis, ca.* 1625, publ. primero en trad. inglesa, *New Atlantis: A Worke unfinished*, en *Sylva Sylvarum; or, A Naturall Historie in Ten Centuries: Published after the Authors Death*, ed. William Rawley, London, 1627; Democritus Junior (Robert Burton), *The Anatomy of Melancholy* [1621], 5ª y última ed. rev. por el autor, Oxford, 1638, pp. 46–78.

[26] Titulada *Regimiento de príncipes* en el códice, Madrid, Real Academia de la Historia Ms. 9/2218, la obra sigue inédita (Avilés, 1990; Gómez Coutouly, 2006). Las fechas propuestas van desde el s. XVI hasta el XVII; convencen los argumentos para 1541–43 en García Pinilla, 2013, pp. 49–63.

[27] López Estrada, 1980; Maravall, 1982. Inspirándose en More, Antonio de Guevara, *Relox de principes*, 1529, «De una plática que hizo un villano de las riberas del Danubio a los senadores de Roma, el qual vino a quexarse de las tyranías que los romanos hazían» critica el imperialismo romano, e implícitamente el español (Bigalli, 1985); el *Somnium* de Juan Maldonado, *Quædam opuscula nunc primum in lucem edita*, [Burgos, 1541], sig. G4ʳ–k6ᵛ cuenta cómo, procurando observar el cometa de Halley la noche del 14 de octubre de 1532, el autor se encuentra trasportado a la Luna y luego a una América en que todos los españoles han muerto, víctimas de sus luchas intestinas, lujuria, y gula, y sólo queda un pueblo de antípodas indígenas cuya sociedad es una versión reducida de la *Utopia* moreana (Coroleu, 2000).

[28] Poza, 1587, c. 13 «Del antiguo hábito de las Españas», ff. 35ʳ–38ᵛ (37ᵛ) «El hábito de las donzellas no es menos estraño, porque andan en cuerpo y sin manto, los cabellos a raýz cortados a tixera [...], las camisas y sayas tan cortas que se les descubra la garganta del pie, que aunque

Entre 1584 y 1620 algunos pasajes de *Utopia* fueron expurgados por el *Index* del inquisidor Quiroga, tal vez, sugiere Redondo, por razones más políticas que religiosas; pero el pasaje de Poza prueba que no perdió por eso su fama.[29] Al contrario, siguió siendo asequible debido a la exaltación de More como mártir católico contra el gran Satanás del protestantismo inglés, por ejemplo (y a pesar de que no fue canonizado hasta 1935) en el nuevo *Flos sanctorum* pos-tridentino de Villegas (1589), quien en su mención de las obras de More nombraba explícitamente a *Utopia*.[30] La *Historia eclesiástica del scisma del Reyno de Inglaterra* del jesuita Ribadeneyra (1588) y el *Tomás Moro* de Herrera (1592) indican que,

---

esto a prima facie (según la malicia presente) parezca algo indecente, no devía parecerlo en el siglo dorado ni a los antiquíssimos pobladores del mundo, quiçá por alguna de las causas que representa Thomás Moro en su Utopia, en donde dessea que en los matrimonios preceda alguna satisfación personal, en como no quepa después reproche uno ni ninguno»; cf. [not ver] *Utopia* II.7 «De servis», pp. 121–122 (*in marg.* «Etsi parum verecundum, haud tamen incaute»):

«[*De coniugiis*] Porro in deligendis coniugibus ineptissimum ritum (uti nobis visum est) adprimeque ridiculum illi serio ac severe observant: mulierem enim, seu virgo seu vidua sit, gravis & honesta matrona proco nudam exhibet, ac probus aliquis vir vicissim nudum puellæ procum sistit. Hunc morem quum velut ineptum ridentes improbaremus, illi contra cæterarum omnium gentium insignem demirari stultitiam, qui quum in equuleo comparando [...] tam cauti sint ut quamvis fere nudum nisi detracta sella tamen omnibusque revulsis ephippijs recusent emere [...], in deligenda coniuge, qua ex re aut voluptas aut nausea sit totam per vitam comitatura, tam negligenter agant ut reliquo corpore vestibus obvoluto totam mulierem vix ab unius palmæ spatio (nihil enim præter vultum visitur) æstiment [...]. Nam neque omnes tam sapientes sunt ut solos mores respiciant; & in ipsorum quoque sapientum coniugiis ad animi virtutes nonnihil additamenti corporis etiam dotes adiiciunt.» (Bataillon, 1972).

El pasaje revela a la perfección la ironía moreana; lo precede la noticia de que los utopienses condenan toda *furtiva libido ante coniugium* – ¿no pareceria la solución lógica? – razonando que, si no estuvieran prohibidos los *vagi concubitus*, pocos/as se contentarían con la «molestia» de un/a solo/a cónyuge. ¿Y qué opinaba More? ¿Pensaba acaso en la desnudez de los amerindios y sus posibles ventajas? ¿Habría estado dispuesto a someterse él mismo a un examen desnudo? Es razonable dudarlo; no obstante, Poza afecta tomarlo todo en serio («Moro *dessea que*... » – pero «alguna satisfación personal», ¿no implica... una *furtiva libido*?). De tales aspectos recepcionales es de lo que hablo en adelante, y lo que nos interesa en el caso de Cervantes.

29 Card. Gaspar de QUIROGA, Index librorum expurgatorum (1584), en Bujanda, 1993, pp. 977–1036 (p. 1035b); ver Redondo, 2015, quien opina que la censura se debía al hecho de que *Utopia* abría la vía «a una reflexión crítica sobre el momento actual y la realidad viciada, favoreciendo luego el explayarse en los anhelos de justicia, igualdad, paz y tolerancia».

30 «Escrivió diversos tratados y libros, que son testigos de su claro ingenio y muchas letras; y entre ellos es eminente el que se llama *Utopia* repartido en dos libros, y en ellos se trata de cosas tocantes al govierno y república» (Villegas, 1589, ff. 94^v–95^r).

en aquellos años en torno al desastre de la Armada Invencible en 1588, el interés en More fue aumentado por una «profunda curiosidad por las cosas de Inglaterra».[31]

Sin embargo, la impronta más importante del libro de More se produjo antes, en América. Para crear el mito de la Utopía More echó mano de los retratos del salvaje noble en Colón, las cartas atribuidas a Vespucci, y Pietro Martire d'Anghiera. En cambio, los representantes de la Iglesia que llevaron su libro al Nuevo Mundo desatendieron por completo la esencia literaria del mito, el aspecto «*irónico-fantástico*» del sueño y sus consecuencias ambivalentes. Lo tomaron más bien como un «programa "político" de aplicación práctica en una circunstancia concreta» en el que «cabía inspirarse para organizar las nuevas sociedades que podían implantarse en un país que consideraban sin historia».[32] Ejemplos conocidos de tales aplicaciones empíricas – lecturas simplistas que, por bien intencionadas que fueran, a veces tuvieron consecuencias trágicas – son los pueblos-hospitales de Vasco de Quiroga y las Reducciones jesuíticas del Paraguay. Quiroga admitía en su *Información en derecho* (1535) la influencia decisiva del humanista inglés, hasta el extremo de prohibir, como los utopienses, a los abogados.[33] Tales referencias eran más o menos omnipresentes; un siglo más tarde Juan de Solórzano Pereira seguiría citando pasajes de More en su *Política indiana* de 1648. Solórzano bien sabía que la *Utopia* era una obra de ficción; no obstante, consideraba a More una autoridad política no sólo

---

31 Tomo la frase de Alonso, 2012, p. 346; ver Ribadeneyra, 1588, Lib. I., 28–29, pp. 96–105 «De los ilustres varones Tomás Moro y Juan Roffense y su martirio»; Herrera, [1592] 1617, pp. 6–7 «Tradució dichosamente algunos diálogos, escogidos por el argumento, entre los que escriuió Luciano; i se exercitó con la mesma felicidad en epigramas agudos i graciosos» (Jones, 1950); López Estrada, 1950 Neumeister, 2010).

32 López Estrada, 1980, pp. 54, 113. La bibliografía es extensa, a partir de Zavala, 1950; ver p.e. Cro, 1977, 1983, y 1990; Fernández Delgado, 1995; Laird, 2015.

33 Para la prohibición de abogados (Kagan, 1981, p. 19) ver *Utopia* II.7 Leges paucæ, p. 125: «Ipsi vero censent iniquissimum ullos homines his obligari legibus quæ aut numerosiores sint quam ut perlegi queant, aut obscuriores quam ut a quovis possint intelligi; porro causidicos, qui causas tractent callide ac leges vafre disputent, prorsus omnes excludunt.» Es un buen ejemplo de una lectura simplista; el pasaje de More no es menos ambiguo que el analizado en n28, empezando con el hecho obvio de que él mismo era abogado, y pasando a la ironía del subj. en la frase relativa (lo que piensan ellos – no necesariamente la verdad; ver More, 1556, ff. 97^v–98^r: «they utterlie exclude and banishe all attorneis, proctours, & sergeauntes at the lawe, whiche craftelye handell matters & subtelly dispute of the lawes» *vs*., más exacto, la traducción de Gilbert Burnet, More, 1684, p. 149: «They have no Lawyers among them, for *they consider them as* a sort of People whose Profession it is to disguise Matters, as well as to wrest Laws»).

pertinente, sino aun realista y aplicable.³⁴ Es según este sentido que Mumford afirmaba que el ideal utópico «fue descubierto de nuevo, junto con el Nuevo Mundo».³⁵

Todo lo dicho indica que tanto la forma literaria como la idea de la utopía humanística, y en concreto la *Utopia* de Moro, eran bien conocidas en España no sólo antes sino también después del *Índice* de Quiroga. Las abundantes anotaciones de Quevedo en su ejemplar de la edición lovaniense de 1548 muestran que las copias seguían circulando, y eran muy apreciadas; en efecto, los años 1600-1625 marcaron los comienzos de un nuevo apogeo en la fortuna del libro con las imitaciones de Campanella, Andreä, y Bacon (n25, *supra*), que luego serían seguidos por Joseph Hall («Mercurius Britannicus», *Mundus alter et idem, sive Terra Australis ante hac semper incognita longis itineribus peregrini Academici nuperrime lustrata*, 1643), James Harrington (*The Common-Wealth of Oceana*, 1656), Cyrano de Bergerac (*Histoire comique des Estats et Empires de la Lune*, 1657, y *du Soleil*, 1662), Gabriel de Foigny (*La Terre Australe connue*, 1676), y la anónima *Descripción de la Sinapia, península en la Tierra Austral*, «perfectissima antípoda [y anagrama] de nuestra Hespaña» (¿*ca.* 1685?).³⁶ En otras palabras, incluso un ingenio lego como Cervantes pudiera haber leído la obra en una de sus muchas versiones, o al menos aprendido algo de sus ideas a través de otras obras afines. Ya he sugerido que la vio en la versión toscana de Ortensio Lando o en una de las ediciones de la adaptación parcial de la misma por Francesco Sansovino (ver la n11, *supra*), pero no es estrictamente necesario postular una lectura directa; el utopismo estaba en el aire, por decirlo así, y la forma literaria del viaje a un país fantástico también lo estaba, no sólo a base

---

34 Solórzano Pereira, 1648. La única mención de los «Utopienses de Tomás Moro» en su índice de 104 págs. remite a la crítica del trabajo forzado en Lib. II «De la Libertad, Estado, i Condición de los Indios», cap. 7 (pp. 97-98 «Palabras i recatos [...] que parece imitan otras de Tomas Moro [...] en aquella su *fingida República* de Utopia, que escribió *como para idea de otras* que se huviessen de governar acertadamente»), pero le cita varias veces y siempre con elogios de su «elegancia» y buen sentido, p.e. II.11 (p. 120), II.16 (p. 150, avaricia del oro), II.17 (p. 162, pena de muerte), Lib. V «Del Govierno secular», cap. 8 (p. 813, sistema de votación en consejos). Ver Zavala, 1975.
35 Mumford, 1922, p. 57 «Chapter Three: How something happened to utopia between Plato and Sir Thomas More; and how utopia was discovered again, along with the New World».
36 Las notas de Quevedo se encuentran en BNE R/20,494; ver Jones, 1950; López Estrada, 1967; Peraita Huerta, «Mapas de lectura», 2004, y «Marginalizing Quevedo», 2004, pp. 46-54. En cuanto a *Sinapia*, ms. del Archivo Campomanes en Madrid, Fundación Universitaria Española, las fechas propuestas van desde 1682 (Cro, 1975 y 1976) ó 1710-30 (Avilés Fernández, 2011) hasta 1780 (Santos Puerto, 2001).

de los precedentes grecorromanos e humanísticos, sino también por formar parte del *imaginaire* de la época. Piénsese, por ejemplo, en la señas de evasión idealista evidenciadas por la moda de los libros de caballerías y de la novela pastoril.[37]

No es, por tanto, tan sorprendente como pudiera parecer a primera vista la extensa literatura que sostiene que Cervantes participaba en esa efusión utópica. Hay estudios sobre los elementos utópicos en su *Galatea*, en su «historia septentrional» *Persiles*, y sobre todo en su *Quijote*, donde la fantasía de la caballería andante – desfacer agravios y ayudar a los débiles y necesitados – da pie a cada momento a contrastes entre el idealismo y el realismo que suscitan reflexiones sobre nuestro tema; basta recordar el discurso de Quijote a los cabreros sobre la Edad dorada (*Don Quijote* I.11), su liberación de los galeotes (I.22), o el gobierno de la ínsula de Barataria por Sancho (II.42–53).[38] Unos han supuesto que este último episodio entresacaba ideas de More; otros, que las parodiaba directamente. No sólo ha ocasionado estudios de su elemento utópico, sino que por lo visto inspiró la fundación de la ciudad costera argentina de Villa Gesell bajo la influencia de la novelita utópica *Die Wunderinsel Barataria* (1922) de Johann Silvio Gesell.[39] Maravall, en su libro *El humanismo de las armas en «Don Quijote»* (1948), juzgaba que el utopismo del *Quijote* reflejaba en clave literaria el utopismo político del reinado de Carlos V; en la versión revisada reformuló esta

---

[37] «Cervantes conocía la obra de Moro, o al menos lo que de ella se había incorporado a la cultura europea» (López Estrada, 1980, pp. 78–79). Sobre los *«romances»* ver p.e. Carmona Fernández, 2008; Wooden, 1979; Blanco, 2014.

[38] Para unas muestras recientes ver p.e. Jehenson y Dunn, 2006; Santos, 2008, con una bibliografía. Como observa Park, 2004, Cervantes nunca emplea la palabra *utopía*, pero sí recurre con frecuencia a la frase hecha «la república bien ordenada» (ver *Utopia* I, p. 29 «non pessime institutas […] respublicas», II.4, p. 84 «apud Utopienses compositis rebus […] & constituta republica», II.7, p. 126 «optime profecto […] reipublicæ suæ consulunt», II.8, p. 137 «bonis reipublicæ institutis imbuti», etc.). Para las islas utópicas del *Persiles* ver López Estrada, 1980, pp. 68–74; y, aunque no entiendan *utopía* en su sentido genérico, Baena, 1988; Martí, 1995.

[39] Sobre el librito del mercader alemán Gesell – vegetariano, anarquista, comunista después de la quiebra de su negocio, y por siete días *Volksbeauftragte für Finanzen* de la *Räterepublik* o Sóviet de München en 1919 – ver Stolleis, 2011. Publicado bajo el pseudónimo «Klaus Rosenfeld» como *Der verblüffte Sozialdemokrat (Gesell, 1922, 30 pp.;* cito de la edición en línea <http://userpage.fu-berlin.de/~roehrigw/fragen-der-freiheit/heft129/barataria.htm>), el *Vorwort* afirma que *La isla maravillosa de Barataria* era un manuscrito del año 1675 descubierto «in Granada beim Ordnen einer alten Privatbibliothek» y «von Pedro Tramposo, einem spanischen Freunde zugesandt»; «Den Titel [*El socialdemócrata patidifuso*]», añade el supuesto editor, «wählte ich aus Gründen unserer Tagespolitik.»

tesis, sugiriendo que Cervantes pretendía demoler, no la utopía en sí, la que él llamaba la utopía reconstruccionista, sino el evasionismo pseudo-utópico de su héroe, revelándolo como una postura irracional y decadente típica de la nobleza menor de su época, con su rechazo de las nuevas realidades de la guerra, de la burocracia, y del dinero, que sólo podía desembocar en los tipos de fracaso repetidamente experimentados por Quijote.[40] En este sentido la novela sería una palinodia del pseudo-utopismo caballeresco-pastoral o mitológico de la *Galatea*, lo cual explicaría la no aparición de la segunda parte de la misma, tantas veces prometida; pero una crítica asimismo de las doctrinas humanísticas de la perfectibilidad y mérito del individuo, del mito de la Edad dorada pastoral, y de la gloria arcaica de las armas.

El mérito del libro de Maravall es el de haber situado estas corrientes de la obra de Cervantes en el contexto del utopismo del día, y más aún, el de haber documentado históricamente el hecho de que, lejos de ser extravagantes y puramente locas, las ideas utópicas de Quijote – su rechazo, no tan fantástico como «fantasmal», de la modernidad urbana, o para emplear los términos del análisis de Norbert Elias, su «romanticismo aristocrático», proyección de un descontento afectivo hacia la *Verhöflichung* o 'cortización' de la nobleza feudal – eran compartidas por un sector importante de la sociedad coetánea española.[41] Por tanto, representar la contrautopía cervantina sencillamente como una réplica literaria al idealismo ingenuo de un viejo enloquecido por sus lecturas de los libros de caballerías es insuficiente; al contrario, el *Quijote* participaba plenamente en una de las corrientes filosófico-literarias más importantes de la época: un utopismo en ciertos momentos semi-oficial, en otros anti-oficial, y que involucraba candentes cuestiones sociales.

Las aproximaciones de Maravall y de los demás estudiosos que han investigado distintos aspectos de la utopía en las obras de Cervantes – contrautopía, antiutopía, pseudoutopía – son, sin duda alguna, sugerentes. Espero haber mostrado en la primera parte de esta charla, sin embargo, que sería un malentendido atribuirle el mérito de la novedad, tan sólo a base de la ambigüedad irónica con que juega con las fantasías utopistas del día. Tal ambivalencia formaba una parte

---

40 Maravall, 1976, explicando que, consciente de la «crisis» de España (económica, política, social a partir del aplastamiento del sector burgués emergente), «Cervantes advierte que [...] no cabe esperar nada por las vías que los arrinconados y arruinados pequeños caballeros postulan. La Edad de Oro seguirá siendo un paradigma válido en el utopismo europeo, con vistas al futuro, pero no lo era en manos de unos anquilosados restos feudales que pretendían refugiarse en los definitivamente pasados usos del heroísmo que podían insertarse en aquella. Por eso, todo se convierte aquí en una pura pseudo-utopía, en una pura utopía de evasión» (p. 170).
41 Elias, 2006.

consustancial del género; ya estaba presente de lleno en la *Utopia* de More, e incluso en la *República* de Platón. Esta última a menudo ha servido de piedra de toque para los que denuncian el género utópico como monolítico o totalitario, pero en realidad la obra de Platón – que por cierto adopta la forma de un diálogo lleno de humor, de contradicciones y de ambigüedad – no pretende ser menos irónica que la de More. La «ciudad de palabras» inventada por Sócrates es incluso más irreal, más fantasiosa que la utopiense, y él mismo anuncia en varias ocasiones que pretende ser γέλοιος 'gracioso, ridículo', que está 'jugando'.[42] Los contrincantes en el debate se demuestran más que escépticos ante las propuestas – excluidas por More – del uso comunitario de las mujeres, de la separación de los infantes de sus padres al nacer, etc. Al proponer una dieta vegetariana como la más sana, por ejemplo, Glaucón le acusa de describir no una ciudad ideal sino una «ciudad de puercos».[43] El afecto buscado no es distinto del que provoca la duda de «Moro» en torno a si el comunismo sería compatible con los privilegios «honrados» de la aristocracia (n20, *supra*); en ambos casos, ninguno de los dos hablantes queda exento del guiño irónico del autor.

De modo que cuando Maravall afirma que el *Quijote* presenta una visión contrautópica, la observación es acertada; pero no por eso falta un contrapunto utópico, el vaivén genérico necesario. Cuando Quijote alaba la justicia y sencillez de la edad dorada (*Don Quijote* I.11), por ejemplo, es verdad que está «mirando atentamente» a un puñado de bellotas mientras los cabreros y Sancho siguen comiendo en silencio, «embobados y suspensos», sin entender palabra; y cuando al final encaja una referencia chiflada a la caballería andante («Desta orden soy yo, hermanos cabreros»), el narrador califica su discurso de «inútil razonamiento [...] que se pudiera muy bien escusar»:

> Después que don Quixote hubo bien satisfecho su estómago, tomó un puño de bellotas en la mano y, mirándolas atentamente, soltó la voz a semejantes razones:
> –Dichosa edad y siglos dichosos aquellos a quien los antiguos pusieron nombre de dorados; y no porque en ellos el oro, que en esta nuestra edad de hierro tanto se estima, se alcanzase en aquella venturosa sin fatiga alguna, sino porque entonces los que en ella vivían

---

42 Platón, *Rep.* II 369c Ἴθι δή, τῷ λόγῳ ἐξ ἀρχῆς ποιῶμεν πόλιν ('Venga, vamos a crear una nueva ciudad *de palabras*'); γέλοιος 392d, 398c, 432d, 445a, 499c, 504d, 506d, etc.; VII 536c γελοῖον δ' ἔγωγε καὶ ἐν τῷ παρόντι ἔοικα παθεῖν. – Τὸ ποῖον; ἔφη. – Ἐπελαθόμην, ἦν δ' ἐγώ, ὅτι ἐπαίζομεν. ('Aquí también me he hecho ridículo. – ¿Cómo? – dijo él. – Olvidé que *estábamos bromeando*'); ver Saxonhouse, 1978.
43 Platón, *Rep.* II 372c–d ὄψον ἕξουσιν ἅλας τε δῆλον ὅτι καὶ ἐλάας καὶ τυρόν, καὶ βολβοὺς καὶ λάχανά [...]· καὶ οὕτω διάγοντες τὸν βίον ἐν εἰρήνῃ μετὰ ὑγιείας, ὡς εἰκός, γηραιοὶ τελευτῶντες ἄλλον τοιοῦτον βίον τοῖς ἐκγόνοις παραδώσουσιν. Καὶ ὅς, Εἰ δὲ ὑῶν *πόλιν*, ὦ Σώκρατες, ἔφη, κατεσκεύαζες;

ignoraban estas dos palabras de *tuyo* y *mío*. Eran en aquella santa edad todas las cosas comunes; a nadie le era necesario, para alcanzar su ordinario sustento, tomar otro trabajo que alzar la mano y alcanzarle de las robustas encinas [...]. En las quiebras de las peñas y en lo hueco de los árboles formaban su república las solícitas y discretas abejas, ofreciendo a qualquiera mano, sin interés alguno, la fértil cosecha de su dulcísimo trabajo. [...] Todo era paz entonces, todo amistad, todo concordia [...]. Entonces sí que andaban las simples y hermosas zagalejas de valle en valle y de otero en otero, en trenza y en cabello, sin más vestidos de aquellos que eran menester para cubrir honestamente lo que la honestidad quiere [...], con lo que quizá iban tan pomposas y compuestas como van agora nuestras cortesanas con las raras y peregrinas invenciones que la curiosidad ociosa les ha mostrado. [...] La justicia se estaba en sus proprios términos, sin que la osasen turbar ni ofender los del favor y los del interese. [...] Andando más los tiempos y creciendo más la malicia, se instituyó la orden de los caballeros andantes para defender las doncellas, amparar las viudas, y socorrer a los huérfanos y a los menesterosos. Desta orden soy yo, hermanos cabreros; a quien agradezco el gasaje y buen acogimiento que hacéis a mí y a mi escudero. Que, aunque por ley natural están todos los que viven obligados a favorecer a los caballeros andantes, todavía, por saber que sin saber vosotros esta obligación me acogistes y regalastes, es razón que con la voluntad a mí posible os agradezca la vuestra.

Toda esta larga arenga, que se pudiera muy bien escusar, dijo nuestro caballero, porque las bellotas que le dieron le trujeron a la memoria la edad dorada y antojósele hacer aquel inútil razonamiento a los cabreros, que sin respondelle palabra, embobados y suspensos, le estuvieron escuchando. Sancho asímesmo callaba y comía bellotas, y visitaba muy a menudo el segundo zaque.[44]

---

44 Cervantes, 2004, I, pp. 133–136 (mis citas remiten al vol. I de esta ed., en adelante *DQ*, por Parte, cap., pág.). Para los paralelos con usos utopienses alabados por Hitlodeo – y a menudo rechazados por «Moro» con argumentos prácticos – cf. p.e.
(*a*) «todas las cosas comunes»: *Utopia* I, p. 65:
  Ubicunque privatæ sunt possessiones, ubi omnes omnia pecuniis metiuntur, ibi vix unquam posse fieri ut cum Republica aut iuste agatur aut prospere [...]. Quum apud animum meum reputo prudentissima atque sanctissima instituta Utopiensium, apud quos tam paucis legibus tam commode res administrantur ut & virtuti precium sit & tamen æquatis rebus omnia abundent omnibus, tum ubi his eorum moribus ex adverso comparo tot nationes alias [...] in quibus quod quisque nactus fuerit *suum* vocat, [...] mihi certe persuadeo res æquabili ac iusta aliqua ratione distribui, [...] nisi sublata prorsus proprietate, non posse.
(*b*) «dorados no porque en ellos el oro... »: *Utopia* II.6.1, p. 96:
  prudens rerum æstimator minus fortasse mirabitur, quum reliqua eorum instituta tam longe ab nostris differant, si [...] pecunia non utantur ipsi, [...] quum interim auro argentoque nullum usum quo non facile careamus Natura tribuerit [...]; quin contra, velut parens indulgentissima optima quæque in propatulo posuerit, ut aerem, aquam, ac tellurem ipsam.
(*c*) sin «trabajo»: *Utopia* II.4, p. 82:
  Etenim quod sex dumtaxat horas in opere sunt, fieri fortasse potest ut inopiam aliquam putes necessariarum rerum sequi. Quod tam longe abest, ut accidat ut id temporis ad omnium

Indudablemente, hay aquí una burla de la pseudoutopía caballeresca («se instituyó la orden de los caballeros andantes»); y como la Arcadia de la Edad de Oro era «un tópico de la literatura clásica heredado por el Renacimiento sobre el modelo de Ovidio (*Metam.* I.89 ss.) y Virgilio (*Georg.* I.125 ss.)», podríamos añadir, una burla o parodia del propio humanismo también.[45] Pero el que lo llama «inútil» es Cide Hamete, no Miguel de Cervantes; y cuando Quijote alude al contraste entre la libertad honesta de las pastoras y la «curiosidad ociosa» de la corte, o cuando se refiere de pasada al tópico virgiliano de la «república [de] las solícitas y discretas abejas», está indicando la posibilidad, no necesariamente rechazada por Cervantes, de una sociedad no sólo más pacífica sino más arreglada (si bien entomológica).

Algo parecido puede decirse de los diez días del gobierno de Sancho en su reino de Barataria. Don Quijote comienza sus consejos en una manera que induce a tenerle «por persona muy cuerda y mejor intencionada», pero termina recomendando al gobernador novato el no comer ajos para que «no saquen por el olor tu villanería», instruyéndole a decir «erutar» en vez de «regoldar», y procurando en vano impedir su torrente de refranes; a todo lo cual responde Sancho, «son cosas buenas, santas y provechosas, pero ¿de qué han de servir, si de ninguna me

---

rerum copiam, quæ quidem ad vitæ vel necessitatem requirantur vel commoditatem, non sufficiat modo sed supersit etiam.

(*d*) paz, amistad, concordia: *Utopia* II.6.1, p. 94:
Ita tota insula velut una familia est.

(*e*) «simples... sin más vestidos que la honestidad»: *Utopia* II.6.2, pp. 104, 106–108:
Virtutem definiunt, secundum naturam vivere [...]; nam ut quicquid natura iucundum est ad quod neque per iniuriam tenditur nec iucundius aliud amittitur nec labor succedit, [...] ita quæ præter naturam dulcia sibi mortales vanissima conspiratione confingunt [...] omnia statuunt adeo nihil ad felicitatem facere. [...] In hoc adulterinæ voluptatis genere eos collocant [...] qui quo meliorem togam habent, eo sibi meliores ipsi videntur.

Cro, 1990, p. 44 n45 sugiere que Cervantes imitaba a Petrus Martyr ab Angleria, *De Orbe Novo decades* (1516, sig. E1^v, I.3):

Compertum est apud eos velut solem & aquam terram esse communem, neque *meum* aut *tuum*, malorum omnium semina, cadere inter ipsos. Sunt enim adeo parvo contenti, quod in ea ampla tellure magis agri supersint quam quicquam desit. Etas est illis aurea; neque fossis neque parietibus aut sepibus prædia sepiunt, apertis vivunt hortis. Sine legibus, sine libris, sine iudicibus suapte natura rectum colunt (*cf.* también sig. a6^{r-v}, i.2 «nudi [...] sine mortifera denique pecunia aurea ætate viventes», etc.);

y que éste fue una fuente también de More (ver Cro, 2010). Todos remontan a Platón, Rep. ii 363a–c; las semejanzas entre Cervantes y Moro van más allá de los puntos compartidos con Mártir.

45 Cervantes, *Don Quijote*, 2005, p. 133 n24 *ad loc.*; y ver Vidal, 2008.

acuerdo?» (*DQ* II.42–43, pp. 1056–1069, a 1062, 1063–64, 1065). En la regencia de Sancho el narrador nos promete asimismo «dos fanegas de risa» (I.44, p. 1072); los motivos burlescos empiezan con el muy moreano del topónimo de «la que él imaginaba ser ínsula» (p. 1149; no era isla, sino «un lugar de hasta mil vecinos» para el que inventaron el nombre *ínsula Barataria* – burla directa de la *nova insula Utopia* – «o ya porque el lugar se llamaba Baratario, o ya por el barato con que se le había dado el gobierno», *DQ* I.45, p. 1082–83), y terminan con el «fatigado remate» de quedar Sancho, al ser armado contra su voluntad para la supuesta defensa de su república, «como galápago encerrado y cubierto con sus conchas, o como medio tocino metido entre dos artesas» (II.53, pp. 1160–1161). Con razón exclama su mujer Teresa, «¿Quién podía pensar que un pastor de cabras había de venir a ser gobernador de ínsulas?» (I.52, p. 1156). No obstante, los críticos han descubierto en el gobierno panchesco aspectos «modélicos» de sentido común, junto con una sátira implícita de la corrupción de los gobernadores reales, como cuando afirma al renunciar el puesto sin dar la acostumbrada «residencia»: «saliendo yo desnudo como salgo, no es menester otra señal para dar a entender que he gobernado como un ángel» (I.53, p. 1165).[46] De modo que la línea divisoria entre burlas y veras es difícil de fijar. Si entre sus «ordenanzas tocantes al buen gobierno» Sancho prohíbe los regatones de bastimentos, también decreta la pena de muerte a los que aguasen el vino; rebaja no sólo «los salarios de los criados, que caminaban a rienda suelta por el camino del interese», sino también el precio de todo calzado; crea un alguacil de pobres «no para que los persiguiese, sino para que los examinase si lo eran» – y el narrador concluye con el comentario burlón: «En resolución, él ordenó cosas tan buenas que hasta hoy se guardan en aquel lugar, y se nombran *Las constituciones del gran gobernador Sancho Panza*» (I.51, pp. 1149–50). Esta técnica no difiere mucho de la de otro gran inventor del «realismo» en tramas de fantasía, William Shakespeare, cuando en *The Tempest* (1611), al amanecer los naufragados en la isla mágica de Próspero, evoca la ingenua fantasía utópica del «consejero honesto» Gonzalo, pero la entrecorta con los chistes sarcásticos de los dos malos de la pieza, los conspiradores inescrupulosos Antonio y Sebastián:

GONZALO	Had I plantation of this Isle, my Lord –
ANTONIO	Hee'd sow 't with Nettle-seed.
SEBASTIAN	Or dockes, or Mallowes.
GONZALO	–And were the King on't, what would I do?

---

[46] Searle, 1981; Cro, 2005, I; Rivero Iglesias, 2009, de donde recojo el término «modélico» (p. 120).

Sebastian	'Scape being drunk, for want of Wine.	855
Gonzalo	I' th' Commonwealth I would (by contraries)	
	Execute all things: For no kinde of Trafficke	
	Would I admit; No name of Magistrate;	
	Letters should not be knowne; Riches, poverty,	
	And use of service, none; Contract, Succession,	860
	Borne, bound of Land, Tilth, Vineyard, none;	
	No use of Mettall, Corne, or Wine, or Oyle;	
	No occupation; all men idle, all;	
	And Women too, but innocent and pure;	
	No Soveraignty; –	865
Sebastian	Yet he would be King on't.	
Antonio	The latter end of his Common-wealth forgets the beginning.	
Gonzalo	All things in common Nature should produce	
	Without sweat or endevour. Treason, fellony,	870
	Sword, Pike, Knife, Gun, or neede of any Engine	
	Would I not have; but Nature should bring forth	
	Of its own kinde all foyzon, all abundance,	
	To feed my innocent people.	
Sebastian	No marrying 'mong his subjects?	875
Antonio	None (man), all idle: Whores and knaves.	
Gonzalo	I would with such perfection governe, Sir, T'excel the Golden Age.[47]	

Las burlas parecen agudas («– ¿No practican el matrimonio? – Para nada, hombre. Todos vagos; golfas y tunantes»), y hasta atinadas («... ninguna soberanía. – Con todo, quiere ser su rey»); pero las profieren dos cínicos con quienes nunca podríamos simpatizar.

Todas estas escenas despliegan sus referencias a los tópicos divulgados por la *Utopia* de More con la ambigüedad irónica típica del género. En las quijotescas, sin embargo, hay algo más. El aspecto más interesante del episodio de los cabreros, por ejemplo, es la presencia de un nivel de ironía extra que reconocemos al instante como típicamente cervantino: el hecho de que, por locas que sean sus ideas, el hidalgo *está viviendo* en aquel momento el mito de la edad dorada. Reunido alrededor de la lumbre en la soledad pastoral de la sierra, a la luz benigna de la luna y compartiendo su cena sencilla pero sabrosa, el grupo sí ignora las «dos palabras de *tuyo* y *mío*»; sí se está aprovechando de «las cosas comunes» brindadas por la naturaleza; y sobre todo, sí encarna la «paz, amistad, y concordia» de un ideal

---

[47] Shakespeare, 1623, f. 7. Recuérdese que, como More, Shakespeare concibió el argumento del drama a base de su lectura de unos relatos del descubrimiento; en este caso de las islas Bermudas, después de un huracán, en 1609.

que ya no podemos llamar «fantástico» porque... está pasando en el nivel «real» de la novela. Aunque Quijote no se abstiene de aclarar que «por ley natural están todos los que viven obligados a favorecer a los caballeros», llama a sus compañeros «*hermanos* cabreros» y les agradece su acogida amistosa «con la voluntad a mí posible». Cuando terminan de comer, los cabreros invitan a sus huéspedes a oír una canción; uno de ellos canta «con muy buena gracia» un romance popular, pero que corresponde a los cantos arcádicos de los pastores de Teócrito y Virgilio (*DQ* I.11, pp. 136–139). Sancho no tarda en recordarle a Quijote que «el trabajo que estos buenos hombres tienen todo el día no permite que pasen las noches cantando» (p. 139), pero aun así no se disipa la magia; la *soirée* termina con un gesto caritativo por parte de uno de los cabreros que, viendo la oreja herida del caballero, la sana con el sencillo remedio herbológico de «algunas hojas de romero [...] con un poco de sal». Y similar, aunque en sentido inverso, es el fin de la aventura de Barataria, cuando Sancho, reunido con su querido rucio y con lágrimas en los ojos, se acuerda de aquella su «antigua libertad»:

> –Venid vos acá, compañero mío [...]: cuando yo me avenía con vos y no tenía otros pensamientos que los [...] de sustentar vuestro corpezuelo, dichosas eran mis horas, mis días y mis años; pero después que os dejé y me subí sobre las torres de la ambición y de la soberbia, se me han entrado por el alma adentro mil miserias, mil trabajos y cuatro mil desasosiegos. (*DQ* II.53, p. 1162)

Concluye que «bien se está cada uno usando el oficio para que fue nacido» (cf. *Utopia* II.4 «De artificiis», pp. 79–86), y que más quiere recostarse a la sombra de una encina «en [su] libertad» que acostarse «con la sujeción del gobierno entre sábanas de holanda» (p. 1163). El tono es burlesco, pero ya en *Utopia* I (pp. 31–34) Hitlodeo discutía el *servitium* o «esclavitud» de la vida pública, aseverando como Sancho: «Felicioremne [conditionem] ea via facerem, a qua abhorret animus? Atqui nunc *sic vivo ut volo*, quod ego certe suspicor paucissimis *purpuratorum* contingere» – seguido por una diatriba sobre las «torres de la ambición».[48]

Creo que la aportación más profunda de Cervantes a la fantasía utópica de los humanistas – la forma en que, para volver a Todorov (n5), no sólo imitaba la combinatoria existente, sino que la transfiguraba – no era su burla realista del

---

[48] Aun tomando en cuenta la «sutil ironía» de los aspectos carnavalescos del episodio, que según Maxime Chevalier «desechan la interpretación de la ínsula Barataria como reino en el que triunfará la utopía de la razón natural» («Lecturas del Quijote: Segunda Parte, Capítulo XLV», en Cervantes, 2004, II, pp. 185–186), Santos, 2008, pp. 85–246 resalta su «utopismo popular» (ver Bajtín, 1987, p. 27 «el sentido carnavalesco [...] eleva el estilo realista cervantino [...] y su profundo utopismo popular [глубокий *народный утопизм*]»). Ver también Scaramuzza Vidoni, 1989.

sueño impracticable de una sociedad ideal (elemento ya presente, como hemos visto, en Platón y More), sino estos momentos en que parece proponer una visión utópica alternativa – no fantástica pero sí invisible, en cuanto no percatada como tal siquiera por los que la están viviendo. El contraste irónico entre la utopía y la contrautopía encuentra su equilibrio en una idea tan sencilla como revolucionaria: la dignidad o «libertad» del individuo – incluso la de un Panza, pastor de cabras. En este respecto Cervantes parece haber compartido, quizá por intuición, la idea más notable de More: su convicción de que en la república perfecta incluso los pobres merecen ser respetados.[49] La observación es extensible al libro entero; cuando la criada Maritornes, sintiendo compasión, le da de beber a Sancho con vino pagado «de su mesmo dinero» y el narrador añade que «en efecto se dice della que, *aunque estaba en aquel trato*, tenía unas sombras y lejos de cristiana» (*DQ* I.17, p. 202), vislumbramos la presencia – desde la perspectiva de la desigualdad férrea de aquella época – de esta sorprendente reflexión cervantina sobre las «utopías alternativas» de nuestro mundo. Como apunta Maurice Molho, la originalidad «radical» del *Quijote* es la de colocar su utopía no en alguna ínsula inaccesible, sino *chez soi*, propiamente en medio de un *aquí y ahora* incomprensivo, hostil, o represivo.[50]

---

[49] Este es el tema del primer libro de *Utopia*, donde se habla de los «gravia atque horrenda supplicia» con que oprimen a los pobres los ricos, ese «nobilium numerus qui [...] degant ociosi tanquam fuci [«como zánganos»] laboribus aliorum, quos [...] ad vivum usque radunt» (p. 36), «tam edaces [...] ut homines devorent ipsos, agros, domos, oppida vastent» (p. 39); de modo que la primera columna de la constitución utópica debe ser la igualdad («unam atque unicam illam esse viam ad salutem publicam: si rerum indicatur æqualitas», p. 65). Según Johnson, 2000, p. 9, Sancho comparte esta actitud antiaristocrática. Si es así, lo hace de un modo cómicamente invertido, apuntando al revés la clase no productiva de... los desempleados. Pero lo más notable es su uso de la misma metáfora entomológica:
«Es mi intención limpiar esta ínsula de todo género de inmundicia y de gente vagamunda, holgazanes, y mal entretenida; porque quiero que sepáis, amigos, que la gente baldía y perezosa es en la república *lo mesmo que los zánganos* en las colmenas, que se comen la miel que las trabajadoras abejas hacen. Pienso favorecer a los labradores, guardar sus preeminencias a los hidalgos, premiar los virtuosos» (*DQ* II.49, p. 1119).
Responde el mayordomo, «Estoy admirado de ver que un hombre tan sin letras como vuesa merced [...] diga tales y tantas cosas llenas de sentencias y de avisos [...]. Cada día se veen cosas nuevas en el mundo: las burlas se vuelven en veras y los burladores se hallan burlados». En efecto, el discurso viene subvertido por la risa (precede a este anuncio, por ejemplo, la orden, «que se tenga cuenta con mi sustento y con el de mi rucio, que es lo que en este negocio importa»), pero no por eso se pierden de vista las «veras» de los dictámenes.

[50] Molho, 1989, partiendo de la «amnèse volontaire» del comienzo «En un lugar de la Mancha de cuyo nombre *no quiero* acordarme» (*DQ* I.1, p. 37): «en raison même de [...] sa négativité par rapport à l'extérieur, le territoire d'une utopie, d'une insaisissable *Nusquama* [...]; l'originalité

Para concluir, me permito aducir otro texto cervantino que, a mi modo de ver, imita y a la vez «transforma» la tradición humanista de las utopías: la novela *Rinconete y Cortadillo*. El interés formal de esta obra estriba en el hecho de que, en palabras de Jorge García López, su relato «podría haber ejemplificado con ventaja el sueño de Flaubert: una novela donde no pasa nada». Los ejes de su estructura son por una parte una «evocación sinuosa de la novela picaresca», y por otra una «originalidad extrema» genológica – la falta de cualquier tipo de trama.[51] Después de una introducción que retrata con detalle minucioso la indumentaria, origen, y carácter de los dos personajes del título, el narrador los abandona, dejándolos sólo como testigos o marco literario del centro del relato, que consiste en un desfile de las figuras grotescas que componen el sindicato criminal de Monipodio.[52] Los críticos han propuesto como origen de este extraño andamiaje narrativo el género dramático del entremés, aduciendo como paralelos al *Rufián viudo* o al primer acto de la comedia *Pedro de Urdemalas*. Genéticamente

---

radicale du *Don Quichotte* est précisément d'avoir pensé l'utopie, non comme un territoire insulaire, mais sous l'espèce d'une île dans la terre [...]. L'utopie quichotienne n'a pas son lieu sous d'inaccessibles méridiens: c'est chez soi, un non-ici qui recouvre l'ici et le pénètre, – un ailleurs qui est un chez-soi». Entre los dos espacios, «ce non-lieu dans le non-temps et la Mancha différentielle qui est supposée en être l'enveloppe», no hay incomposibilidad; «l'utopie dans *Don Quichotte* [...] implique l'existence d'espaces circonvoisins [...], d'un non-lieu dans un lieu»; no obstante, «l'utopie se meut au sein d'une *topie* incompréhensive et hostile [...], répressive, [...] manipulatrice» (pp. 88–90).

51 Cervantes, *Novelas ejemplares*, 2005, pp. 161–215 (las citas, p. 161, n. preliminar). Mis citas remiten a esta edición (en adelante, *RC*, por pág.).

52 Como de nuevo observa Johnson, 2000, pp. 38–39, los dos muchachos, al inverso de Quijote y Sancho, son indistinguibles, «virtually interchangeable»; después del primer diálogo ni siquiera vuelven a cambiar palabras, y en el último párrafo, por mucho que al principio juran que su amistad «ha de ser perpetua», Cortado sencillamente desaparece sin ninguna explicación. Pascual Buxó, 1984, rechazando enfáticamente la idea «estéril» de que la novela procura dar una «presunta visión documentalista de la realidad social» al estilo de la picaresca (las novelas cervantinas son «concebidas invariablemente como narración de sucesos maravillosos, de casos extremos o improbables»), traza la «habilidad taumatúrgica» con que, después del principio verosímil, «instaura una dimensión imaginaria»: «el cambio [...] adviene de una manera todavía más sutil que la ocasionada por el impreciso paso de la vigilia a la duermevela [en *Coloquio de los perros*]; [...] se cruzan los dudosos límites entre la conciencia de la realidad y la visión reveladora y simbólica» (p. 185). Interrumpió la narración a este punto en el Ms. Porras (¿1605?) – lerdamente interpolado por Porras, o sabiamente cancelado más tarde por Cervantes – el intertítulo «Casa de Monipodio, padre de ladrones en Sevilla» (*RC*, p. 661). La técnica de la versión definitiva es más sutil; en términos semiológicos se cifra en el contraste de perspectiva espacial entre la «amplitud» del viaje y del «mundo fluido de las calles y plazas», y el «recinto secreto» – extraterrestre, por decirlo así, pero cf. la n50, *supra* – del patio interior (pp. 186, 189–190).

estas fuentes eran sin duda importantes, pero ¿no sería más fácil, desde el punto de vista estrictamente *genérico*, considerar la novela como una parodia del género de las utopías? Los muchachos Rincón y Cortado, cuando se encuentran por acaso sesteando en el portal de la venta del Molinillo, no van a ninguna parte – es decir, viajan a «No-lugar»:

> –¿De qué tierra es v. m., señor gentilhombre, y para adónde bueno camina?
> –Mi tierra, señor caballero –respondió el preguntado–, no la sé, ni para dónde camino tampoco.
> –Pues, en verdad –dijo el mayor–, que no parece v. m. del cielo; y que éste no es lugar para hacer su asiento en él, que por fuerza se ha de pasar adelante.
> –Así es –respondió el mediano– […]. El camino que llevo es a la ventura. (*RC*, p. 164)

Los dos emprenden su viaje, pues, y descubren una ciudad alternativa, distinta de nuestro mundo – pero no apartada de él. La novela consiste en la descripción de las costumbres de este extraño «país»; el elemento de parodia reside una vez más en el hecho de que se ubica no en una isla, sino en un patio sevillano flamantemente ordinario, aun si para los muchachos representa una utopía no menos maravillosa que la luna o el Nuevo Mundo. La sociedad que descubren resulta ser no fantástica, pero otra vez invisible; está situada no fuera del espacio ni fuera del tiempo, sino «*casi* al descubierto» (*RC*, p. 215) en el seno de una Sevilla perfectamente real y asequible.[53]

No obstante, la comunidad que encuentran allí comparte con las utopías de Platón o de More algunas características obvias, si bien en clave irónicamente trastrocada: por ejemplo, la comunidad de bienes, la compartición de mujeres, el reparto igualitario de la comida y de los frutos de la tierra, etc. ¿Cambia el sentido de dichas disposiciones el hecho de que estos «utopienses» sean ladrones, putas, y mendigos? Sin duda; pero es igualmente indudable que la cofradía, compañía, «bendita comunidad» o «infame academia» de Monipodio tiene una coherencia y lógica no inferiores a las de su imagen anamórfica, la sociedad oficial. El narrador se mofa de Monipodio como «el más rústico y disforme bárbaro del mundo», y no pierde oportunidad para subrayar que sus compañeros eran criminales «llenos de hurtos y de homicidios y de ofensas a Dios»; sin

---

[53] Cervantes residió casi veinte años en Sevilla (algunos en la cárcel), y fuentes como la *Varia historia* de Zapata afirman que había allí una «cofradía de ladrones con su prior y cónsules, como mercaderes» (Madrid, BNE Mss/2790, en Zapata, 1859, pp. 49–50; ver Rodríguez-Luis, 1980, I, pp. 172 & n1, pp. 176–177 n5), a la que parece referirse el *Coloquio de los perros*, cuando Berganza cuenta su visita al patio trianero de cierto «Monipodio, encubridor de ladrones y pala de rufianes» a quien «todos respetaban como a señor y padre» en tiempos del asistente (histórico) Sarmiento de Valladares en 1589 (Cervantes, *Novelas ejemplares*, 2005, pp. 579–581). El «vaivén» lúdico entre *topie* et *utopie*, experiencia y fantasía, no pudiera ser más intrigante y enredado.

embargo, ellos le llaman «nuestro mayor y padre», aseverando que «la orden que tiene dada a todos sus ahijados [...] es tan *santa y buena* que no [...] se podrá mejorar en nuestro arte» (*RC*, pp. 184, 215, 178–179). Estas inversiones irónicas del lenguaje religioso forman el componente estilístico más notable de la novela, y dan al retrato del patio hampesco el aire de un mundo al revés, o de una caricatura o parodia del ideal utópico. No obstante, la verdad es que Monipodio se preocupa por el bienestar de sus súbditos: compone sus riñas, cuida de sus intereses, procura su seguridad – hasta el narrador a veces recae en frases como «Monipodio la recibió con mucho contento y cortesía, porque era *en extremo bien criado*» (p. 209).[54] Lo que es más, los miembros de su compañía demuestran una solidaridad profunda, y tienen reglas que todos obedecen. No sólo se reúnen para las «audiencias» o «juntas» y se encargan de «dar noticia con toda puntualidad de todo aquello que viesen ser útil y conveniente a la comunidad», sino que comen y juegan juntos; y el cuadro termina con la advertencia de Ganchoso a los dos novicios «acordándoles que no faltasen el domingo porque, a lo que creía y pensaba, Monipodio había de leer una *lición de posición* acerca de las cosas concernientes a su arte» (p. 214).[55] Es decir, mientras desatienden por completo «el orden jurídico establecido [...] ostensiblemente cuestionado en el mismo Evangelio», considerando la justicia nada más que una forma de

---

54 Sobre las «inversiones» paródicas ver p.e. Selig, 1967; Joly, 1982. Johnson, 2000, rechaza tanto una lectura utópica («una visión más positiva de la comunidad que el orden oficial») como la «utopía inversa» de López Estrada, 1983, o la «deformación grotesca» de Rodríguez-Luis, etc. En vez de suponer que la novela pretende «alabar el *statu quo* de la sociedad normal y reprehender el inframundo criminal» (p. 40), él ve en ella un microcosmo de la lucha entre los viejos valores feudales de Monipodio, en concreto – su nombre lo indica – su apego al sindicalismo/gremio, y la modernidad del capitalismo emprendedor («¿Cómo no han ido a la aduana del señor Monipodio? – ¿Págase en esta tierra almojarifazgo de ladrones? [...] Yo pensé que el hurtar era oficio libre», *RC*, pp. 177–178). El punto fundamental es que todas estas lecturas son perfectamente compatibles; la ambigüedad irónica del género las abarca todas.

55 Cf. *Utopia* II.4 «De artificiis», p. 81 «Solenne est enim *publicas* cotidie *lectiones* haberi antelucanis horis [...]; ex omni ordine, mares simul ac fœminæ, multitudo maxima ad audiendas lectiones [...] confluit. [...] Super cœnam tum unam horam *ludendo* producunt, æstate in hortis, hyeme in aulis illis communibus in quibus comedunt; ibi aut *musicen* exercent aut se sermone recreant»; II.5 «De commerciis mutuis», pp. 89–90 «[*in marg.* Convivia communia promiscuaque] Ad has aulas prandii cœnæque statis horis *tota syphograntia convenit*, æneæ tubæ clangore commonefacta. [...] [*in marg.* Ut ubique libertatis habetur ratio, nequid fiat a coactis] Nam &si domi prandere nulli vetitum sit, nemo tamen hoc libenter facit, cum *neque honestum* habeatur, & *stultum sit* deterioris parandi prandii sumere laborem, cum *lautum atque opiparum* præsto apud aulam tam propinquam sit.» Más que los tópicos trillados de la comunidad de bienes, etc., son las coincidencias de este tipo aparentemente fortuito las que persuaden de que Cervantes aludía conscientemente a la obra de More.

persecución,[56] reconocen un código de comportamiento que respeta *su* bien común, y se conforman con él. Perversamente, hasta tienen sentimientos de honor y de responsabilidad: el bravucón Repolido, a pesar de las baladronadas patéticas de su mentalidad infantil de pandillero, acude a la «audiencia» para pedirle perdón a la ramera Juliana la Cariharta por haberla abusado; la riña termina con una reconciliación celebrada con una juerga grotesca pero alegre.

Todo esto equivale a decir que la visión del autor es más matizada y polivalente que la del narrador. No tiene desperdicio, en este sentido, la conclusión de la novela, el tono irónico de la cual me parece equiparable al epílogo de More a la narración de Hitlodeo en su *Utopia*, y que de la misma manera marca, en palabras de Pascual Buxó, «la disolución del segundo nivel del relato» con el «tercer nivel: el de la conciencia reflexiva»[57]:

> Era Rinconete, aunque muchacho, de muy buen entendimiento y tenía un buen natural, y como había andado con su padre en el ejercicio de las bulas, sabía algo de buen lenguaje y dábale gran risa pensar en los vocablos que había oído a Monipodio y a los demás de su compañía y bendita comunidad; y más cuando por decir *per modum sufragii* había dicho «per modo de naufragio», y que sacaban el *estupendo* por decir «estipendio» de lo que se garbeaba; [...]. Y sobre todo le admiraba la seguridad que tenían y la confianza de irse al cielo con no faltar a sus devociones, estando tan llenos de hurtos y de homicidios y de ofensas a Dios; y reíase de la otra buena vieja de la Pipota, que dejaba la canasta de colar hurtada guardada en su casa y se iba a poner las candelillas de cera a las imágenes y con ello pensaba irse al cielo calzada y vestida. No menos le suspendía la obediencia y respeto que todos tenían a Monipodio, siendo un hombre bárbaro, rústico y desalmado. [...] Finalmente, exageraba cuán descuidada justicia había en aquella tan famosa ciudad de Sevilla, pues casi al descubierto vivía en ella gente tan perniciosa y tan contraria a la misma naturaleza. Y propuso en sí de aconsejar a su compañero no durasen mucho en aquella vida tan perdida y tan mala, tan inquieta y tan libre y disoluta.
>
> Pero con todo esto, llevado de sus pocos años y de su poca experiencia, pasó con ella adelante algunos meses, en los cuales le sucedieron cosas que piden más luenga escritura; y así se deja para otra ocasión contar su vida y milagros, con los de su maestro Monipodio, y otros sucesos de aquellos de la infame academia; que todos serán de grande consideración y que podrán servir de ejemplo y aviso a los que las leyeren. (*RC*, pp. 214–215)

La «imaginaria usurpación de otras existencias posibles» (Pascual Buxó) se presenta primero desde el punto de vista del «buen entendimiento» de Rincón, entre burlesco («dábale gran risa» la ignorancia de sus cofrades), satírico («le admiraba» sus creencias y prácticas supersticiosas, su ingenua fe en la eficacia de sus ofrendas de «candelillas de cera», o «la obediencia y respeto que todos tenían a Monipodio»), y moralizante (le chocaba «cuán descuidada justicia había en

---

56 Pascual Buxó, 1984, p. 200.
57 Pascual Buxó, 1984, p. 186.

aquella tan famosa ciudad»).⁵⁸ Pero luego sigue la posdata, en la que se entremete la voz irónica del autor. Nos informa – reconectando con los sueños de una vida mejor de los dos muchachos al principio, pero también con el momento en que, recien llegados a Sevilla, contemplan la llegada de la flota con seis galeras «cuya vista les hizo suspirar, y aun temer el día que sus culpas les habrían de traer a morar en ellas de por vida» (*RC*, p. 171) – que, a pesar de sus buenas intenciones de no durar mucho «en aquella vida tan perdida», Rincón pasó «con ella adelante algunos meses»; y luego añade la promesa inquietante de una continuación sobre las cosas que le avinieron durante aquellos meses «que podrán servir de ejemplo y aviso a los que las leyeren».

¿Contrautopía, antiutopía, distopía? Vemos aquí la misma mezcla irónica de veras y burlas que en los pasajes anteriormente citados del *Quijote*. Cervantes era capaz de imaginar tanto la haz como el envés de la ciudad alternativa de Monipodio; sin perder de vista las facetas ridículas y criminales de aquella extraña comunidad, podía apreciar la humanidad de sus miembros, y hasta sugerir que no eran en esencia más corruptos que los sedicentes «ciudadanos respetables» que utilizaban el dinero que ellos también robaban (si bien en maneras consideradas como legales) para comprar beneficios eclesiásticos, sobornar oficiales, o contratar a los propios monipodienses para dar cuchilladas, palos, y «agravios comunes» a sus rivales. Y este punto conecta también con la *Utopia* de More, cuyo primer libro presenta una discusión extensa del problema de la criminalidad, en la que Hitlodeo arguye:

> Ajusticiar a los ladrones va más allá de lo justo, y no sirve el pblico, [...] ya que ninguna pena es tan severa que impida a *los que no tienen otro modo de vivir* que roben [...]. Mejor

---

58 Buxó, 1984, pp. 187–189, apunta que una de la cosas que marcan el cambio de dimensiones o perspectivas entre el primer nivel y el segundo consiste en el hecho de que, mientras los muchachos son siempre plenamente conscientes e incluso orgullosos de la índole antisocial y punible de sus actos, los monipodienses son incapaces de intuir la delincuencia de los suyos. La sátira de su religión supersticiosa es un elemento ineludible (y por cierto, erasmiano, cf. *Utopia*, II.9 «De religionibus Utopiensium», p.e. p. 141 «unum quoddam numen putant, incognitum, æternum, immensum [...]; cæterum paulatim omnes *ab ea superstitionum varietate* desciscunt atque in unam illam coalescunt religionem quae reliquas ratione videtur antecellere», p. 144 «praevidit [Utopos] futurum denique ut ipsa per se veri vis emergat [...]; sin armis & tumultu certetur, ut sint pessimi quique maxime pervicaces, optimam ac sanctissimam religionem *ob vanissimas inter se superstitiones*, ut segetes inter spinas ac frutices, obrutum iri»); pero aun así es evidente que la religión monipodiense es menos cínica y superficial que la del propio Rincón, que cuenta con malicia como aprendió de su padre buldero aficionarse «más al dinero de las bulas que a las mismas bulas», de modo que «se abrazó con un talego», del mismo modo que Cortado en «el piadoso lugar puesto entre Salamanca y Medina» aprendió del suyo, sastre, no dejar «relicario de toca» que sus dedos no visitasen ni sus tijeras no cortasen (*RC*, pp. 166–167; ver Selig, 1967).

sería proveerles medios para ganar la vida para que nadie tuviese la funesta necesidad de robar, y por ello morir. [...] Si dejáis que el pueblo quede sin educarse y se corrompan sus costumbres desde la infancia, y luego les castigáis [...], vosotros mismos creáis a los ladrones para luego punirles.[59]

En efecto, está claro que la población de Utopia era de algún modo «la masa de campesinos que tanto le preocupan a Hitlodeo, transportada y reordenada», y que el proyecto utópico del Libro II se inventó, al menos a un nivel subsconsciente, para combatir un «nerviosismo residual [...] ante la habituación a la vagancia y al robo de los desposeídos» – o sea, como una «nueva técnica organizativa para disciplinar a los ladrones vagabundos de Inglaterra».[60]

No así Cervantes. Sus utopías/distopías derivaban claramente de precedentes clásicos y humanistas, acusando paralelos (creo) conscientes con la obra de More. Sin embargo, su insistencia en colocarlas no fuera del mundo, sino a plena vista – aunque al mismo tiempo invisibles – en él, transformó la combinatoria preexistente, desafiando la ingénita «insularidad» del género. No invitaba a soñar en otra sociedad, sino a ver la suya de otra forma. La cualidad que distingue a las obras grandes, a diferencia de las meramente entretenidas, es que proporcionan alguna revelación inesperada sobre la vida: ἀποκάλυψις, «descubrimiento de lo oculto». En fin, podría haber dicho Cervantes de sus (contra)utopías lo que hizo decir a su *alter ego*, el innominado Amigo del *Prólogo* del *Quijote*: que no necesitaba circunscribirse en los patrones de la literatura utópica humanista, porque las suyas eran creaciones «de quien nunca se acordó Aristóteles, ni dijo nada San Basilio, ni alcanzó Cicerón» (*DQ*, p. 18).

Bibliografía

Alonso, Álvaro, «Épica y hagiografía: el *Martirio de los santos mártires de Cartuxa*», en Natalia Fernández Rodríguez y María Fernández Ferreiro (eds.), *Literatura medieval y renacentista en España: líneas y pautas*, Salamanca, SEMYR, 2012, pp. 341–347.

Avilés Fernández, Miguel, *Sinapia: una utopía española del Siglo de las Luces*, Madrid, Editora Nacional, 1976.

---

59 *Utopia*, pp. 35–50, a 36 «[H]æc punitio furum & supra iustum est & non ex usu publico [...], neque ulla pœna est tanta ut ab latrociniis cohibeat eos qui nullam aliam artem quærendi victus habent; [...] cum potius multo fuerit providendum uti aliquis esset proventus vitæ, ne cuiquam tam dira sit furandi primum, dehinc pereundi necessitas»; y 42 «Siquidem quum pessime sinitis educari & mores paulatim ab teneris annis corrumpi, puniendos videlicet [...], quid aliud quæso quam facitis fures, & iidem plectitis?».

60 Traduzco las citas de Logan, 1994, p. 244.

Avilés Fernández, Miguel (ed.), «Otros cuatro relatos utópicos en la España moderna: las utopías de J. Maldonado, *Omnibona* y *El Deseado Gobierno*», en Jean-Pierre Étienvre (ed.), *Les Utopies dans le monde hispanique: actes du colloque tenu à la Casa de Velázquez 24–26.xi.1988*, Madrid, Casa de Velázquez, 1990, pp. 109–128.

Avilés Fernández, Miguel (ed.), *Descripción de la Sinapia, península en la Tierra Austral*, Madrid, Círculo de Bellas Artes, 2011.

Baena, Julio, «*Los trabajos de Persiles y Sigismunda*: la utopía del novelista», *Cervantes: Bulletin of the Cervantes Society of America*, 8.2, 1988, pp. 127–140.

Bajtín, Mijaíl M. (М. Бахтин), *Problemas de la poética de Dostoievski*, trad. Tatiana Bubnova, México, Fondo de Cultura Económica, 1986 (de Проблемы поэтики Достоевского [1929], 2ª ed. rev., Москва, Художественная литература, 1963).

Bajtín, Mijaíl M. (М. Бахтин), *La cultura popular en la Edad Media y en el Renacimiento: el contexto de François Rabelais*, trad. Julio Forcat y César Conroy, Madrid, Alianza, 1987 (de Творчество Франсуа Рабле и народная культура средневековья и Ренессанса, Москва, Художественная литература, 1965).

Bataillon, Marcel, «L'ostension prénuptiale utopienne et l'antique habit des Espagnes», *Moreana*, 35, 1972, pp. 57–58.

Bigalli, Davide, «Il mito a corte: pensiero politico e frammenti di utopia in Antonio de Guevara», en Davide Bigalli (ed.), *Immagini del principe: ricerche su politica e umanesimo nel Portogallo e nella Spagna del Cinquecento*, Milano, Angeli, 1985, pp. 223–280.

Bishop, Malcolm, «Ambrosius Holbein's *memento mori* map for Sir Thomas More's *Utopia*: the meanings of a masterpiece of early sixteenth century graphic art», *British Dental Journal*, 199, 2005, pp. 107–112.

Blanco, Mercedes, «Entre Arcadia y Utopía: el país imaginado de las *Soledades* de Góngora», *Studia Aurea*, 8, 2014, pp. 131–175.

Bracht Branham, R., «Utopian laughter: Lucian and Thomas More», *Moreana*, 86, 1985, pp. 23–43.

Bujanda, Jesús Martínez de, *Index de l'Inquisition espagnole, 1583, 1584*, Index des livres interdits 6, Genève, Droz, 1993.

Carmona Fernández, Fernando, «La literatura artúrica como utopía social», en Fernando Carmona Fernández y José Miguel García Cano (eds.), *La utopía en literatura y en la historia*, Seminario Interdisciplinar de Historia y Literatura de la Universidad de Murcia 3, Murcia, Universidad, 2008, pp. 29–50.

Cervantes, Miguel de, *Don Quijote de la Mancha: edición del Instituto Cervantes 1605–2005*, ed. Francisco Rico et al., Barcelona, Galaxia Gutenberg, 2004.

Cervantes, Miguel de, *Don Quijote de la Mancha: edición del IV centenario*, ed. Francisco Rico, Madrid, Real Academia Española, 2005, en línea <http://cvc.cervantes.es/obref/quijote/edicion/>.

Cervantes, Miguel de, *Novelas ejemplares*, ed. Jorge García López, introd. Javier Blasco, pról. Francisco Rico, Barcelona, Centro para la Edición de los Clásicos Españoles, 2005.

Coroleu, Alejandro, con Jesús Carrillo, «The dream of the Spanish empire: Juan Maldonado's *Somnium* (1541)», *Albertiana*, 3, 2000, pp. 141–157.

Cro, Stelio, *Descripcion de la Sinapia, peninsula en la Tierra Austral: A Classical Utopia of Spain*, [Hamilton], McMaster University, 1975.

Cro, Stelio, *A Forerunner of the Enlightenment in Spain*, Hamilton, McMaster University, 1976.

Cro, Stelio, «Las fuentes clásicas de la utopía moderna: el Buen Salvaje y las Islas Felices en la historiografía indiana», *Anales de literatura hispanoamericana*, 6, 1977, pp. 39–51.

Cro, Stelio, *Realidad y utopía en el descubrimiento y conquista de la América hispana, 1492–1682*, Madrid, Fundación Universitaria Española, 1983.

Cro, Stelio, *The Noble Savage: Allegory of Freedom*, Waterloo, Wilfrid Laurier University Press, 1990.

Cro, Stelio, «El proyecto utópico de Barataria y sus ramificaciones ideológicas: Quijote, ii, 42-45», en Carlos Mata Induráin y Miguel Zugasti Zugasti (eds.), *Actas del Congreso «El Siglo de Oro en el Nuevo Milenio»*, vol. 1, Pamplona, Universidad de Navarra, 2005, pp. 509–520.

Cro, Stelio (ed.), «Una fuente de la *Utopía* de Moro: el *De Orbe Novo* de Pedro Mártir», en Pierre Civil y Françoise Crémoux (eds.), *Actas del XVI Congreso de la Asociación Internacional de Hispanistas: Nuevos caminos del hispanismo... París, del 9 al 13 de junio de 2007*, Madrid, Iberoamericana, 2010, <http://cvc.cervantes.es/literatura/aih/pdf/16/aih_16_2_067.pdf>.

Davenport, Randi Lise, Cabanillas Cárdenasy Carlos F., «The Spanish Translations: Humanism and Politics» y «The Spanish Paratexts», en Terence Cave (ed.), *Thomas More's «Utopia» in Early Modern Europe: Paratexts and Contexts*, Manchester, Manchester University Press, 2008, pp. 110–127, pp. 233–271.

Davis, James Colin, «Thomas More's *Utopia*: Sources, Legacy and Interpretation», en Gregory Claeys (ed.), *The Cambridge Companion to Utopian Literature*, Cambridge, Cambridge University Press, 2010, pp. 28–50.

Elias, Norbert, «On the Sociogenesis of Aristocratic Romanticism in the Process of Courtisation», en Norbert Elias, *The Court Society* [*Die höfische Gesellschaft*, 1969], trad. Edmund Jephcott, 2ª ed., Collected Works 2, Dublin, University College Dublin Press, 2006, pp. 230–285.

Erasmus, Desiderius, *Opus epistolarum*, ed. P.S. Allen et al., 12 vols., Oxonii, Typographeo Clarendoniano, 1906–1958.

Erasmus, Desiderius, *The Correspondence of Erasmus*, trad. R. A. B. Mynors et al., annot. Wallace K. Ferguson et al., Collected Works of Erasmus 1–17, 17 vols., Toronto, University of Toronto Press, 1974–2016 (in progress).

Fernández, Jaime, *Bibliografía del Quijote por unidades narrativas y materiales de la novela*, 2ª ed., 2 vols., Alcalá de Henares, Centro de Estudios Cervantinos, 2008.

Fernández Delgado, Miguel Ángel, «Influencia de la *Utopía* de Tomás Moro en el pensamiento colonizador español, 1532–1647», *Revista de Investigaciones Jurídicas*, 19, 1995, pp. 455–501 (reimpr. en Hermann Boventer y Uwe Baumann (eds.), *Europa: Wiege des Humanismus und der Reformation: Dokumentation. 5 Internationales Symposion der Amici Thomas Mori, 20. bis 27. Mai 1995 in Mainz*, Frankfurt, Peter Lang, 1997, pp. 28–303).

Ferns, Chris, «The Utopian dream of order: More and his successors» y «Dystopia: the dream as nightmare», en Chris Ferns (ed.), *Narrating Utopia: Ideology, Gender, Form in Utopian Literature*, Liverpool, Liverpool University Press, 1999, pp. 31–66, pp. 105–138.

Fortunati, Vita, «De optimo reipublicae statu deque nova insula Utopia», y «Utopia as a Literary Genre», en Vita Fortunati y Raymond Trousson (eds.), *Dictionary of Literary Utopias*, Paris, Champion, 2000, pp. 152–159, pp. 634–643.

Frye, Northrop, «Varieties of Literary Utopias», *Dædalus: Journal of the American Academy of Arts & Sciences*, 94.2 (Spring 1965: *Utopia*), pp. 323–347 (trad. esp. Mora, Magda «Diversidad de utopías literarias», en Frank E. Manuel, (ed.), *Utopías y pensamiento utópico* [1966], Madrid, Espasa-Calpe, 1982, pp. 55–81).

García Pinilla, Ignacio J., «Elementos de utopía religiosa en los erasmistas y disidentes españoles del siglo XVI», en Iveta Nakládalová (ed.), *Religion in Utopia: From More to the Enlightenment*, Collegium Politicum 7, Sankt Augustin bei Bonn, Academia, 2013, pp. 41–70.

[Gesell, Johann Silvio] (seudón. «Klaus Rosenfeld»), *Der verblüffte Sozialdemokrat: eine erste Einführung in die Freigeldwelt, von Juan Acratillo, 1675: Auszug aus einem größeren Werke, aus dem Spanischen übersetzt und mit Anmerkungen versehen von Klaus Rosenfeld*, Erfurt, Freiland-Freigeld, 1922.

Gómez Coutouly, Alex-Alban, «Spanish literary Utopias: *Omnibona* and *The Desired Government*», en José Eduardo Reis y Jorge Bastos da Silva (eds.), *Nowhere Somewhere: Writing, Space and the Construction of Utopia*, Porto, Universidade, 2006, pp. 71–85.

Greenblatt, Stephen, *Renaissance Self-Fashioning: From More to Shakespeare*, Chicago, University of Chicago Press, 1980.

Herrera, Fernando de, *Tomas Moro* [1592], 2ª ed., Madrid, Luis Sanchez, 1617.

Jehenson, Myriam Yvonne y Dunn, Peter N., *The Utopian Nexus in «Don Quixote»*, Nashville, Vanderbilt University Press, 2006.

Johnson, Carroll B., *Cervantes and the Material World*, Chicago, University of Illinois Press, 2000.

Joly, Monique, «Monipodio revisited», en Giuseppe Bellini (ed.), *Actas del Séptimo Congreso de la Asociación Internacional de Hispanistas, celebrado en Venecia del 25 al 30 de agosto de1980*, 2 vols., Roma, Bulzoni, 1982, ii, pp. 603–611.

Jones, Royston O., «El *Tomás Moro* de Fernando de Herrera», *BRAE*, 30, 1950, pp. 423–438.

Jones, Royston O., «Some Notes on More's *Utopia* in Spain», *Modern Language Review*, 45, 1950, pp. 478–482.

Kagan, Richard, *Lawsuits and Litigants in Castile (1500-1700)*, Chapel Hill, University of North Carolina Press, 1981.

Laird, Andrew, «The classical foundations of Utopia in sixteenth-century Mexico: Lucian, Virgil, More, and Erasmus in Vasco de Quiroga's *Información en derecho* (1535) », *Comparatismes en Sorbonne*, 6, 2015, pp. 1–9.

Lakowski, Romuald I., International Thomas More Bibliography (U): Utopia, Part A: Editions and Translations <http://www3.telus.net/lakowski/Utopbib0.html>.

Logan, George M., «Interpreting *Utopia*: Ten Recent Studies and the Modern Critical Traditions», *Moreana*, 31.118–119 (June 1994), pp. 203–258 (reseña de Richard Halpern, «Rational Kernel, Mystical Shell: Reification and Desire in Thomas More's *Utopia*», en *The Poetics of Primitive Accumulation: English Renaissance Culture and the Genealogy of Capital*, Ithaca, Cornell University Press, 1991, pp. 136–175).

Logan, George M., «Introduction», en Thomas More, *Utopia* [1989], ed. George M. Logan, trad. Robert M. Adams, Cambridge Texts in the History of Political Thought, 3ª ed. rev., Cambridge, Cambridge University Press, 2016, pp. xi–xxxii.

López Estrada, Francisco, «Estudio y edición del *Tomás Moro* de Fernando de Herrera», *Archivo Hispalense*, 12, 1950, pp. 9–56.

López Estrada, Francisco, «Quevedo y la *Utopía* de Tomás Moro», en *Homenaje al profesor Giménez Fernández*, Sevilla, Universidad, Facultad de Derecho, 1967, i, pp. 155–196.

López Estrada, Francisco, *Tomás Moro y España: sus relaciones hasta el siglo XVIII*, Madrid, Universidad Complutense, 1980.

López Estrada, Francisco, «Apuntes para una interpretación de *Rinconete y Cortadillo*: una posible resonancia de la inversión creadora», en José Jesús de Bustos Tovar (ed.), *Lengua, ideología y organización textual en las «Novelas ejemplares»: Actas del Coloquio celebrado en la Facultad de Filología de la Universidad Complutense en mayo de 1982*, Madrid, Universidad Complutense, 1983, pp. 59-68.

Luciano, *Luciani Compluria opuscula longe festivissima in Latinorum linguam traducta*, trad. Erasmus Roterodamensis y Thomas More [Paris], Badius Ascensius, 1506.

Luciano, Ἀληθῶν Διηγημάτων A-B, en Austin Morris Harmon, Michael K. Kilburn y Matthew Donald Macleod (eds.), *Lucian*, vol. 1, Loeb Classical Library, London, Heinemann, 1913-1967, pp. 247-358.

Maravall, José Antonio, *Utopía y contrautopía en el «Quixote»*, 2ª ed. [de *El humanismo de las armas en «Don Quijote»*, pról. Ramón Menéndez Pidal, [Madrid], Instituto de Estudios Políticos, 1948], Santiago de Compostela, Pico Sacro, 1976.

Maravall, José Antonio, *Utopía y reformismo en la España de los Austrias*, Madrid, Siglo XXI, 1982.

Marsh, David, «The Fantastic Voyage: Thomas More, *Utopia*», en David Marsh (ed.), *Lucian and the Latins: Humor and Humanism in the Early Renaissance*, Ann Arbor, University of Michigan Press, 1998, pp. 193-198.

Martí, Antonio, «Ecos de utopías de Platón en el *Persiles*», en Giuseppe Grilli (ed.), *Actas del II Congreso Internacional de la Asociación de Cervantistas* (= *Annali dell'Istituto Orientale di Napoli - Sezione Romanza*, 37.2 (1995)), pp. 681-697.

Martyr ab Angleria, Petrus, *De Orbe Novo decades*, ed. Aelius Antonius Nebrissensis, Alcala, Arnaldus Guillelmus [de Brocar], 1516.

Molho, Maurice, «Utopie et uchronie: sur la première phrase du *Don Quichotte*», en *Le Temps du récit: colloque organisé à la Casa de Velázquez les 14, 15 et 16 janvier 1988*, Madrid, Casa de Velázquez, 1989, pp. 83-91.

More, Thomas (Morus), *Libellus vere aureus nec minus salutaris quam festivus de optimo reip. statu, deque nova Insula Utopia: nunc primum accuratissime editus*, ed. Petrus Aegidius, [s.l. (Louvain)], Theodoricus Martini typographus almæ Lovaniensium Academiæ, [diciembre] 1516.

More, Thomas (Morus), *Opusculum illud vere aureum non minus utile quam elegans de Optimo reipublice statu deque nova insula Utopia: iam iterum, sed multo correctius quam prius, hac Enchiridii forma, ut vides, multorum tum senatorum tum aliorum gravissimorum virorum suasu æditum [...]: preter Erasmi annotationes ac Budæi epistulam [...] addita est etiam ipsius Mori epistula eruditissima*, ed. Thomas Lupsetus, [s.l. (Paris)], Gilles de Gourmont, [s.a. (después del 1 de agosto, 1517)].

More, Thomas (Morus), *De optimo reip. statu deque nova insula Utopia libellus vere aureus, nec minus salutaris quàm festivus*, ed. Desiderius Erasmus, ilustr. Ambrosius Holbenius, Basileae, Jo. Frobenius, mense Martio 1518.

More, Thomas (Thomaso Moro), *La Republica nuovamente ritrovata, del governo dell'isola Eutopia, nella qual si vede nuovi modi di governare Stati, reggier Popoli, dar Leggi à i senatori, con molta profondità di sapienza*, [trad. Ortensio Lando], Vinegia, [s.n. (Anton Francesco Doni)], 1548.

More, Thomas (Morus), *A frutefull pleasaunt & wittie worke, of the beste state of a publique weale, and of the newe yle called Utopia*, trad. Raphe Robynson, 2ª ed. rev., London, Abraham Vele, 1556.

More, Thomas (Tomás Moro), *Utopia: traducida de latin en castellano*, trad. Gerónimo Antonio de Medinilla y Porres, Cordova, Salvador de Cea, 1637.

More, Thomas (Morus), *Utopia*, trad. [Gilbert Burnet], London, Richard Chiswell, 1684.

Mumford, Lewis, *The Story of Utopias*, New York, Boni and Liveright, 1922.
Neumeister, Sebastian, «La utopía moral de un héroe político-cristiano: el *Tomás Moro* de Fernando de Herrera», en Eugenia Fosalba y Carlos Vaíllo (eds.), *Literatura, sociedad y política en el Siglo de Oro: Barcelona-Gerona, 21–24 de octubre de 2009*, Bellaterra, Universitat Autònoma de Barcelona, 2010, pp. 147–158.
Park Chul, «La república utópica en el *Quijote*», *Revista de Educación*, Nº extraordinario 2004 (*El Quijote y la educación*), pp. 177–187.
Pascual Buxó, José, «Estructura y leccion de *Rinconete y Cortadillo*» [1970], en José Pascual Buxó (ed.), *Las figuraciones del sentido: ensayos de poética semiológica*, México, Fondo de Cultura Económica, 1984, pp. 181–213.
Peraita Huerta, Carmen, «Mapas de lectura, diálogos con los textos: la *Carta al rey Luis XIII* y las anotaciones en el ejemplar de la *Utopía* de Quevedo», en Ignacio Arellano y Enrica Cancelliere (eds.), *Actas del Congreso Internacional «Quevedo, Lince de Italia y Zahorí Español» (Palermo, GRISO y Universidad de Palermo, 14–17 de mayo de 2003)* (= *La Perinola*, 8 (2004)), pp. 321–341.
Peraita Huerta, Carmen, «Marginalizing Quevedo: reading notes and the humanistic persona», en Dirk Van Hulle y Wim Van Mierlo (eds.), *Reading Notes* (=*Variants: Journal of the European Society for Textual Scholarship*), 2-3, 2004, pp. 37–60.
Plutarco, Λυκοῦργος, en Bernadotte Perrin (ed. y trad.), *Plutarch's Lives*, vol. 1, Loeb Classical Library, London, Heinemann, 1914–1926, pp. 203–303.
Plutarco, Ἀποφθέγματα Λακωνικά, Τὰ παλαιὰ τῶν Λακεδαιμονίων ἐπιτηδεύματα, en Frank Cole Babbitt *et al.* (eds. y trad.), *Plutarch's Moralia*, Loeb Classical Library, vol. 3, London, Heinemann, 1927–1976, (1931), pp. 239–421, pp. 423–449.
Pohl, Nicole, «Utopianism after More: the Renaissance and Enlightenment», en Gregory Claeys (ed.), *The Cambridge Companion to Utopian Literature*, Cambridge, Cambridge University Press, 2010, pp. 51–78.
Poza, Andrés de, *De la antigua lengua, poblaciones y comarcas de las Españas, en que de paso se tocan algunas cosas de la Cantabria*, Bilbao, Mathias Mares, 1587.
Prescott, Henry W., «Notes and queries on Utopias in Plautus», *American Journal of Philology*, 29, 1908, pp. 55–68.
Quarta, Cosimo, «Utopia: gênese de uma palavra-chave», *MORUS: Utopia e Renascimento*, 3, 2006, pp. 35–53.
Quevedo, Francisco de, «Noticia, juicio, í recomendación de la Utopía, i de Thomás Moro», en Tomás Moro, *Utopia: traducida de latin en castellano*, trad. Gerónimo Antonio de Medinilla y Porres, Cordova, Salvador de Cea, 1637, sig. **2v-**3v.
Redondo, Augustin, «Revisitando el concepto de "utopía" y algunas de sus manifestaciones en la España del siglo XVI y de principios del siglo XVII», *e -Spania: revue interdisciplinaire d'études hispaniques médiévales et modernes*, 21 (juin 2015: *Utopies, rêves et chimères (Espagne, XVIe–XVIIe siècles)*, ed. Ricardo García Cárcel y Araceli Guillaume-Alonso) <https://e-spania.revues.org/24395>.
Ribadeneyra, Pedro de, *Historia ecclesiastica del scisma del Reyno de Inglaterra*, Emberes, Christoval Plantino, 1588.
Rivero Iglesias, María del Carmen, «El bien común en el *Quijote* y el gobierno de Sancho en la ínsula Barataria», en Ignacio Arellano, Christoph Strosetzki y Edwin Williamson (eds.), *Autoridad y poder en el Siglo de Oro*, Madrid, Iberoamericana, 2009, pp. 117–136.
Rodríguez-Luis, Julio, *Novedad y ejemplo de las novelas de Cervantes*, 2 vols., Madrid, Porrúa Turanzas, 1980.

Sansovino, Francesco (ed.), *Del governo de i regni et delle republiche cosi antiche come moderne libri XVIII*, Venetia, el editor, 1561.
Santos, Antonio, *Barataria, la imaginada: el ideal utópico de don Quijote y Sancho*, Alcalá de Henares, Centro de Estudios Cervantinos, 2008.
Santos Puerto, José, «La Sinapia: luces para buscar la utopía de la ilustración», *Bulletin hispanique*, 103, 2001, pp. 481–510.
Saxonhouse, Arlene W., «Comedy in Callipolis: animal imagery in the *Republic*», *American Political Science Review*, 72, 1978, pp. 888–901.
Scaramuzza Vidoni, Mariarosa, «Luces de Utopía en el *Quijote*», *Cahiers d'études romanes*, 14, 1989, pp. 93–119.
Schulte Herbrüggen, Hubertus, «*Utopiae insulae figura*: the title woodcut in Thomas More's *Utopia*, 1516», en Gilbert Tournoy y Dirk Sacré (eds.), *Ut granum sinapis: Essays on Neo-Latin Literature in Honour of Jozef IJsewijn*, Supplementa Humanistica Lovaniensia 12, Leuven, Leuven University Press, 1997, pp. 215–230.
Searle, William, «More and Cervantes: the Utopian Isle of Barataria», American Notes and Queries, n.s. 19, 1981, pp. 141–144.
Selig, Karl-Ludwig, «Cervantes y su arte de la novela», en Jaime Sánchez Romeralo y Norbert Poulussen (eds.), *Actas del Segundo Congreso de la Asociación Internacional de Hispanistas celebrado en Nijmegen del 20 al 25 de agosto de 1965*, ed. Nijmegen, Instituto Español de la Universidad de Nimega, 1967, pp. 585–590.
Shakespeare, William, *The Tempest* [1611], en *Mr. William Shakespeares Comedies, Histories, & Tragedies: Published according to the True Originall Copies* [«First Folio»], London, Isaac Jaggard & Ed. Blount, 1623, ff. 1–19.
Skinner, Quentin, «Sir Thomas More's *Utopia* and the Language of Renaissance Humanism», en Anthony Pagden (ed.), *The Languages of Political Theory in Early-Modern Europe*, Cambridge, Cambridge University Press, 1987, pp. 123–157.
Solórzano Pereira, Juan de, *Politica indiana, sacada en lengua castellana de los dos tomos del Derecho i govierno municipal de las Indias Occidentales que mas copiosamente escribio en la Latina: dividida en seis libros*, Madrid, Diego Diaz de la Carrera, 1648.
Stolleis, Michael, «La ínsula Baratara: unas anotaciones sobre utopías, literatura y "policía"», *e-SLegal History Review*, 12 (junio 2011): <http://www.iustel.com/v2/revistas/detalle_revista.asp?id_noticia=410552>.
Surtz, Edward, «More's *Apologia pro Utopia sua*», *Modern Language Quarterly*, 19, 1958, pp. 319–324.
Todorov, Tzvetan, *Introduction à la littérature fantastique*, Paris, Le Seuil, 1970.
Vidal, Silvina Paula, «Cervantes y el humanismo: del elogio a la parodia», *Cuadernos de Historia de España*, 82, 2008, pp. 165–90.
Villegas, Alonso de, «Vida 208: De Thomás Moro, Cancellario de Inglaterra, y de Juan Phischero Obispo Roffense», en *Addicion a la Tercera parte* [1588] *del «Flos sanctorum»* [*nuevo, conforme al Breviario Romano reformado por decreto del santo Concilio Tridentino*, 6 vols., 1580–1603]: *en que se ponen vidas de varones illustres, los quales aunque no estan canonizados, mas piadosamente se cree dellos que gozan de Dios*, Toledo, Juan & Pedro Rodriguez, 1589, ff. 93v–96v.
Wooden, Warren W., «Utopia and Arcadia: an approach to More's *Utopia*», *College Literature*, 6.1, Winter 1979, pp. 30–40.
Zapata, Luis de, *Miscelánea*, ed. P. de G[ayangos], Memorial Histórico Español 11, Madrid, Real Academia de la Historia, 1859.

Zappala, Michael, «Cervantes and Lucian», *Symposium*, 33, 1979, pp. 65–82.
Zavala, Silvio, *La «Utopía» de Tomás Moro en la Nueva España y otros estudios* [1937], 2ª ed., México, Colegio Nacional, 1950.
Zavala, Silvio, «Solórzano Pereira (1648) et l'*Utopie* de More», *Moreana*, 12.47, 1975, pp. 15–20 [reimpr. en su *Recuerdo de Vasco de Quiroga*, 2ª ed., México, Porrúa, 1987, pp. 205–210].

Hans-Jörg Neuschäfer
Parodia, Utopía y Cultura epistolar en la Segunda Parte del «Quijote»: El intercambio de cartas en el episodio de los Duques

Debo comenzar con dos aclaraciones previas: una sobre la relación entre Don Quijote y Sancho; otra sobre la función del reír.

Primera aclaración: Mientras que en la acción principal de la «Primera parte» de la novela la iniciativa de actuar partía siempre de Don Quijote, en la «Segunda» se encuentra este cada vez más a la defensiva, sobre todo porque la mayoría de los personajes conocen la «Primera parte» y por lo tanto saben cómo actúa y cómo «funciona» su protagonista. Sancho, en cambio, va creciendo en importancia e incluso llega al protagonismo, mientras que Don Quijote al final ya no es más que un espectador. Este cambio se refleja sobre todo en las dos burlas de las que es víctima: el encantamiento de Dulcinea, obra de Sancho, y la gran pseudofiesta organizada por los duques.

A esto hay que añadir todavía la separación física entre Don Quijote y Sancho durante el gobierno de la «Ínsula» y con ella una clara emancipación del hasta entonces escudero con respecto al «amo»; emancipación que culmina, ya hacia el final de la novela, en una lucha cuerpo a cuerpo en la que Sancho pone freno a las prerrogativas de Don Quijote y le hace reconocer que entre ellos existe una igualdad fundamental.

En resumen: en el transcurso de la «Segunda parte» Sancho y el punto de vista popular, representado en él, se ve revalorizado, aunque nunca con la seriedad y aun menos con la radicalidad que caracterizará a los movimientos y las reinvindicaciones sociales del siglo XIX, sino siempre en clave de ironía e incluso de risa carnavalesca.

Segunda aclaración: Se impone distinguir en el «Quijote» entre dos clases o funciones del reír. Por un lado, tenemos la risa excluyente y ridiculizadora; y, por el otro, la risa incluyente y liberadora. Don Quijote es objeto de ridiculización en las dos burlas de la «Segunda parte». Sancho, en cambio, provoca una risa incluyente durante el gobierno de la «Ínsula», a pesar de – o precisamente a causa de – alguna metedura de pata. Y esa risa liberadora prevalece, como veremos más adelante, sobre todo en el curioso intercambio de cartas de los capítulos 36, 50, 51 y 52 que va a estar en el centro de este artículo.

La función de estas, en total seis, cartas intercaladas no ha sido, que yo sepa, apreciada aún en su justa medida, a pesar de que ya la estructura rigurosamente simétrica, en que están colocadas, no deja lugar a duda de que Cervantes les confiere especial importancia. En la gran edición de Francisco Rico se encuentra tan solo un comentario de Nadine Ly que considera el conjunto de las cartas, y en especial las de los cónyuges Sancho y Teresa, como una mera sátira de la insensatez propia de inferiores que sueñan con ascender socialmente.

Esto, hay que admitirlo, no es del todo falso, pues ningún autor del siglo XVII, que dependía de la benevolencia de los poderosos, pudo permitirse el lujo de pasar por alto sus intereses. En este sentido puede que haya realmente algo de ridiculización, sobre todo, cuando Teresa da rienda suelta a sus vulgaridades. Pero aunque no sea falsa la observación de Mme Ly, tampoco es realmente certera como veremos cuando analicemos más de cerca ese 'epistolario'. Comencemos por echar un vistazo al orden en el que se van intercalando estas cartas en la acción principal:

I. Cap. 36: Sancho a Teresa
II. Cap. 50: Duquesa a Teresa
III. Cap. 51: Don Quijote a Sancho
IV. Cap. 51: Sancho a Don Quijote
V. Cap. 52: Teresa a Duquesa
VI. Cap. 52: Teresa a Sancho

Al principio y al final (carta I y carta VI) se escriben los cónyuges del mundo plebeyo; primero él (Sancho) a ella, luego ella (Teresa) a él. En segundo y quinto lugar escribe la duquesa a Teresa y luego Teresa a la duquesa – una relación entre extremos en la jerarquía social (alta nobleza y pueblo llano). En las posiciones tres y cuatro, o sea justo en el medio de la serie, escribe el hidalgo al labrador y el labrador le contesta al hidalgo. La totalidad de las seis cartas tiene como tema principal el gobierno de Sancho, y desde la segunda se comenta siempre el éxito sorprendente que tiene en su desempeño. Entre la primera y la segunda carta hay una distancia larga de 14 capítulos (36–50), mientras que desde la segunda hasta la última se siguen las cartas en tan solo tres capítulos (50–52).

En la primera carta se dirige Sancho a Teresa como recién nombrado gobernador, pero todavía antes de trasladarse al lugar de su gobierno. Aquí habla Sancho aun con presunción («mujer de un gobernador eres: ¡mira si te roerá nadie los zancajos!», p. 931) y con claro afán de lucro («voy con grandísimo deseo de hacer dineros», p. 931). Aquí sí que se puede hablar aun de ridiculez. Por consiguiente la duquesa, después de haber leído la carta, le critica a Sancho y le recomienda moderación. Y Sancho es tan listo de aceptar la advertencia, como se verá más adelante.

En la segunda carta, cuando Sancho ya ha dado las sorprendentes señales tanto de sus aptitudes como de su nuevo comportamiento, la duquesa, la gran dama, se dirige no en tono condescendiente sino confidencial a «su amiga Teresa», alaba a Sancho que «gobierna como un gerifalte» y acaba solicitando de Teresa algo tan trivial como un envío de bellotas. Al final firma como «su amiga que bien la quiere» (p. 1038).

En la carta III resume Don Quijote sus ya conocidos consejos a Sancho, sobre todo, en lo que atañe al buen gobierno. Pero tampoco ahorra muestras de respeto hacia el que también llama «amigo»: «Cuando esperaba oír nuevas de tus descuidos e impertinencias, Sancho amigo, las oí de tus discreciones (...) [Gracias doy] al cielo, el cual del estiércol sabe levantar los pobres, y de los tontos hacer discretos.» (p. 1048).

A lo que Sancho contesta en la carta IV en el tono de un hombre muy ocupado que, sin embargo, sigue hablando con la gracia y llaneza de siempre: «La ocupación de mis negocios es tan grande que no tengo lugar para rascarme la cabeza» (p. 1050). Con todo da un informe bastante exhaustivo de sus ocupaciones y no olvida mencionar que mientras tanto ha seguido uno de los consejos más importantes de Don Quijote (y de la duquesa): «Hasta agora no he tocado derecho ni llevado cohecho» (p. 1051). La cosa iría bastante bien, según Sancho, si no fuese por el Dr. Recio de Tirteafueras, que no le deja comer a sus anchas.

Dentro de un intercambio de cartas que continuamente traspasan los límites entre alta nobleza, hidalguía y pueblo llano se destaca aun la carta V, en la que Teresa reacciona con toda naturalidad a la confianza de la duquesa hablando sin disimulo de su gran deseo de ir en coche como esposa del gobernador y de dar con ello en las narices a las envidiosas vecinas de su pueblo.

En la carta final, la sexta, dirigida a su marido, Teresa da definitivamente rienda suelta a su lenguaje plebeyo, mencionando, por ejemplo, que a Sanchica «se le fueron las aguas» (p. 1059), o sea que se orinaba de alegría, al enterarse del nombramiento de su padre. Y a la vez da, con sus «nuevas de este lugar» (p. 1059), una impresión concreta de lo que preocupa a la gente humilde, por ejemplo, el encarecimiento de la vida diaria a causa de las malas cosechas.

Ahora bien: es importante tener en cuenta la forma en la que todas estas cartas están ofrecidas al lector de la novela: no son cartas cabalmente privadas, reservadas exclusivamente a su destinatario, como lo son las cartas de amor que se encuentran a menudo en el roman courtois y todavía en la «Primera parte» del Quijote. Son, por el contrario, cartas casi públicas, leídas y comentadas en voz alta por los duques delante de un público más o menos numeroso: «Las cartas fueron solenizadas, reídas, estimadas y admiradas» (p. 1060), es decir, recibidas de manera muy diversa – entre lo solemne y lo divertido – como corresponde a la mezcla de estilos en que van escritas y como corresponde también al público mixto que las escucha. Especialmente apreciada y admirada es la contestación de Sancho a Don Quijote ya que muestra, según la duquesa, que a Sancho se le había subestimado injustamente.

Son, en efecto, cartas asombrosas; cartas que, según yo sepa, no tienen igual en la literatura novelesca. Sin embargo, existe un modelo no muy lejano. Me refiero a las cartas que se cruzaron entre los humanistas del siglo XV y XVI. En ellas una élite de clérigos y laicos eruditos intercambiaron, en latín y siempre en pie de mutuo respeto, sus ideas (muchas veces avanzadas) sobre cuestiones de moral, sobre el buen gobierno de las cosas mundanas y sobre el recto uso de la fe cristiana. No hay que olvidar que era la época del erasmismo y del incipiente protestantismo luterano. Aunque se trataron en estas cartas cuestiones de peso, solía dárseles un tono agradablemente confidencial y privado, a sabiendas de que, una vez recibidas y leídas delante de varios oyentes, acabarían por ser públicas e incluso llegarían a ser coleccionadas e impresas para poder ejercer así su influencia en la formación del clima intelectual.

Helene Harth les ha dedicado dos esclarecedores artículos en los que esboza una especie de historia de la poética de esa clase de cartas, partiendo de Cícero, pasando por Petrarca y llegando hasta Erasmo. De estos artículos quisiera resaltar dos observaciones que sirven también para iluminar el contexto epistolar en la «Segunda parte» del Quijote. La primera es el carácter dialogante de las cartas humanistas con el fin de crear una atmósfera de charla privada y confidencial entre personas físicamente alejadas unas de otras. La otra – y esto aumenta aun la confidencialidad – es la tendencia a no separar ya estrictamente asuntos oficiales y personales y, a la vez, a dar cada vez menos importancia a la diferencia de rango social entre los participantes.

Volviendo a Cervantes debemos constatar en primer lugar que nos las tenemos que ver con una de las primeras literarizaciones de las cartas humanistas y al mismo tiempo con una imitación parodística de sus características: En lugar del latín de los eruditos se usa aquí la lengua vulgar; dos de los corresponsales hasta son analfabetos y necesitan alguien que les ayude a traducir sus mensajes orales a letras escritas y a retraducir la letra escrita en lengua hablada. Gracias a este «intérprete» el habla vulgar es comprendido «arriba» y el habla mundana entendido «abajo». Además, todas estas personas ni son iguales entre sí, ni forman una élite. Todo lo contrario: Nunca se ha visto una mezcla tan grande entre los estamentos sociales (desde lo más alto hasta lo más bajo); nunca una diferencia tan grande en la manera de expresarse (desde el habla mundana de la condesa, pasando por el habla culta de Don Quijote hasta llegar al habla vulgar de Teresa); y tampoco nunca una variedad de temas tan dispares (desde la reflexión política hasta el chismeo pueblerino); en fin: una formidable mezcla.

Y he aquí el milagro de Cervantes: los corresponsales se tratan como si esas diferencias no existiesen y casi como si fuesen un grupo tan homogéneo como en el modelo humanista. También se observa en la correspondencia entre ellos esa mezcla entre lo privado y lo público, tan característica de las cartas humanistas donde los corresponsales solían llamarse también «amicus». Y también en las cartas cervantinas se trata del arte de bien gobernar y del comportamiento moral de los gobernadores. Todo esto en un tono lúdico y desenfadado.

Con una sola excepción: la carta de Don Quijote, que por cierto es la que más recuerda el tono de las cartas humanistas, está escrita con seriedad y se encuentra, junto con la simpática respuesta de Sancho, justamente en el centro del epistolario cervantino. Supongo que Cervantes lo hizo con toda intención: lo que Don Quijote piensa de manera abstracta se encuentra, de forma práctica, reflejado en la carta de Sancho. Además, todo el comportamiento del que este hace alarde durante su gobierno está, en cierta manera, impregnado por el noble espíritu de aquel. Es decir que Don Quijote, a pesar de ser relegado a un segundo plano en la «Segunda parte», deja sus huellas, no ya en el mundo de las ideas, sino en la concreta vida cotidiana y al alcance de todo el mundo. Lo vemos, por ejemplo, en la manera con que Sancho va moderando sus apetitos: no en el gusto por la comida y la bebida; eso sería pedir demasiado. Pero sí llega a dominar su afán de lucro, como repetidamente se subraya, y llega a desarrollar el sentido de justicia, lo cual, realmente, no es poco. Por ello podemos reírnos aliviados con Sancho, ya que, gracias a él, el idealismo de Don Quijote adquiere dimensiones humanas.

¿Cuál es entonces el sentido de imitar o parodiar las cartas humanistas? Con toda seguridad no se trata de deconstruirlas. Tampoco se desvalora el espíritu generoso y liberal de ellas, ni se somete a los corresponsales a una risa de desaprobación.

No: lo cómico en estas cartas no va a costa de nadie, y menos aún a costa de los iletrados Teresa y Sancho; se trata, por el contrario, de una risa liberadora que suspende, aunque pasajeramente, aquellos obstáculos que normalmente dificultan la libre comunicación entre los seres humanos, como las diferencias sociales y las diferencias culturales. Por un momento utópico en estas cartas llegan todos a entenderse y todos son igualmente reconocidos. En este sentido se puede decir que las cartas cervantinas incluso superan a las cartas humanistas y que su imitación paródica es constructiva, ya que son la culminación de un camino trazado ya en el modelo humanista: la inclusión de distintos puntos de vista, a lo que en el Quijote se añade la inclusión de diferentes maneras de hablar y de vivir, sin excluir a nadie por su condición social ni tampoco por su sexo. Téngase en cuenta que en el carteo cervantino aparece aun otra importante diferencia con el modelo humanista: Mientras en las cartas humanistas hay un diálogo sólo entre hombres, en el epistolario cervantino están igualmente representados los sexos, pues hay en él dos hombres y dos mujeres, cosa que contribuye no poco al carácter utópico, pero utópico-posibilista, de todo este episodio.

Bibliografía

Cervantes, Miguel de, *Don Quijote de la Mancha*, ed. Francisco Rico, Barcelona, Instituto Cervantes/Crítica, 1998.

Dürmüller, Peter, «Der humanistische Brief. Das öffentliche Leitmedium der Humanisten», *Denkbilder*, 27, 2010, pp. 32–35.

Harth, Helene, «L'épistolographie humaniste entre professionnalisme et souci littéraire: l'exemple de Poggio Bracciolini», en *La correspondance d'Erasme et l'épistolographie humaniste. Travaux de l'Institut Interuniversitaire pour l'étude de la Renaissance et de l'Humanisme*, vol. 8, Bruselas, Éditions de l'Université de Bruxelles, 1958, pp. 135–144.

Harth, Helene, «Poggio Bracciolini und die Brieftheorie des 15. Jahrhunderts. Zur Gattungsform des humanistischen Briefes», en Franz-Josef Worstbrock (ed.), *Der Brief im Zeitalter der Renaissance*, Weinheim, Verlag der Chemie, 1983, pp. 81–98.

Neuschäfer, Hans-Jörg, *La ética del Quijote. Función de las novelas intercaladas*, Madrid, Gredos, 1999.

Neuschäfer, Hans-Jörg, «Sanchos Aufstieg, Oder: égalité ironisch. Realutopische Ansätze im Zweiten Teil des Don Quijote», *Romanistische Zeitschrift für Literaturgeschichte/Cahiers d'histoire des Littératures Romanes*, 40, 2016, pp. 457–468.

Ritter, Joachim, «Über das Lachen», en Joachim Ritter (ed.), *Subjektivität*, Frankfurt, Suhrkamp, 1974, pp. 62–92.

Worstbrock, Franz-Josef (ed.), *Der Brief im Zeitalter der Renaissance*, Weinheim, Verlag der Chemie, 1983.

Wolfgang Matzat
La lógica de la conversación en los diálogos del *Quijote*: cooperación y amor propio

Los diálogos del *Quijote*, particularmente los que tienen lugar entre Don Quijote y Sancho Panza, se consideran, con razón, como una parte esencial del libro y como ejemplo incomparable del arte narrativo de Cervantes. Aunque todos los lectores de la novela se dan cuenta de este hecho, son pocos los estudios que se ocupan del tema. En artículos de Luis A. Murillo y Pablo Jauralde Pou se comentan las fuentes posibles de los diálogos cervantinos – desde los textos platónicos hasta los coloquios de Erasmo – y su vinculación con el diálogo renacentista[1]; Jesús Gómez destaca la diversidad de estilos y la relación con el concepto bajtiniano del diálogo[2]; José Manuel Martín Morán distingue una serie de funciones textuales, por ejemplo, la función de dar cohesión al texto y de evocar el pasado común de las aventuras que amo y criado han pasado juntos.[3] Lo último me parece de particular interés, ya que tiene como consecuencia uno de los efectos más importantes de los diálogos del *Quijote* que consiste en la construcción de un mundo común, como ya ha constatado Alfred Schutz.[4] En este contexto, también cabe mencionar el carácter lúdico del diálogo subrayado por Darío de Jesús Gómez Sánchez que confiere un carácter autónomo e imaginario al mundo compartido que hacen surgir los diálogos.[5]

Con Gómez Sánchez llegamos a los estudios que más se centran en el tema que trataré en lo que sigue: la relación recíproca y la interacción intersubjetiva entre los personajes que se pone en escena a través de sus diálogos. Este proceso intersubjetivo no solo se manifiesta en la evolución de su relación en conjunto, la consabida aproximación de amo y criado que se ha llamado sanchificación del Quijote y quijotización de Sancho,[6] sino en los rasgos característicos que marcan cada uno de los diálogos. A este respecto Gómez Sánchez señala el reconocimiento

---

1 Murillo, 1959, pp. 56–66; Jauralde Pou, 1982, pp. 181–193.
2 Gómez, 1990, pp. 35–44.
3 Martín Morán, 2004, pp. 1255–1266. Respecto a la evocación común del pasado comparar también Rodríguez, 1989, pp. 3–16.
4 Schutz, 1964, pp. 135–185. Comparar, a este respecto, también Rivers, 1983, p. 105–131 (p. 120: El texto de Cervantes «makes the reader aware of ways in which dialogue permits two individuals to develop their social contact by adjusting themselves to each other; social reality for them is what they in fact jointly agree to recognize as valid»).
5 Gómez Sánchez, 2006, pp. 7–20.
6 Ver Madariaga, 1976.

mutuo como base de la interacción dialógica y, a partir de esto, destaca formas de autocrítica como parte de una interacción que toma en cuenta la perspectiva del interlocutor.[7] Un ejemplo frecuente, en el caso de Don Quijote, es el atribuir su fracaso a la intervención de los encantadores para legitimar su postura frente a Sancho Panza. Una contribución particularmente valiosa al análisis de la interacción dialógica es un estudio de Manuel Criado del Val que, aunque se publicó ya en los años cincuenta, no ha encontrado el eco que merece.[8] Criado del Val señala con razón que, en los diálogos cervantinos, «los argumentos lógicos no son los únicos ni los de importancia más decisiva; el juego de afectividad constituye el factor más decisivo y de valoración más difícil».[9] En lo que sigue se refiere tanto a la «intimidad» como a la «cordialidad» de las relaciones entre Don Quijote y Sancho; pero no se limita a estas características de una relación amistosa, sino que también constata que los diálogos entre Don Quijote y Sancho están marcados por una «competencia personal» señalando así un antagonismo que consiste en el hecho de que los hablantes intenten establecer el «predominio personal de uno o de otro interlocutor».[10]

A continuación quiero retomar el tema del carácter competitivo de los diálogos del *Quijote*. Para esto voy a servirme de la observación de Gómez Sánchez de que una de las reglas básicas que rigen la conversación es la de la cooperación. El análisis canónico de estas reglas es, por supuesto, el estudio de Paul Grice «Logic and Conversation»[11], que, por esto, me servirá de punto de partida en lo que sigue. Grice postula en su artículo la existencia de un principio de cooperación sin el cual una conversación no se puede llevar a cabo. Esta afirmación básica se vincula con el presupuesto que la conversación es una forma de comportamiento racional que tiene como objetivo el intercambio efectivo de informaciones. Ahora bien, al intentar la descripción del «juego de afectividad» del que habla Criado del Val y, particularmente, la variante antagónica de este juego, las reglas establecidas por Grice pueden interesarnos, sobre todo, en la medida en la que nos ayudan a descubrir las infracciones a la lógica conversacional. Este enfoque distingue mi trabajo del estudio de Haverkate que también se refiere a Grice, pero intenta sobre todo demostrar de qué manera los interlocutores obedecen a las reglas conversacionales.[12] Mi objetivo es identificar los elementos de los diálogos

---

7 Gómez Sánchez, 2006, p. 6 y ss.
8 Criado del Val, 1955–1966, pp. 183–202.
9 Criado del Val, 1955–1966, p. 184.
10 Criado del Val, 1955–1966, p. 189.
11 Grice, 1975, 41–58.
12 Haverkate, 1994, vol. I, pp. 179–186. Haverkate también enfoca algunas infracciones a las reglas conversacionales atribuyéndolas, sobre todo, a las necesidades de la cortesía.

en los que se manifiestan más bien los motivos afectivos que el deseo de una cooperación fundada en la razón.

Recapitulemos brevemente las reglas estipuladas en «Logic and Conversation».[13] Grice distingue entre reglas de cantidad, de calidad, de relación y de modalidad. La primera regla, la máxima de cantidad, emite la norma de que las contribuciones conversacionales deben contener la información adecuada para el objetivo de la interacción verbal. La regla de la calidad se refiere al hecho de que la información comunicada debería ser, en la medida de lo posible, verdadera («Try to make your contribution one that is true»). La tercera regla se deja resumir, según Grice, por el postulado de que el enunciado debe ser relevante, lo que retoma, obviamente, elementos de la regla de cantidad. Por último, la regla de modalidad («manner») postula dar a las contribuciones un carácter claro, estructurado y unívoco. Ya he señalado que estas reglas corresponden a un ideal de racionalidad, que, como seguramente lo admitiera el mismo Grice, no se alcanza nunca en la realidad. Sin embargo, las razones de la frecuentemente imperfecta índole de los diálogos, respecto a la cooperación racional, no solo se deben a faltas de concentración o al carácter improvisado de nuestras conversaciones. Más bien, como veremos ahora en un ejemplo concreto del *Quijote*, también hay que tener en cuenta los motivos afectivos que amenazan un desarrollo cooperativo del diálogo y que se fundan en una lógica de interacción radicalmente distinta de los presupuestos estipulados por el optimismo antropológico de nuestros lingüistas.

El diálogo que se analizará a continuación – me limitaré a un solo ejemplo – tiene lugar después de la aventura de los yangüeses en el capítulo 15 de la Primera Parte. El motivo de este intercambio entre Don Quijote y Sancho Panza es su desafortunada situación luego del encuentro con los arrieros gallegos que habían defendido sus yeguas de los avances de Rocinante. La intervención de Don Quijote y Sancho a favor de Rocinante culmina con ambos tendidos en el suelo después de haber sido molidos a palos. El primer objetivo del siguiente diálogo es hacerse una idea de la situación y buscar los medios para salir del atolladero. Es Sancho Panza quien comienza a conversar con su amo.

El primero que se resintió fue Sancho Panza; y hallándose junto a su señor, con voz enferma y lastimosa dijo:

–¿Señor Don Quijote? ¡Ah, señor Don Quijote!
–¿Qué quieres, Sancho hermano? –respondió Don Quijote, con el mismo tono afeminado y doliente que Sancho.

---

[13] Grice, 1975, pp. 45–47.

> –Querría, si fuese posible –respondió Sancho Panza–, que vuestra merced me diese dos tragos de aquella bebida del feo Blas, si es que la tiene vuestra merced ahí a mano: quizá será de provecho para los quebrantamientos de huesos, como lo es para las feridas. (I, 15, p. 132)[14]

En primer lugar, esta apertura del diálogo es un ejemplo del carácter cordial de la relación entre amo y criado, fundada en el reconocimiento mutuo. Don Quijote llama a Sancho hermano, lo que es motivado en este caso por el hecho de que ambos se hallan en la misma emergencia y padecen los mismos dolores. Sancho parece dirigirse a Don Quijote pleno de confianza que la bebida milagrosa de Fierabrás provocaría una mejoría y, además, para aproximarse al mundo de su amo, utiliza la forma anacrónica de «feridas». De manera parecida, es un indicio de la voluntad de Don Quijote de cooperar el no hacer caso al error de Sancho al referirse a Fierabrás como «feo Blas». Sin embargo, la pregunta de Sancho también da lugar a dudas respecto a su sinceridad. Sancho no tiene ningún motivo para suponer que Don Quijote se encuentra en posesión del bálsamo. Cuando este se mencionó por primera vez en el capítulo I, 10, Don Quijote anunció poder fabricarlo con facilidad, pero, ya que Sancho y su amo no se han separado en el entretanto, Sancho tendría que haber observado la preparación del brebaje. Vista así la pregunta de Sancho puede interpretarse como una forma de reproche respecto a las promesas ilusorias de su amo. En el contexto de la teoría de Grice significaría una infracción a la regla de calidad que postula que el intercambio ha de basarse en un saber considerado como verdadero.

En su respuesta, Don Quijote tiene que admitir que no dispone de la bebida, pero no deja de hacer nuevas promesas: «Mas yo te juro, Sancho Panza, a fe de caballero andante, que antes que pasen dos días, si la fortuna no ordena otra cosa, la tengo de tener en mi poder, o mal me han de andar las manos» (I, 15, p. 132). La sospecha que, para Sancho, el tema del bálsamo milagroso se vincula con una intención crítica se confirma en la réplica: «Pues ¿en cuántos le parece a vuestra merced que podremos mover los pies?» (I, 15, p. 132). Al cambiar el tema para volver a la situación presente Sancho señala, de manera indirecta, que no considera relevantes las afirmaciones enfáticas de Don Quijote de poder procurar la bebida dentro de poco tiempo. En vez de opinar sobre las esperanzas expresadas por su amo se refiere a la emergencia actual en la que la especulación sobre remedios futuros no es de ninguna ayuda, dando a este juicio un remate irónico al retomar la mención de las manos por Don Quijote en el contexto de una frase hecha – «o mal me han de andar las manos» – por una referencia literal a la dificultad de mover los pies.

---

[14] Cervantes, *Don Quijote de la Mancha*, 2015.

La réplica de Don Quijote muestra que ha comprendido muy bien la maniobra de Sancho para desmentirle, ya que su reacción consiste en reconocer su culpa:

> –De mi sé decir –dijo el molido caballero don Quijote– que no sabré poner término a esos días. Mas yo me tengo la culpa de todo, que no había de poner mano a la espada contra hombres que no fuesen armados caballeros como yo; y así, creo que en pena de haber pasado las leyes de la caballería, ha permitido el dios de la batalla que se me diese este castigo. (I, 15, p. 132)

Sin embargo, Don Quijote no se circunscribe a la autocrítica, que según Gómez Sánchez es un procedimiento muy frecuente en los diálogos del *Quijote*,[15] sino que pasa enseguida al intento de reafirmar su autoridad: reclama la competencia de explicar el suceso desfavorable, valiéndose para esto de sus conocimientos sobre las leyes de la caballería andante. Al dar esta explicación, comete otra vez una infracción a la regla de relevancia, ya que esta observación no constituye una solución para la situación presente, sino que solo puede servir – por lo menos en el mundo imaginario de Don Quijote – para evitar tales desastres en el futuro. Es justamente con vista a este futuro que Don Quijote añade a la explicación autocrítica una advertencia para Sancho Panza:

> Por lo cual, Sancho Panza, conviene que estés advertido en esto que ahora te diré, porque importa mucho a la salud de entrambos; y es que cuando veas que semejante canalla nos hace algún agravio, no aguardes a que yo ponga mano al espada para ellos, porque no lo haré en ninguna manera: sino pon tú mano a tu espada y castígalos muy a tu sabor, que si en su ayuda y defensa acudieron caballeros, yo te sabré defender, y ofendellos con todo mi poder, que ya habrás visto por mil señales y experiencias hasta adónde se estiende el valor de este mi fuerte brazo. (I, 15, p. 132)

Esta advertencia tampoco es relevante según los criterios de Grice, o, de nuevo, solo en el sentido que se refiere al comportamiento futuro del caballero y su escudero en situaciones parecidas. Además, Don Quijote infringe la regla de calidad – el postulado de verdad y sinceridad –, ya que, por una parte, tendría que saber que no es apropiado el papel que le atribuye a Sancho, y, por otra, sobreestima, de manera grotesca, sus propias facultades. No sería suficiente atribuir este desvío de la lógica de la conversación a la locura de Don Quijote. Al basarse en argumentos que solo serían válidos en el mundo imaginario del hidalgo, puede este volver a ganar la posición superior en la contienda verbal. Este motivo se nota muy claramente al comienzo de la cita en la cual Don Quijote subraya la importancia de su advertencia dándole la forma de una orden. Siempre que Don Quijote se refiere al mundo

---

[15] Ver Gómez Sánchez, 2006, p. 6 y ss.

de la caballería se basa no solo en la relación de poder entre amo y criado sino que reclama, además, la posición del profesor y pone a Sancho en la de un alumno.

La respuesta de Sancho muestra que no acepta esta definición de las relaciones de poder, señalando a su amo que sus mandamientos no tienen sentido ya que parten de falsos presupuestos en cuanto al destinatario:

> –Señor, yo soy hombre pacífico, manso, sosegado, y sé disimular cualquiera injuria, porque tengo mujer y hijos que sustentar y criar. Así que séale a vuestra merced también aviso, pues no puede ser mandato, que en ninguna manera pondré mano a la espada, ni contra villano ni contra caballero, y que desde aquí para adelante de Dios perdono cuantos agravios me han hecho y han de hacer, ora me los haya hecho o haga o haya de hacer persona alta o baja, rico o pobre, hidalgo o pechero, sin exceptar estado ni condición alguna. (I, 15, p. 133)

En este caso, la controversia entre Don Quijote y Sancho respecto a su comportamiento frente a enemigos futuros contiene rasgos de una dialogicidad social en el sentido bajtiniano, ya que contrapone distintos discursos ideológicos. Mientras que los consejos de Don Quijote se basan en una ética aristocrática, tanto respecto al código de honor (citado por la palabra «agravio») como a la exclusión de los estamentos bajos de la esfera de las luchas de los nobles, Sancho recurre más bien a un discurso cristiano al subrayar su carácter pacífico y su disposición para el perdón. Pero esto no le impide dar a su respuesta la forma de una agresión irónica que se manifiesta una vez más en los elementos superfluos de su réplica que rebasan la información necesaria para apoyar sus argumentos. Así es innecesaria la observación de que su advertencia no puede ser un mandato, ya que se refiere a las bases inalterables de la relación entre amo y criado que ambos conocen muy bien. Por esto, solo tiene la función de dar una réplica irónica al acto de palabra de Don Quijote presentado como orden («estés advertido en esto») y al mismo tiempo subraya – debajo de la modestia aparente – la osadía de dar advertencias a su amo. Aún más obvia es la infracción a las reglas de cantidad y de relevancia, cuando Sancho hace una enumeración detallada de todos los casos en los que quiere renunciar a la venganza. Esta precisión exagerada significa una afrenta muy clara contra la ideología del honor que adquiere otra vez un tono irónico al imitar la atención a los pormenores que caracteriza las reglas de los duelos. Al comenzar su réplica Don Quijote vuelve por un momento a la situación actual, lo que de nuevo constituye un contraste irónico al carácter abstracto de la discusión: «–Quisiera tener aliento para poder hablar un poco descansado, y que el dolor que tengo en esta costilla se aplacara tanto cuanto, para darte a entender, Panza, en el error en que estás» (I, 15, p. 133). A pesar de sus dolores Don Quijote considera lo que quiere decir a Sancho tan importante que continúa su arenga. Al mismo tiempo reacciona a la osadía de Sancho de contradecirle manifestando abiertamente su enfado: el tratamiento familiar «amigo Sancho» se transforma ahora en el seco «Panza», seguido por el mandamiento bastante rudo: «ven acá, pecador». A continuación, Don Quijote parece aproximarse más al punto de vista de Sancho recordándole su promesa de hacerle gobernador de una ínsula para motivar así el argumento de que su postura pacífica le impediría hacerse señor de ella. «Pues lo vendrás a imposibilitar, por no ser caballero, ni quererlo ser, ni tener valor ni intención de vengar tus injurias y defender tu señorío» (I, 15, p. 133). Sin embargo, al insistir en la necesidad de que Sancho se comporte como un caballero, Don Quijote pasa por alto el principio de la discusión, en el cual fundamentó su advertencia a Sancho de tomar la espada contra enemigos que no sean caballeros. Obviamente la lógica razonable de la conversación se desmonta aquí justamente por el deseo de tener razón. En lo que sigue se deja observar el mismo fenómeno. Para dar más peso a su argumento de la necesidad de una actitud agresiva Don Quijote se refiere a las observaciones de Maquiavelo sobre las dificultades que los príncipes de tierras nuevamente conquistadas tienen que tener en cuenta:

> Porque has de saber que en los reinos y provincias nuevamente conquistados nunca están tan quietos los ánimos de sus naturales ni tan de parte del nuevo señor, que no se tengan temor de que han de hacer alguna novedad para alterar de nuevo las cosas, y volver, como dicen, a probar ventura; y, así, es menester que el nuevo posesor tenga entendimiento para saberse gobernar y valor para ofender y defenderse en cualquiera acontecimiento. (I, 15, p. 133)[16]

Es así como Don Quijote se hace defensor de una razón de estado completamente contraria a la ética tradicional de una nobleza cristiana, ya que, para Maquiavelo, el bien supremo es el poder y no el honor.

Después de estas explicaciones Sancho hace otro intento de volver a la situación presente, señalando ahora abiertamente el carácter inútil de la discusión: «mas yo le juro, a fe de pobre hombre, que más estoy para bizmas que para pláticas. Mire vuestra merced si se puede levantar, y ayudaremos a Rocinante, aunque no lo merece, porque él fue la causa principal de todo este molimiento» (I, 15, pp. 133-134). Sin embargo, la referencia a Rocinante motiva otro desvío del tema principal del coloquio, que da a Sancho la posibilidad de volver al ataque:

> Jamás tal creí de Rocinante, que le tenía por persona casta y tan pacífica como yo. En fin, bien dicen que es menester mucho tiempo para venir a conocer las personas, y que no hay cosa segura

---

16 Comparar el capítulo III del *Príncipe* en el que Maquiavelo trata los riesgos vinculados con la conquista de nuevas tierras. Hace hincapié en «una facultad natural que hay en todos los principados nuevos: y es que los hombres cambian voluntariamente de señor porque esperan mejoras, y esta creencia les hace levantarse en armas contra aquel» (Maquiavelo, *El Príncipe*, p. 33).

> en esta vida. ¿Quién dijera que tras de aquellas tan grandes cuchilladas como vuestra merced dio a aquel desdichado caballero andante había de venir por la posta y en seguimiento suyo esta tan grande tempestad de palos que ha descargado sobre nuestras espaldas? (I, 15, p. 134)

En esta digresión, que de nuevo rompe la regla de relevancia, Sancho se refiere primero al comportamiento inhabitual de Rocinante, sin dejar de subrayar otra vez su propio carácter pacífico, para abordar después el tema filosófico de la inseguridad de las cosas de la vida. Sin embargo, de la sentencia moral vuelve al ejemplo de sus experiencias concretas gracias a un procedimiento que recuerda a la retórica del desengaño de Alemán: cita la batalla exitosa de Don Quijote con el vizcaíno que, como se ha manifestado más arriba, es, para su amo, motivo de un orgullo desmesurado, para contrastarla con el desastre del encuentro con los yangüeses. Vemos así como las consideraciones de Sancho en las que se da la apariencia de un gran moralista sólo tienen el objetivo de humillar a su amo quien no supo repetir la victoria de la aventura anterior.

Frente a esta jugada de Sancho, Don Quijote no ve otro remedio que referirse otra vez a la jerarquía social para afirmar de nuevo su autoridad:

> –Aun las tuyas, Sancho –replicó don Quijote–, deben de estar hechas a semejantes nublados; pero las mías, criadas entre sinabafas y holandas, claro está que sentirán más el dolor desta desgracia. Y si no fuese porque imagino... ¿qué digo imagino?, sé muy cierto, que todas estas incomodidades son muy anejas al ejercicio de las armas, aquí me dejaría morir de puro enojo. (I, 15, p. 134)

Para poner a Sancho en su lugar, Don Quijote, por una parte, da una impresión exagerada de su estatus social, ya que el estilo de vida holgado que evoca no se corresponde con la existencia de un pequeño hidalgo; por otra parte, vuelve a la estrategia de valerse de sus conocimientos sobre el destino de los caballeros andantes para poder tratar a Sancho como a un alumno ignorante.

La pregunta siguiente de Sancho en cuanto a la frecuencia de estos acontecimientos desfavorables – «Señor, ya que estas disgracias son de la cosecha de la caballería, dígame vuestra merced si suceden muy a menudo [...]» (I, 15, p. 134) – da lugar a un largo comentario de Don Quijote en el que enumera muchos ejemplos de los infortunios a los que son sujetos los caballeros andantes para llegar a la conclusión, para él reconfortante: «no pienses que, puesto que quedamos desta pendencia molidos, quedamos afrentados, porque las armas que aquellos hombre traían, con que nos machacaron, no eran otras que sus estacas» (I, 15, p. 135). Sancho, por supuesto, considera como irrelevante esta información: «no me da pena alguna el pensar si fue afrenta o no lo de los estacazos, como me la da el dolor de los golpes», lo que significa que no acepta el intento de Don Quijote de rebajar la gravedad de lo acontecido. Es así como la discusión respecto a la valorización de la situación todavía continúa algún tiempo antes de que amo y criado logren levantarse y proseguir su camino.

Sin embargo, para nosotros el análisis de este ejemplo ya es suficiente para llegar a algunas conclusiones. Nuestro punto de partida era el axioma de Grice en el que las conversaciones se basan en un principio de cooperación que obliga a los interlocutores a dar a sus contribuciones una forma que se corresponda con los objetivos del intercambio verbal. Sobre todo, se trata de comunicar las informaciones necesarias para lograr estos objetivos de una manera clara, ordenada, acertada y sincera. En el pasaje analizado, sin embargo, los personajes no se limitan a estas informaciones, es decir a comentarios respecto a su estado físico y a las posibilidades de continuar su viaje. Más bien, el contenido de su discusión son los intentos de Don Quijote de dar sentido a lo acontecido refiriéndose al contexto de su mundo imaginario y las dudas de Sancho en cuanto a estas explicaciones. Por cierto, también este cambio de enfoque, aunque irrelevante en cuanto a liberarse de la emergencia, puede considerarse como motivado de manera racional. No obstante, lo más importante es lo que sucede detrás de los argumentos aducidos para interpretar los hechos pasados y evitarlos en el futuro. El tema verdadero del debate es el papel de Don Quijote como caballero andante y el papel correspondiente a Sancho. Don Quijote quiere ser reconocido como caballero y reclama de Sancho la confirmación de su auto-imagen, pero este no está dispuesto a cumplir sin objeciones los deseos de su amo respecto a la justificación de su papel en la experiencia pasada: lo confronta con sus dudas presentadas con una dosis considerable de desconfianza irreverente. Es así como el reconocimiento mutuo no es la condición – por lo menos no solo la condición – que hace posible el diálogo, sino uno de sus más importantes objetivos. La conversación que acabamos de leer, en vez de constituir un intercambio efectivo de informaciones, está marcada por una lucha continua por el reconocimiento, caracterizada, además, por una serie de peripecias en las relaciones de poder.

Uno de los autores que prestan una atención particular a la dialéctica de reconocimiento que acompaña los diálogos es seguramente Erving Goffman. De especial interés, en nuestro contexto, son sus estudios sobre los procedimientos de la construcción de la imagen,[17] ya que esta dimensión de la interacción verbal, como hemos visto, representa un papel central en el diálogo analizado. Sin embargo, también Goffman presupone un principio de cooperación que se manifiesta en las estrategias que sirven para proteger tanto la propia imagen como la del otro.[18] La cooperación consiste en facilitar a ambos interlocutores la

---

[17] Goffman, 1972, pp. 5–45.
[18] «This kind of mutual acceptance seems to be a basic structural feature in interaction [...]» (Goffman, 1972, p. 11).

posibilidad de presentar una imagen positiva y de evitar percances que podrían causar una pérdida de esa imagen[19]; y, además, Goffman postula que el mantenimiento de la imagen («maintenance of face») normalmente no es un objetivo, sino la condición de la interacción verbal.[20] Por esto, también en el caso de Goffman es válida la crítica de Mary Louise Pratt dirigida a los representantes de la teoría de los actos de habla incluyendo a Paul Grice. En esta teoría, así reza el argumento de Pratt, se sobrevaloran «personal qualities like rationality, sincerity, self-consistency, of the individuals involved».[21] Lo que hace falta es tener en cuenta las relaciones afectivas, las relaciones de poder y el hecho de que en los diálogos no siempre existen objetivos comunes.[22] Ya hemos visto que estos factores predominan en el diálogo analizado, en el que no solo se mezclan los afectos amistosos con la vanidad y el deseo de dominar la relación, sino que también existe una divergencia en cuanto a los objetivos. Mientras que Don Quijote quiere legitimar lo acontecido, Sancho busca remedios para mejorar la situación actual, lo que no le impide participar, de manera muy hábil, en la lucha por el reconocimiento perseguido por su amo.

Pratt observa, de manera muy acertada, que hay que reconocer, junto a la lógica de conversación basada en la cooperación, la existencia de una lógica de hostilidad.[23] En nuestro caso no iría tan lejos, más bien quisiera hablar de una lógica del amor propio, lo que constituye, al mismo tiempo, una referencia al contexto discursivo de la época. Hasta ahora he eludido la pregunta de en qué medida los diálogos cervantinos pueden relacionarse con el género del diálogo humanista limitándome a señalar que diálogos como los de Erasmo se han considerado como posibles fuentes.[24] De hecho, me parece difícil establecer relaciones directas con este tipo de diálogos, ya que sirven para lograr objetivos didácticos o para poner en escena la pluralidad de discursos que marca la época, aunque tampoco los juegos de la vanidad están excluidos de estos textos. Por ello, me parece más fructífero referirme al hecho de que la tensión entre una cooperación armoniosa e intereses egoístas en la interacción social es un asunto muy

---

[19] Goffman describe así los procedimientos de la cortesía verbal retomados, de manera más detallada, en Brown; Levinson, 1987.
[20] Goffman, 1972, p. 12.
[21] Pratt, 1986, p. 62.
[22] Pratt, 1986, p. 66. Respecto a Goffman hay que constatar, en este contexto, que también trata, aunque brevemente, «The Aggressive Use of Face-Work», 1972, pp. 24–26.
[23] Pratt, 1986, p. 67: «But one would also have to recognize the operation of a logic of hostility which would give rise to different principles of interaction, such as a maxim of quality that says "exaggerate the other person's faults" or a maxim of quantity that says "try to get in the last word"».
[24] Ver Murillo, 1959, pp. 56–66; Jauralde Pou, 1982, pp. 181–193.

presente en el pensamiento renacentista. Para ilustrarlo quiero restringirme a un solo ejemplo, el tratado de Juan Luis Vives con el título «Concordia y discordia en el linaje humano». Vives, en este texto, retoma la tesis aristotélica y tomista de que el hombre está destinado por naturaleza, o sea por la providencia divina, a una vida en sociedad. Entre las facultades humanas que aduce para probar esta tesis tiene un lugar primordial la posibilidad de comunicarse con los demás a través de la mímica, los gestos y, sobre todo, el lenguaje verbal. Vives encarece así la «afición a la sociedad y al trato de la conversación, que se concierta sin la más leve finalidad utilitaria, sin más que por un impulso e inclinación natural».[25] Sin embargo, a esta disposición natural del hombre para la sociedad se opone el egoísmo individual que Vives, según los presupuestos de la teología agustiniana, designa como soberbia, amor de sí mismo o amor propio. Siguiendo a San Agustín, Vives constata que «el amor de sí mismo es el padre de todas las maldades»[26] ocasionando una lucha encarnizada por todas las formas de la distinción social como la riqueza, la nobleza y la fama. De este modo, el amor propio se manifiesta en el deseo de parecer superior a los otros y de ser admirado por ellos: «[...] las semillas de la soberbia persuadieron a cada cual – así lo constata Vives – que sintiera magníficamente de sí».[27] En la terminología moderna, el amor propio lleva a la construcción de una auto-imagen positiva y causa los procedimientos, frecuentemente fraudulentos, de persuadir a los otros a aceptarla, como ya lo intuye Vives: «Hay quien pretende de los otros que no duden ser verdadero lo que ellos ven que es diametralmente falso. [...] Y así es que el ignorante sueña con la nombradía del erudito, y el cobarde con la gloria del valiente, y el avaro con el renombre del generoso».[28] Es obvio que esta descripción se deja aplicar fácilmente a los sueños de Don Quijote. Él también quiere «sentir magníficamente de sí» e intenta obtener el apoyo de Sancho para su auto-imagen de un flamante caballero andante.

Por esto, podemos concluir que el arte cervantino del diálogo no solo radica en la tradición literaria y tampoco en su facultad de observación. Para explicar la vinculación estrecha de la lógica racional de la conversación con una lógica del amor propio que lo caracteriza, también hay que tener en cuenta el interés de la época en las formas de la interacción social y en los riesgos que la acompañan. Los motivos de este interés deben buscarse en la dialéctica, típica para la temprana modernidad, entre el aumento de la densidad de las relaciones sociales y el auge del individualismo. La difusión de la teología agustiniana y del pesimismo

---

25 Vives, *Concordia y discordia*, 1948, p. 86b.
26 Vives, *Concordia y discordia*, 1948, p. 93a.
27 Vives, *Concordia y discordia*, 1948, p. 91a.
28 Vives, *Concordia y discordia*, 1948, p. 91a.

antropológico inherente en ella, para la que Vives es un ejemplo temprano, me parece un síntoma de las preocupaciones causadas por la transformación del imaginario social – «social imaginary» en el sentido de Charles Taylor[29]– y el papel creciente atribuido al individuo y sus necesidades en la construcción de este imaginario. Lo fascinante del personaje de Don Quijote, evidenciado, de manera particularmente impresionante en los diálogos con Sancho Panza, resulta justamente del hecho de que sus anhelos nostálgicos por un mundo pasado se vinculan con asomos de una individualidad moderna, entre los que la preocupación exagerada por la auto-imagen tiene una importancia primordial.

Bibliografía

Brown, Penelope y Levinson, Stephen C, *Politeness. Some Universals in Language Usage*, Cambridge, Cambridge University Press, 1987.

Cervantes, Miguel de, *Don Quijote de la Mancha*, Edición Conmemorativa IV Centenario Cervantes de la Real Academia Española, Prólogo a la Segunda Edición del IV Centenario de Darío Villanueva, edición y notas de Francisco Rico, Reimpresión corregida y aumentada, Barcelona, 2015.

Criado del Val, Manuel, «*Don Quijote* como diálogo», *Anales Cervantinos*, 5, 1955–1966, pp. 183–202.

Goffman, Erving, «On Face-Work. An Analysis of Ritual Elements in Interaction», en Erving Goffman (ed.), *Interaction Ritual. Essays on Face-to-Face Behavior*, London, Penguin Press, 1972, pp. 5–45.

Gómez, Jesús, «Don Quijote y el diálogo», *Anales Cervantinos*, 28, 1990, pp. 35–44.

Gómez Sánchez, Darío de Jesús, «El diálogo en *El Quijote* como juego y espacio de amistad», *Grafía. Revista de la Facultad de Ciencias Humanas de la Universidad Autónoma de Colombia*, 4, 2006, pp. 7–20.

Grice, Paul, «Logic and Conversation», en Peter Cole y Jerry L. Morgan (eds.), *Syntax and Semantics*, vol. 3, *Speech Acts*, New York, Academic Press, 1975, pp. 41–58.

Haverkate, Henk, «Las máximas de Grice y los diálogos del Quijote», en Juan Villegas (ed.), *Actas del XI Congreso de la Asociación Internacional de Hispanistas*, vol. 1, Asociación Internacional de Hispanistas, University of California, 1994, pp. 179–186.

Jauralde Pou, Pablo, «Los diálogos del Quijote. Raíces e interpretación histórica», en Alberto Sánchez Sánchez, Juan Haro Sabater y Otilia López Fanego (eds.), *Instituto de bachillerato Cervantes. Miscelánea en su cincuentenario 1931–1981*, Madrid, Centro de Publicaciones. Ministerio de Educación y Ciencia, 1982, pp. 181–193.

Madariaga, Salvador de, *Guía del lector del Quijote*, Madrid, Espasa-Calpe, 1976.

Maquiavelo, Nicolás, *El Príncipe*, traducción y prólogo de Emilio Blanco, Barcelona, Editorial Planeta, 2013.

---

[29] Ver Taylor, 2007, pp. 159–211.

Martín Morán, José Manuel, «Función del diálogo en el *Quijote* (1), Tres distancias deícticas», en María Luisa Lobato y Francisco Domínguez Matito (eds.), *Memoria de la palabra. Actas del VI Congreso de la Asociación Internacional Siglo de Oro*, Madrid/Frankfurt am Main, Iberoamericana/ Vervuert, 2004, pp. 1255–1266.

Murillo, Luis A., «Diálogo y dialéctica en el siglo XVI español», *Revista de la Universidad de Buenos Aires*, 5, 1959, pp. 56–66.

Pratt, Mary Louise, «Ideology and Speech-Act-Theory», *Poetics Today*, 7, 1986, pp. 59–72, p. 62.

Rivers, Elias R., «Cervantine Dialectic», en Elias S. Rivers (ed.), *Quixotic Scriptures. Essays on the Textuality of Hispanic Literature*, Bloomington, Indiana University Press, 1983, pp. 105–131.

Rodríguez, Alberto, «El "diálogo de recuerdos" y la anácrisis en el Quijote», *Cervantes: Bulletin of the Cervantes Society of America*, 9:1, 1989, pp. 3–16.

Schutz, Alfred, «*Don Quixote* and the Problem of Reality», en Alfred Schutz (ed.), *Collected Papers II. Studies in Social Theory*, Den Haag, Martinus Nijhoff, 1964, pp. 135–185.

Taylor, Charles, *Modern Social Imaginaries*, Durham, Duke University Press, 2004.

Taylor, Charles, *A Secular Age*, Cambridge (Mass.), Harvard University Press, 2007.

Vives, Juan Luis, «Concordia y discordia en el linaje humano», en Lorenzo Riber (ed.), *Obras completas*, vol. 2, Madrid, Aguilar, 1948, pp. 75–253.

José Montero Reguera
La retórica del concepto en la poesía de Cervantes

Vista desde nuestra perspectiva actual, la lectura de la poesía de Cervantes sigue ofreciendo juicios discordantes.[1] Si – por referirme a dos ejemplos recientes – para Rafael Reig el endecasílabo que dedica Cervantes a Lope de Vega en 1602, «la santa multitud de sus amores», es un verso «feliz»[2]; en cambio, para Jordi Gracia, muy otra es la valoración de las coplas reales que dedica nuestro escritor en 1586 a Gabriel López Maldonado con quien tiene una complicidad «vieja, a pesar del horrendo juego de palabras sobre lo "bien donado que sale al mundo" este Maldonado con tantas ciencias y discreción que "me afirmo en la razón/de decir que es bien donado"».[3]

Horrendo sí, desde nuestra perspectiva de hoy; pero otra cosa muy distinta desde el tiempo en que se escribió el poema. Cervantes no hacía sino aquello que era lo habitual y común en su tiempo: desarrollar en el poema un concepto.

No es fácil precisar la significación exacta de la palabra; más allá de la tantas veces citada, pero no menos compleja, formulación de Gracián («[...] un acto del entendimiento que exprime la correspondencia que se halla entre los objetos»),[4] tiene razón Emilio Blanco cuando resalta que tenía un valor concreto para los escritores de la época y que venía a significar algo así como «todo tipo de hallazgos en la escritura o en la artes, de forma que los escritores, y especialmente los poetas, componían sus piezas con vistas a un concepto final en donde confluyen todos los hilos que han ido tejiendo previamente en el poema».[5] Este modo de proceder era común en los poetas del Siglo de Oro, quienes tejen en sus poemas

---

[1] Solo la generosidad y sabiduría de dos buenos amigos, Juan Matas Caballero y Fernando Romo, han permitido que estas líneas vean la luz. Mi más cordial agradecimiento a ambos.

[2] Reig, 2016, p. 322. El endecasílabo pertenece al soneto (v. 10) que Cervantes escribe con destino en la *Tercera parte de las Rimas* de Lope de Vega Carpio, donde se incluye *La Dragontea*, e integra, con otras rimas, el tomo que lleva por título *La Hermosura de Angélica*, Madrid, [1602], f. 348v. El soneto puede leerse ahora en Cervantes, *Viaje del Parnaso y poesías sueltas*, p. 225.

[3] Gracia, 2016, p. 130. El poema se encontrará en la edición citada más arriba, pp. 193–194. Nótese que el mismo juego lo utiliza Góngora en el verso final de un soneto de 1615, «Un culto Risco en venas hoy suaves»; ver un poco más adelante la nota 20.

[4] Cita procedente de la segunda redacción de *Arte de ingenio, Tratado de la agudeza*, 1648, discurso II, p. 7; pero en la primera edición (1642), no aparece. Esta inserción la ha explicado Emilio Blanco en razón de la búsqueda por parte del jesuita aragonés de una mayor claridad, no siempre conseguida. Ver Gracián, *Arte de ingenio, Tratado de la agudeza*, 1642, p. 42.

[5] Gracián, *Arte de ingenio, Tratado de la agudeza*, 1642, p. 41.

una red de conexiones que hacen entrar en relación unos objetos con otros: «En esta capacidad del escritor para crear relaciones y establecer correspondencias, para engendrar conceptos, consiste la verdadera agudeza codificada por Gracián».[6]

Los poetas escribían desarrollando conceptos; era su actividad primordial: «como la de cualquier otro artista, consiste en elaborar conceptos, dotados de la máxima sutileza, novedad y profundidad»[7]; así lo recuerda Lope en el soneto inaugural de sus *Rimas*, publicadas en 1602: «Versos de amor, concetos esparcidos/engendrados del alma en mis cuidados». Dentro de la más característica terminología neoplatónica, los versos amorosos nacen en el alma del escritor como consecuencia de sus inquietudes y preocupaciones («cuidados») y se expresan en «concetos» que se esparcen – Petrarca al fondo – a lo largo del libro; la experiencia personal que le inspira se concreta, pues, por medio de un buen número de conceptos que se irán diseminando a lo largo de los poemas.[8]

Cervantes no trabaja de manera distinta; así lo expresa literalmente en la epístola a Antonio Veneziano (1579): «En los conceptos que la pluma vuestra/de la alma en el papel ha trasladado».[9] Y lo hace en su poesía desde bien temprano, como en uno de sus primeros poemas, aquella redondilla castellana que dedica en 1569 a la tercera esposa de Felipe II, Isabel de Valois, con motivo de su fallecimiento: en este caso se desarrolla el concepto de la flor que ha sido arrancada de su raíz para ser trasplantada a otro sitio:

[...] con un repentino vuelo
la mejor flor de la tierra
fue trasplantada en el cielo
y, al cortarla de su rama,
el mortífero accidente [...] (vv. 3–7).[10]

---

[6] Son palabras de Lázaro Carreter, 1974, p. 16.
[7] Son palabras de Blanco, s. a., pp. 319–346, la cita en p. 321. Y desde una perspectiva más general es de obligada consulta su monografía: Blanco, 1992, especialmente las pp. 245–314. No menos fundamentales son algunos de los libros publicados por Aurora Egido, sobre estas cuestiones ver Egido, 1990; 1996; 2000 y 2014, entre otros.
[8] Lope de Vega, *Rimas*, 1993, pp. 184–185.
[9] Cervantes, *Viaje del Parnaso y poesías sueltas*, 2016, p. 175. No muy distintos son los términos que emplea en los vv. 25–29 de las coplas reales dedicadas a Gabriel López Maldonado en 1586: «[...] en agradables concetos, / profundos, altos, discretos, / con verdad llana y distinta, / aquí el sabio autor nos pinta / del ciego dios los efetos» (Cervantes, *Viaje del Parnaso y poesías sueltas*, 2016, p. 194).
[10] Cervantes, *Viaje del Parnaso y poesías sueltas*, 2016, p. 151.

Este concepto implica una cadena metafórica (flor/Isabel de Valois; «cortarla de su rama»/muerte; «trasplantada»/subida al cielo) y la diseminación de una serie de palabras que remiten al mismo campo semántico que desarrolla el concepto: «flor», «trasplantada», «cortarla», «rama». Se crea, por tanto, una red de conexiones y correspondencias entre los objetos del poema (en este caso, la reina Isabel de Valois y una flor).

Muchos son los procedimientos y recursos para elaborar conceptos y conseguir, por tanto, la agudeza en un poema; entre ellos los que tienen que ver con los nombres propios, a partir de su semejanza, por alusión, por metáfora, por apodos, etc. La *Agudeza y arte de ingenio* de Gracián en sus sucesivas redacciones dedica capítulos enteros a estos procedimientos. En la edición de 1642 se encuentran discursos que se ocupan *De los conceptos por semejanza* (pp. 180-183), *De los conceptos por metáfora* (pp. 385-388); estos discursos se reproducirán con notables modificaciones en las ediciones de 1648 y 1649 donde se incluyen más ejemplos y se busca en general una mayor claridad en las definiciones. Es muy interesante a mi propósito de hoy el discurso XXXI de *Agudeza y arte de ingenio* (ed. de 1648),[11] «De la agudeza nominal», que tiene en su base el discurso XXIV de la edición de 1642 titulado «De los conceptos que se sacan del Nombre». En ambos se trata de los conceptos que se pueden crear y desarrollar a partir de los nombres propios y de su significación, pues el «nombre ocasiona los reparos y ponderaciones misteriosas [...] Es como hidra bocal una dicción; pues a más de su propia y directa significación, si la cortan o la trastruecan, de cada sílaba renace una sutileza ingeniosa, y de cada acento un concepto».[12] Tras muchos ejemplos se cierra el discurso con un soneto de Góngora que sirve para mostrar cómo los conceptos se crean no solo del «nombre del sujeto principal, sino también en el de su nacimiento o muerte». Se trata del soneto dedicado a la duquesa de Lerma en 1603, cuyo terceto inicial dice así: «Lilio, siempre real nascí en Medina/del Cielo, con razón, pues nací en ella/ceñí de un Duque excelso, aunque flor bella,/ de rayos más que flores frente dina».[13] Procedimiento similar realiza en otros

---

[11] Sigo la siguiente edición: Gracián, *Agudeza y arte de ingenio*, 2004, ver el discurso en el vol. 2, pp. 359-371 y, complementariamente, el aparato crítico, vol. 2, p. 671.

[12] Gracián, *Agudeza y arte de ingenio*, 2004, p. 360. Cfr. Egido, 1987, pp. 79-113.

[13] Gracián, *Arte y agudeza de ingenio*, 2004, vol. 2, pp. 570-571. El soneto de Góngora se encontrará reproducido y anotado en: Góngora, *Sonetos completos*, 1992, pp. 209-210. La duquesa de Lerma había nacido en Medinaceli (Soria); de ahí el juego entre los dos primeros versos: «[...] Medina / del Cielo». Sobre Góngora como creador de conceptos (*et non solum*) es magnífica la monografía de Blanco, 2012a, especialmente la sección titulada «*Águila en los conceptos*. Tejer y destejer el orden de los símbolos», pp. 65-292.

poemas, como el que al año siguiente dedica a los condes de Lemos cuando atraviesan el puerto de Guadarrama:

> Montaña inaccesible, opuesta en vano
> al atrevido paso de la gente
> (o nubes humedezcan tu alta frente,
> o nieblas ciñan tu cabello cano),
>   Caístro el mayoral, en cuya mano
> en vez de bastón vemos el tridente,
> con su hermosa Silvia, Sol luciente
> de rayos negros, serafín humano,
>   tu cerviz pisa dura; y la pastora
> yugo te pone de cristal, calzada
> coturnos de oro el pie, armiños vestida.
>   Huirá la nieve de la nieve ahora,
> o ya de los dos soles desatada,
> o ya de los dos blancos pies vencida.[14]

El apellido del conde (Pedro Fernández de Castro) se asocia a un nombre de origen mitológico, Caístro,[15] frecuente en la literatura pastoril, lo que da pie a la incorporación de elementos tanto del primer ámbito («tridente», que se puede asimilar al de Neptuno y, alusivamente, al virreinato de Nápoles; sin descartar otras posibilidades certeramente registradas por Juan Matas Caballero),[16] como del segundo, con léxico *ad hoc*: «mayoral», «bastón», «Silvia», «pastora», «yugo», «coturnos», «armiños».

No es difícil encontrar otros ejemplos, bien ingeniosos en ocasiones. Diez años antes escribe un soneto a un caballero portugués, don Cristóbal de Moura, quien, entre otros muchos cargos, fue embajador de Felipe II en Portugal (1579-1580) y, más tarde, virrey de Portugal (1600-1603 y 1608-1613). He aquí el soneto:

>   Árbol de cuyos ramos fortunados
> las nobles moras son quinas reales,
> teñidas en la sangre de leales
> capitanes, no amantes desdichados:
>   en los campos del Tajo más dorados
> y que más privilegian sus cristales,
> a par de las sublimes palmas sales,

---

14 Góngora, *Sonetos completos*, 1992, p. 63.
15 Caístro es el «dios del río homónimo de Lidia. Se dice que es hijo de Aquiles y de la amazona Pentesilea. Tuvo un hijo, Éfeso, que fundó la ciudad de este nombre. También es padre de Semíramis, nacida de sus amores con Derceto» (Grimal, 1981, p. 80b).
16 Debo agradecer al profesor Matas Caballero la consulta de su edición y anotación del poema, que verán pronto la luz dentro de una edición completa de los sonetos de Góngora.

    y más que los laureles levantados.
      Gusano, de tus hojas me alimentes,
   pajarillo, sosténganme tus ramas,
   y ampáreme tu sombra peregrino;
      hilaré tu memoria entre las gentes,
   cantaré enmudeciendo ajenas famas,
   y votaré a tu templo mi camino.

El apellido del caballero se asocia a la morera; su fruto se identifica con las armas de la familia de aquel, como también con las de Portugal («quinas reales»); unas y otras deben su color no a amantes desdichados – Píramo y Tisbe cuya sangre tiñó de encarnado el fruto de la morera – [17] sino a la sangre derramada por valientes soldados, entre ellos varios familiares de don Cristóbal.[18] Iniciada esta relación (apellido, fruto, excelencias de la familia Moura), se va tejiendo una red de alusiones a partir de varios elementos que se van sucediendo: el agua del Tajo («cristales») hace crecer el árbol («privilegian») y permite que sobresalga de entre los más altos, en posible alusión a la riqueza y rancio abolengo de la familia Moura-Tavora («sublimes palmas», «laureles levantados»). En los tercetos se invoca a tres elementos asociados al árbol que se enumeran en cuidada correlación: el gusano que se alimenta de sus hojas, el pajarillo que aprovecha sus ramas para sostenerse y la sombra que ampara al peregrino. La referencia al primero le sirve para comenzar el último terceto («hilaré»), el segundo sirve para construir el verso decimotercero («cantaré») y el tercero para cerrar el poema. Baltasar Gracián lo incorporó en el discurso IV de *Agudeza y arte de ingenio* como ejemplo de agudeza compuesta, así sintetizada por el jesuita: «Va combinando sus empleos con el moral de su patrocinio, cantando ave o cisne a sus ramas;

---

17 El relato de este episodio mitológico que se incluye en Ovidio, *Metamorfosis* (IV, 95–125, pp. 318–319) refiere que ambos amantes se «dieron cita junto al sepulcro de Nino, en las afueras de la ciudad; allí había una morera, que crecía cerca de una fuente. Tisbe fue la primera en llegar al lugar, y he aquí que se presentó una leona que iba a beber a la fuente. La joven huyó, pero se le cayó el velo. La leona se arrojó sobre la tela y, con la boca ensangrentada aún de lo que había comido, la desgarró, alejándose luego. Llega entonces Píramo y, al ver el velo, imagina que la fiera ha devorado a Tisbe; sin pararse a reflexionar se atraviesa con su espada. Cuando Tisbe vuelve, lo encuentra muerto y, arrancando la espada del cuerpo de su amigo, se mata a su vez. El fruto de la morera, que hasta entonces era blanco, se volvió encarnado; tanta fue la sangre vertida» (Grimal, 1981, pp. 430b y 431a). El propio Góngora recuerda este episodio de la fábula ovidiana en su propia versión del mito: «[...] El blanco moral, de cuanto / humor se bebió purpúreo, / sabrosos granates fueron / o testimonio o tributo» (vv. 481–484). Ver el poema en Góngora, *Antología poética*, 2009, p. 573.
18 Ver la precisa anotación de Antonio Carreira en Góngora, *Antología poética*, 2009, p. 189.

hilando como gusano de seda – que él, dijo, hiló su cárcel – alimentase de lo moral; y concluye, peregrino en sus soledades, votándole su camino».[19]

Y a 1612 corresponde el soneto que dedica a Pedro Soto de Rojas, donde juega habilidosamente con el sentido sus dos apellidos:

> Poco después que su cristal dilata,
> orla el Dauro los márgenes de un Soto,
> cuyas plantas Genil besa devoto,
> Genil, que de las nieves se desata.
> Sus corrientes por él cada cual trata
> las escuche el antípoda remoto,
> y el culto seno de sus minas roto
> oro al Dauro le preste, al Genil plata.
> Él, pues, de rojas flores coronado,
> nobles en nuestra España por ser Rojas,
> como bellas al mundo por ser flores,
> con rayos dulces mil de sol templado,
> al mirto peina y al laurel, las hojas,
> monte de musas ya, jardín de amores.

El primero de los apellidos se asocia al soto del Darro («orla el Dauro»), afluente a su vez del Genil; de aquí las palabras que remiten al mismo campo semántico: «cristal» ('agua'), «márgenes», «nieves se desata», «corrientes», etc. Y el segundo a las flores de color rojo con las que se corona el poeta con dilogía en torno a este sustantivo.[20] En torno a ambos apellidos se teje una red de relaciones y correspondencias en las que se basa la agudeza del soneto.

Añado un soneto más, el que escribe Góngora en 1615 al obispo de Córdoba, fray Diego Mardones, por la dedicatoria que le hace de un libro de música el maestro Risco:

> Un culto Risco en venas hoy suaves
> concentüosamente se desata,
> cuyo néctar, no ya líquida plata,
> hace canoras aun las piedras graves.

En este caso, según anota Ciplijauskaité basándose en el comentarista Salcedo Coronel, el poeta cordobés juega con la dilogía en torno al apellido del compositor, «Risco», que es «peña inculta de que suele nacer algún arroyo» y la contrasta

---

19 Ver de nuevo la anotación de Antonio Carreira, quien recuerda el elogio de Gracián, que se encontrará en el discurso IV de *Agudeza y arte de ingenio*, vol. 1, 2004, pp. 41–42. Complementariamente, ver Blanco, s.a., pp. 335–336.
20 El soneto se encontrará con ajustada anotación en Góngora, *Antología poética*, 2009, p. 369.

finalmente con la que surge del obispo Mardones: «Si armonïoso leño silva mucha/atraer pudo, vocal Risco atraya/un Mar, dones hoy todo a sus arenas», vv. 12-14. La red de relaciones que se teje en el soneto es muy tupida a partir de los apellidos de los protagonistas, del mundo pastoril que sugieren y se desarrolla, y su utilización para destacar el carácter piadoso, caritativo y suave del eclesiástico.[21]

A Baltasar del Alcázar corresponde un soneto dedicado a su hermano Melchor en el que juega también con la dilogía en torno al apellido:

> Divino y alto Alcázar eminente,
> de hermosa barbacana circuido,
> donde Apolo y las nueve tienen nido,
> olvidadas de Pindo y de su fuente,
> pues que gozáis de clima tan clemente,
> que entre la nieve y yelo empedernido
> tenéis vuestro jardín verde y florido,
> que apoca la fragancia del Oriente,
> benigno, grato, franco y favorable,
> permitidle a mi musa algunas flores,
> por reparo y restauro de su inopia;
> que si alcanza este bien incomparable,
> remontará, ¡sus, pluma!, sin temores,
> recibiendo valor de vuestra copia.[22]

Se asocia el apellido con la edificación de igual nombre; ambos «alcázar» se modifican con dos adjetivos encomiásticos («Divino», «eminente») y uno calificativo («alto») que irían destinados a describir al hermano. Planteada esta dilogía, se desarrolla en el verso siguiente asociando una parte de la fortificación (la «barbacana») a un rasgo distintivo de la cara del hermano: la barba encanecida, como así queda reflejada en el retrato que le hizo Francisco Pacheco.[23] La barbacana rodea («circuido») la fortificación a manera de muralla baja que defiende el foso, de la misma manera que la barba blanca cubre la faz del hermano; tanto un alcázar ('construcción') como el otro (Melchor) acogen a Apolo y a las nueve musas («tienen nido», v. 3), quienes han preferido estar con Melchor del Alcázar y no en su lugar natural, el monte Pindo y la fuente Castalia (v. 4).

Juego dialógico y conceptual semejante se hallará en las redondillas dedicadas por Baltasar a Melchor con motivo del retrato que de este ejecutó Francisco Pacheco:

---

21 Góngora, *Sonetos completos*, 1992, p. 93.
22 Alcázar, *Obra poética*, 2001, pp. 179-180.
23 Según la documentación que ofrece Valentín Núñez, en Alcázar, *Obra poética*, 2001, p. 180.

> Este Alcazar soberano,
> donde estableció su asiento
> el más alto entendimiento
> que cupo en sujeto humano,
> es el que por justa ley
> Fama puso en su registro,
> como a famoso ministro
> de su patria y de su rey [...].²⁴

Juan de Jáuregui escribe una décima en fecha incierta (pero posterior a 1614 y anterior a 1621) en la que juega con la asociación entre el título nobiliario (marqués de Celada) y la pieza de la armadura de igual nombre:

> *Al marqués de Celada, que corriendo un caballo muy brioso se le cayó el sombrero.*
>
> No fue tu acción desairada,
> pues para andar y correr
> sombrero no ha menester
> el que llevare Celada.
> No vale el concepto nada,
> otro mejor buscar quiero:
> corriste en fin tan ligero
> desde el partir al parar,
> que no te pudo alcanzar
> aun con alas el sombrero.²⁵

El concepto es bien sencillo pues se basa en la dilogía entre el nombre del noble y la pieza de la armadura que sirve para cubrir y defender la cabeza; y muy interesante es también la referencia metapoética que lleva a Jáuregui a describir el propio procedimiento poético: el uso de un concepto («Celada» [nombre del noble]/celada [parte de la armadura]) que no vale nada (v. 5) y lo sustituye por otro («Otro mejor buscar quiero», v. 6), relacionado con el anterior, pues acude a otra prenda destinada también para la cabeza: el sombrero se le cae, pero, aun teniendo alas, no fue capaz de alcanzar al caballero de tan ligero ('rápido') como este corrió (v. 7).²⁶

---

24 Alcázar, *Obra poética*, 2001, p. 350.
25 Jáuregui, *Poesía*, 1993, p. 602. Como anota Juan Matas, «El título de Marqués de Celada fue otorgado en 1614 por Felipe III a Alonso Fernández de Córdoba, Duque de Feria». El soneto debe de ser anterior al 23 de diciembre de 1621, fecha en que murió el noble.
26 Como anota el *Diccionario de Autoridades*, el sombrero es un «adorno, que se pone en la cabeza, para traherla cubierta. Hacese regularmente de lana, aunque los más finos son de pelo de camello, ù de castór, y muchas veces se mezcla la lana con pelo de conejo, y salen entre finos. *Tiene un ala redonda, que sale de lo inferior de la copa*. Sirve de abrigo, adorno, y gala», cursiva mía. Consultado en línea en la web de la Real Academia Española.

No sería difícil extender la nómina de poemas auriseculares que construyen sus conceptos a partir del apellido del dedicatario, pero con los aquí reunidos es suficiente para entender el juego de palabras en torno a la destinataria del cancionero de Antonio Veneziano a quien dedica Cervantes una conocida epístola en 1579 («Celia [...] cielo»), o el que sirve para construir las primeras estrofas del poema dedicado en 1586 a Gabriel López Maldonado, donde, por cierto, como ya indiqué, se acude al mismo juego con el que Góngora remata el soneto dedicado al obispo Mardones.[27]

Y ayudan a entender también dos sonetos en los que la dilogía en torno al apellido de las personas a quienes se dirigen constituye la espina dorsal de ambos.

A partir de la asociación del apellido de Lope de Vega con una «apacible y siempre verde Vega» (v. 2), Cervantes la describe con pormenor en el soneto que le dedica en 1602: Apolo la favorece, Júpiter ayuda a cultivarla, Mercurio se «sosiega» en ella, las «Musas» han hecho en ella su «Parnaso» y Venus «[...] en ella aumenta y cría/la santa multitud de los amores» (vv. 10–11). Se sintetizan los frutos de aquella en el último endecasílabo, un verso plurimembre en donde se alude a las obras de Lope de Vega más recientes: *La Arcadia* (1598), *La Dragontea* (1598) el *Isidro* (1599) y *La hermosura de Angélica* (1602): «[...] nuevos frutos ofrece cada día/de ángeles, de armas, santos y pastores».[28] Paralelamente, pues, se van describiendo dos vegas (una literaria y otra física) cuyos elementos se van entrelazando para realzar la fertilidad creadora de Lope de Vega.

No sin un punto posible de ironía, el soneto que dedica en 1613 a Diego Rosel y Fuenllana es otra buena muestra de este tipo de agudeza conceptual:

> Jamás en el jardín de Falerina
> ni en la Parnasa, excesible cuesta,
> se vio Rosel ni rosa cual es esta,
> por quien gimió la maga Dragontina.
>
> Atrás deja la flor que se reclina
> en la del Tronto archiducal floresta,
> dejando olor por vía manifiesta,
> que a la región del cielo la avecina.
>
> Crece, ¡oh muy felice planta!, crece,
> y ocupen tus pimpollos todo el orbe,
> retumbando, crujiendo y espantando.
>
> El Betis calle, pues el Po enmudece,
> y la muerte, que a todo humano sorbe,
> sola esta rosa vaya eternizando.

---

[27] Los dos poemas se encontrarán en la edición ya citada de Cervantes, *Viaje del Parnaso y poesías sueltas*, 2016, pp. 174–178 y pp. 193–194 respectivamente.
[28] Cervantes, *Viaje del Parnaso y poesías sueltas*, 2016, p. 225.

Cervantes juega en esta ocasión con el apellido del autor, de manera que el libro es una rosa del rosal de Rosel y Fuenllana, que supera con mucho las que se pueden encontrar en otros sitios famosos como el jardín de Falerina – lugar y personaje del *Orlando Innamorato* – o el monte Parnaso («excesible cuesta»); y motivo de suspiros para la maga Dragontina, otro personaje del texto de Boiardo. El juego en torno al apellido se extiende al segundo cuarteto, indicando que la rosa que ha criado Rosel supera a cualquier otra flor que haya podido crecer en las riberas del Tronto (río italiano), con símil que se retomará en el verso 12 («el Betis calle, pues el Po enmudece»). Las comparaciones dan paso a frases desiderativas y enfáticas («Crece, ¡oh muy felice planta!, crece», v. 8), que orientan el final del soneto por el camino de la fama que se desea obtener con cualquier libro impreso. Su elogio aparente deja de tener cierto punto de ironía y burla no solo por el juego en torno al apellido del autor, sino también por el contenido de algunos versos como estos: «y ocupen tus pimpollos todo el orbe,/retumbando, crujiendo, espantando» (vv. 9–10). No es propio de unos pimpollos (los brotes del rosal/Rosel) que retumben, crujan y espanten: la trimembración proporciona un ritmo muy marcado y sonoridad al endecasílabo por la acumulación aliterativa de consonantes nasales, dentales y líquidas, y vocales *a* y *o*, al tiempo que son gerundios propios, sí, para mostrar los efectos de una pieza de artillería – como se corresponde con alguien que es soldado, y un libro que incluye también «términos [...] de práctica militar» –, pero no con los brotes nuevos de un rosal. Este punto de burla e ironía también lo incorpora Quevedo en el soneto que escribe para el mismo propósito de Cervantes («Coronado de lauro, yedra y box»), donde no solo juega con una rima aguda, difícil y cacofónica (box, carcax, ax, ox, latrox...), sino que acaba el poema con una palabra que remite a un conocido juego de naipes: «pues hizo en todas artes un gran flux».[29]

Moras, vegas, sotos, rosales, alcázares, celadas, cielos, mares, riscos, dones... He aquí un pequeño registro de sustantivos comunes que se asocian a apellidos de muy diversos protagonistas de poemas a ellos dirigidos en los que, por medio de dilogías, derivaciones y otras «colores retóricas»,[30] se consigue la agudeza conceptual que persiguen los poetas auriseculares; también Cervantes, cuya poesía responde igualmente a esos presupuestos y modos de concebir y estructurar la materia poética.

Sigo persuadido de que para comprender a Cervantes como poeta hay que hacerlo desde los patrones y contextos con los que escribió sus poemas; llevarlo

---

[29] Reproduzco aquí argumentos y análisis que empleé en Cervantes, *Viaje del Parnaso y poesías sueltas*, 2016, pp. 228–229.
[30] Cervantes, *Novelas ejemplares*, 2015, p. 576 («El casamiento engañoso»).

a cabo solo con nuestros ojos de lectores del siglo XXI o como si aquellos, a la zaga todavía del juicio de Menéndez Pelayo,[31] fueran una sombra apenas perceptible del *Quijote* solo conduce a una minusvaloración de facetas verdaderamente importantes para Cervantes, un escritor que vive más allá de su novela más universal.[32]

Bibliografía

Alcázar, Baltasar del, *Obra poética*, ed. Valentín Núñez Rivera, Madrid, Cátedra, 2001.
Blanco, Mercedes, *Les Rhétoriques de la Pointe. Baltasar Gracián et le Conceptisme en Europe*, Paris, Librarie Honoré Champion, 1992.
Blanco, Mercedes, *Góngora o la invención de una lengua*, León, Universidad de León, 2012a.
Blanco, Mercedes, «Góngora y el concepto», en Joaquín Roses Lozano (ed.), *Góngora hoy. I-II-III*, Córdoba, Diputación de Córdoba, s. a., pp. 319-346. Recogido y ampliado en *Góngora o la invención de una lengua*, León, Universidad de León, 2012b, caps. I, II, III y VI.
Cervantes, Miguel de, *Novelas ejemplares*, ed. José Montero Reguera, Barcelona, Penguin Clásicos, 2015.
Cervantes, Miguel de, *Poesía*, ed. e intr. Alberto Blecua y not. Antonio Pérez Lasheras, Miguel de Zaragoza, Olifante, 2005.
Cervantes, Miguel de, *Viaje del Parnaso y poesías sueltas*, ed. José Montero Reguera y Fernando Romo Feito con la colaboración de Macarena Cuiñas Gómez, Madrid, Real Academia Española, 2016.
Egido, Aurora, «La *Hidra bocal*. Sobre la palabra poética en el Barroco», *Edad de Oro*, 6, 1987, pp. 79-113; recogido en *Fronteras de la poesía en el Barroco*, pp. 9-55.
Egido, Aurora, *Fronteras de la poesía en el Barroco*, Barcelona, Crítica, 1990.
Egido, Aurora, *La rosa del silencio: estudios sobre Gracián*, Madrid, Alianza Editorial, 1996.
Egido, Aurora, *Las caras de la prudencia y Baltasar Gracián*, Madrid, Castalia, 2000.
Egido, Aurora, *Bodas de arte e ingenio*, Barcelona, Acantilado, 2014.
Góngora, Luis de, *Antología poética*, ed. Antonio Carreira, Barcelona, Crítica, 2009.
Góngora, Luis de, *Sonetos completos*, ed. Biruté Ciplijauskaité, Madrid, Castalia, 1992.

---

31 «La posteridad, justa e imparcial, debe asignar a Cervantes un puesto entre los buenos poetas líricos y dramáticos de su siglo. Es verdad que sus versos son muy inferiores a su prosa, y ¿cómo han de serlo, si su prosa es incomparable? [...] Tales son las obras poéticas de Cervantes, muy inferiores, sí, a sus obras en prosa, especialmente a su inmortal e incomparable *Don Quijote*, pero de no despreciable mérito literario, si se las mira en sí mismas, sin cotejos ni comparaciones, y muy dignas de lectura y de estudio» ([1873], en Menéndez Pelayo, 1951, pp. 257-268; la cita en pp. 259 y 268). Nótese como el juicio implícitamente negativo («muy inferiores [...] a [...] *Don Quijote*»), abre también el camino adecuado para estudiarlas y valorarlas: «en sí mismas, sin cotejos ni comparaciones».
32 Este el espíritu que guía trabajos como, entre otros, la introducción de Blecua, 2005, a la antología poética de Cervantes; Olay Valdés, 2013, pp. 293-324; Matas Caballero, 2016, pp. 325-348 y Montero Reguera, 2011, pp. 245-271.

Gracia, Jordi, *Miguel de Cervantes. La conquista de la ironía*, Barcelona, Taurus, 2016.
Gracián, Baltasar, *Agudeza y arte de ingenio*, ed. Ceferino Peralta, Jorge M. Ayala y José María Andreu, Zaragoza, Prensas Universitarias de Zaragoza, Instituto de Estudios Altoaragoneses y Depto de Educación., Cultura y Deporte del Gobierno de Aragón, 2 vols., 2004.
Gracián, Baltasar, *Arte de ingenio, Tratado de la agudeza* [1642], ed. Emilio Blanco, Madrid, Cátedra, 1998.
Grimal, Pierre, *Diccionario de mitología griega y romana*, Barcelona, Paidós, 1981.
Jáuregui, Juan de, *Poesía*, ed. Juan Matas Caballero, Madrid, Cátedra, 1993.
Lázaro Carreter, Fernando, «Sobre la dificultad conceptista [1956]», en Fernando Lázaro Carreter (ed.), *Estilo barroco y personalidad creadora*, Madrid, Cátedra, 1974, pp. 13-43.
Matas Caballero, Juan, «La poesía del *Quijote* entre tradición y modernidad, con Góngora de fondo», *Boletín de la Biblioteca de Menéndez Pelayo*, 92, 2016, pp. 325-348.
Menéndez Pelayo, Marcelino, «Cervantes considerado como poeta» [1873], en Marcelino Menéndez Pelayo (ed.), *Estudios y discursos de crítica histórica y literaria*, Madrid, CSIC, 1951, pp. 257-268.
Montero Reguera, José, «Heterodoxias poéticas cervantinas. (Prolegómenos a una edición crítica de la poesía de Miguel de Cervantes)», en *Ortodoxia y heterodoxia en Cervantes. Coloquio Internacional de la Asociación de Cervantistas*, Alcalá de Henares, Centro de Estudios Cervantinos, 2011, pp. 245-271.
Montero Reguera, José, «Miguel de Cervantes y la tradición poética cancioneril», en Constance Carta, Sarah Finci y Dora Mancheva (eds.), *Antes se agotan la mano y la pluma que su historia. Magis deficit manus et calamus quam eius historia. Homenaje a Carlos Alvar*, vol. 2, San Millán de la Cogolla, Cilengua, 2016, pp. 1607-1620.
Montero Reguera, José, «Cervantes ante la poesía: historia, teoría y práctica de una reivindicación», *Revista de Occidente*, 427, diciembre 2016, pp. 151-164.
Olay Valdés, Rodrigo, «Reconsideración de la poesía cervantina: los defectos métricos y estilísticos de Cervantes», *Anales Cervantinos*, 45, 2013, pp. 293-324.
Ovidio, *Metamorfosis*, ed. y trad. Consuelo Álvarez y Rosa María Iglesias, Madrid, Cátedra, 1995.
Reig, Rafael, *Señales de humo*, Barcelona, Tusquets, 2016.
Vega, Lope de, *Rimas* [1602], ed. crítica Felipe B. Pedraza Jiménez, Madrid, Servicio de Publicaciones de la Universidad de Castilla La Mancha, 1993.

Jaume Garau
La libertad en el *Persiles* en el contexto de la ortodoxia cervantina

Desde hace unos años venimos estudiando la presencia de la oratoria sagrada en la obra de Miguel de Cervantes y, de un modo en especial, en algunas de sus comedias y en el *Persiles*,[1] novela en la que además analizamos la polémica cuestión de la ortodoxia que presenta esta última obra cervantina en los pasajes en los que adopta lo que podríamos denominar «modos propios de la predicación». En esta exposición perseguimos presentar, en unas breves notas, la ortodoxia católica que creemos que profesó Cervantes a lo largo de su vida, mediante el análisis de unos pasajes, donde se reflejan esos «modos de predicación», que la corroboran en la que estimaba como su mejor obra, el *Persiles*, y a partir de estas consideraciones aproximarnos al tema de la libertad, íntimamente unido a la controversia religiosa.

Somos conscientes de lo polémico que puede ser adentrarse en intentar conocer cómo era el cristianismo de Cervantes. En palabras de Jean Canavaggio, debemos reconocer la disparidad de opiniones que existen sobre esta cuestión y que apunta el ilustre cervantista:

> Entre un Casalduero que lo consideró como perfecto representante del catolicismo tridentino, y un Américo Castro, que vio en él, si no un heterodoxo, al menos un erasmista más o menos disimulado, ¿dónde encontrar la verdad? No cabe duda de que, en más de una ocasión, afloran en los textos cervantinos unas pullas irónicas, unas alusiones impertinentes a costumbres eclesiásticas de dudosa moralidad. Fino conocedor del Evangelio, el autor del *Quijote* maneja a menudo el arte de las medias palabras, bien para burlarse de los clérigos con irreverencia, bien para criticar ciertas prácticas supersticiosas entre sus contemporáneos: la observancia formal de los ritos, la devoción interesada en las almas del Purgatorio, los padrenuestros de los tartufos de toda laya. [...] Pero no es cierto que todo proceda de la lectura de Erasmo. En materia de religión, este desacuerdo con el tono medio de su época puede dejar traslucir a veces el influjo de tal o cual corriente de pensamiento determinado, pero, ante todo, expresa la elección de un espíritu abierto, enemigo de prejuicios, aunque respetuoso con el dogma y el culto; un humanista, en el sentido amplio de la palabra, formado muy lejos del polvo de las bibliotecas, en la escuela de la vida y de la adversidad.[2]

---

[1] Este trabajo se beneficia de nuestras anteriores aportaciones que se actualizan con nuestra investigación más reciente: Garau, 2001, pp. 577–582; 2010, pp. 177–191; 2013, pp. 241–268 y 2017, pp. 13–35.
[2] Canavaggio, 2014, p. 33.

https://doi.org/10.1515/9783110598636-008

La mayoría de las interpretaciones irónicas del tratamiento de la religión en Cervantes son herederas de la lectura en esa clave de Ortega y Gasset en sus «Meditaciones del Quijote» (1914) y Américo Castro al publicar *El pensamiento de Cervantes* (1925).[3] Estas consideraciones sobre su religiosidad, en el caso del *Persiles*, se siguen con las del propio Castro (1925), Molho (1994), Blanco (1995) y Moner (2011), entre otros estudios.

De un modo muy distinto otros autores leen en clave de ortodoxia católica su obra. Es el caso de Vilanova (1949), Lapesa (1950), Avalle-Arce (1969), Forcione (1972) y Casalduero (1975). Sin duda, en esta relación, habría que considerar, pese a tratarse de obras que estudian el *Quijote*, aunque muchos de sus juicios son también extrapolables al *Persiles* y a la obra de Cervantes en general, a Hatzfeld (1966) y a Descouzis (1966 y 1973). También, y a partir del análisis de distintos aspectos de la obra, defienden su carácter ortodoxo Micozzi (1995), Egido (1998), Mata (2005) y Zugasti (2005), entre otros.

Mención aparte merece, dada la radicalidad de sus planteamientos contrariamente opuestos a la interpretación ortodoxa de la novela, el libro de Nerlich (2005) con el que estamos en completo desacuerdo.[4]

Entre estos estudios fundamentales para el conocimiento de la religión en la *Historia Septentrional*, no podemos olvidar la aportación de Lozano-Renieblas sobre la religión y la ideología de la novela (2008) y, como libro de conjunto, hay que tener en cuenta los trabajos sobre la cuestión de la ortodoxia y heterodoxia publicados, en calidad de editora, por Rivero (2011).

Maurice Molho, en una aportación destinada al estudio de la religiosidad en Cervantes, apunta un hecho que necesariamente debemos compartir, al fundamentar nuestros juicios en la realidad de los textos ya que, como escribe este cervantista, se pretende «bosquejar algunos aspectos de la religión *en* Cervantes, sin entrar en consideraciones sobre lo que fue – o debió ser – la religión *de* Cervantes, que, oculta en los más íntimo de su conciencia, nos es del todo inasequible».[5] A nuestro parecer, la adscripción de los textos de Cervantes al espíritu de la Contrarreforma es difícilmente cuestionable. Morón Arroyo, en *Nuevas meditaciones del Quijote*, defiende esta línea de interpretación, argumentando que en los textos que aluden a aspectos de la religión se siguen razonamientos de base escolástica, al margen de una actitud erasmista o reformada.[6]

---

[3] Entre los que niegan la postura de Ortega y de Castro hay que tener en cuenta, entre otros, a Monroy, 1963, p. 26.
[4] Garau, 2013, pp. 241–268.
[5] Molho, 1994, p. 11.
[6] Morón Arroyo, 1976, pp. 95–159. Garrido-Gallardo, 2008, pp. 157–173, abunda en la ortodoxia del *Quijote* apuntada por Morón (1976), Muñoz Iglesias, 1989.

Abundará en esta idea Celso Bañeza en todos sus estudios,[7] algunos de título tan elocuente, y algo excesivo, como «Cervantes al servicio de la Contrarreforma», donde resalta que el espíritu de la Contrarreforma se halla en toda la obra cervantina y, especialmente, en el *Persiles*, «donde el espíritu católico, según los cánones de Trento y la reforma de san Ignacio de Loyola, llegan a su punto culminante».[8]

Por nuestra parte, aspiramos a huir de interpretaciones tendentes a enfatizar a un Cervantes seguidor escrupuloso de las disposiciones tridentinas, como ocurre en los estudios de Descouzis. Ya que, como acertadamente señala Ángel Rosenblat:

> una cosa es que Cervantes aceptase, ocasionalmente o con decisión, algunas ideas del Concilio de Trento, y otra muy distinta, convertirlo en campeón o expresión de la Contrarreforma. Además, pensar que aprendió moral cristiana y buena doctrina en los decretos del Concilio parece hacerle poco honor.[9]

Novela católica

Vamos, pues, a comentar diversos aspectos que aparecen reflejados en los textos de la novela que prueban a nuestro juicio la ortodoxia cervantina.

En un trabajo reciente, ya mencionado,[10] hemos demostrado que el protagonista del *Persiles* se muestra como un predicador. En verdad, es un personaje que, imbuido de la caridad cristiana de corte paulino, como demuestra Michael Armstrong-Roche,[11] actúa en ocasiones como un predicador, como ocurre en su sermón al polaco Ortel Banedre quien, víctima del furor de los celos quiere vengar a sus ofensores al «quitarles – como dice – con su sangre las manchas de mi honra» (III, 7, 499).[12] Gracias a sus persuasivas razones, Periandro consigue evitar que Ortel consume su venganza, al tiempo que, con sus palabras, defiende el carácter sacramental del matrimonio, oponiéndose a las tesis luteranas en el sentido de que, aunque considerado indisoluble, no se le otorga un carácter sacramental.

---

[7] Bañeza Román, 1989a, pp. 45–77; 1995–1997, pp. 78–92 y 1989b, pp. 7–64.
[8] Bañeza Román, 1989 b, p. 37.
[9] Rosenblat, 1978, p. 352 n.
[10] Garau, 2013, pp. 241–268.
[11] Armstrong-Roche, 2009.
[12] Tomamos las citas del *Persiles* de la edición de Carlos Romero, 2004. Indicamos el libro, el capítulo y el número de la página.

Cervantes presenta este carácter sacramental en oposición a la concepción reformada del matrimonio. Como podremos observar en la cita que sigue, contemplará la separación entre los esposos, reconocida por la Iglesia, como «más dura que la misma muerte», según escribe:

> [S]e dice, que, «al enemigo que huye, la puente de plata». Y el mayor que el hombre tiene suele decirse que es la mujer propia. Pero eso debe de ser en otras religiones que en la cristiana, entre las cuales los matrimonios son una manera de concierto y conveniencia, como lo es el de alquilar una casa o otra alguna heredad; pero en la religión católica, el casamiento es sacramento que solo se desata con la muerte o con otras cosas que son más duras que la misma muerte, las cuales pueden escusar la cohabitación de los dos casados, pero no deshacer el nudo con que ligados fueron. (III, 7, 500-501)

Hallamos en el lugar que comentamos otros elementos que abonan la ortodoxia cervantina. Así, Periandro advierte a Banedre que cometerá un pecado mortal (en la teología de Lutero no se distinguen entre pecados mortales y veniales) si mata a sus ofensores y eso «no se ha de cometer por todas las ganancias que la honra del mundo ofrezca» (ibid.).

En relación a las formas de penitencia, Aurora Egido ya había señalado la importancia de los patrones eremíticos en nuestra novela.[13] De modo que el malvado Rutilio se dispone a efectuar penitencia en hábito de ermitaño en la isla de las Ermitas (II, 21), donde, de nuevo, se menciona tanto en el topónimo como en la actitud del personaje la consecución de la justificación por las obras, alejada en consecuencia, de la justificación protestante por la fe.

Como ocurre especialmente en la «Segunda parte» del *Quijote*, la predicación se presenta en el *Persiles* como un medio de adoctrinamiento y una manera de dar a conocer todo tipo de conocimientos. Es precisamente, gracias a que ha asistido a la predicación de un sermón, que el mozo de bagaje Bartolomé puede admirarse de la grandeza de la Creación; ya que, en el transcurso de él, ha podido saber que la tierra tiene forma de globo en el que pueden existir otros habitantes en el punto opuesto del que se halla, y a los que llaman los antípodas. Estamos ante un caso evidente de instrucción popular que, a su vez, refuerza, más si cabe, la ortodoxia de la novela, por cuanto leemos en el pasaje, con el que se abre el capítulo once del tercer libro, que nuestro autor expone una visión de la predicación propia del catolicismo, ya que el mozo cuenta que en «verdad debió decir el predicador los días pasados en nuestro pueblo cuando dijo que los cielos y la tierra anunciaban y declaraban la grandeza del Señor» (III, 11, 541).

Tales palabras reflejan la ortodoxia católica en la medida que la cita encierra una visión de la Creación, en tanto que es reflejo de la grandeza de Dios.

---

[13] Egido, 1998, pp. 13-41.

Semejante visión es la que vertebra y otorga su sentido al más literario de los catecismos escritos en castellano en la época: la *Introducción del símbolo de la fe* de fray Luis de Granada, en particular en su «Primera parte», donde a partir de la cita de San Pablo de Romanos I, 20, describirá la naturaleza en todas sus manifestaciones como glosa de la excelencia de la divinidad. Con ello, Granada, y siguiendo el pensamiento de Santo Tomás,[14] se opone a Lutero, y participa indirectamente en la controversia religiosa de su tiempo, en tanto que el Reformador no aceptaba la contemplación de la grandeza de la Creación en el saber teológico. De ahí que Lutero afirme que «no merece llamarse teólogo quien por la contemplación de las criaturas trata de entender las perfecciones invisibles de Dios, sino el que conoce las huellas y lo inferior de Dios mediante los sufrimientos de la Cruz».[15] Y ese mismo modo de interpretar la Creación es la que sigue Cervantes en el pasaje, reflejando la predicación católica de su tiempo.

En la novela, se registran la presencia de elementos hagiográficos que ha estudiado, entre otros, A. Gómez Moreno.[16] Son conocidas las diferencias acerca de la santidad, y de la figura del santo, posible mediador ante Dios, desde la perspectiva católica y su distinta consideración en la protestante. No hay que olvidar que para Don Quijote, San Jorge fue «uno de los mejores andantes que tuvo la caballería divina» (II, LVIII) y que, entre otros aspectos, en relación a la importancia de «las obras», habría que mencionar también, como rasgo de ortodoxia, la defensa por el Caballero de la Triste Figura del ayuno y de otras prácticas ascéticas que le acercan a la santidad, de ahí su advertencia a Sancho al manifestarle que

> Hágote saber, Sancho, que es honra de los caballeros andantes no comer en un mes; y, ya que coman, sea de aquello que hallaren más a mano. (I, IX)

En el *Persiles*, el camino que emprenden los dos protagonistas desde las frías tierras del norte hacia Roma para casarse ante el papa implica también un proceso de purificación y de conocimiento de la fe católica, como sabemos. Gómez Moreno ha señalado también en este elemento argumental, tan importante en el desarrollo de la novela, ecos hagiográficos a la leyenda de Guillermo de Inglaterra, que sigue muy de cerca la vida de San Eustaquio.[17]

En otros aspectos, no hay que olvidar, en relación a las referencias a la santidad y, consecuentemente, al hecho de la conversión, la importancia que

---

14 Illanes; Saranyana, 2012, p. 66.
15 Citado por García-Villoslada, 2008, I, p. 355. Recoge esta misma interpretación Balcells, 1989, p. 36, entre otros.
16 Gómez Moreno, 2008.
17 Gómez Moreno, 2008, p. 118.

adquieren los contrastes entre la luz y la oscuridad, tradicionales metáforas alusivas al bien y al mal y que recuerdan los conocidos versículos del Evangelio de San Juan en los que Cristo anuncia «Yo soy la luz del mundo; el que me sigue no anda en tinieblas, sino que tendrá luz de vida» (Jn, 8, 12). De hecho, la importantísima figura del Apóstol persiguiendo a los cristianos camino de Damasco (Act, 9, 1–18) pierde el sentido de la vista durante tres días para alcanzar, en su portentosa conversión, la luz de Cristo. Del mismo modo, y en ese afán de llegar a la verdad de la doctrina romana, los protagonistas del *Persiles* peregrinan desde la oscuridad de las tierras del norte, en las que se sugiere la presencia de la Reforma, hacia las tierras de la luz que encarnan las católicas de las Españas y de Roma.

La llegada gozosa de Periandro, Auristela, los dos Antonios, Ricla y Constanza a Lisboa, ciudad que rápidamente el narrador presenta como una ciudad católica, cuasi la tierra prometida que andan buscando, al punto de llorar de emoción ante su vista y afirmar que

> ya habían llegado a la tierra de promisión que tanto deseaban. Echole los brazos Antonio al cuello, diciéndole:
>
> Agora sabrás, bárbara mía, del modo que has de servir a Dios, con otra relación más copiosa, aunque no diferente, de la que yo te he hecho; agora verás los ricos templos en que es adorado; verás juntamente las católicas ceremonias con que se sirve y notarás cómo la caridad cristiana está en su punto. Aquí, en esta ciudad, verás cómo son verdugos de la enfermedad muchos hospitales que la destruyen y, el que en ellos pierde la vida, envuelto en la eficacia de infinitas indulgencias, gana la del cielo. (III, 1, 431-432)

La huida que se sugiere de las tierras reformadas y el arribo a las católicas, concretamente a la ciudad de Lisboa, supone un acto de catequización que, de hecho, continuará Auristela en Roma de la mano de los penitenciarios. La bella descripción de aquella ciudad, ejemplarmente católica, sigue una tradición que podemos documentar en un autor contemporáneo como Mateo Alemán, en su *San Antonio de Padua* (1604) y continuar, tras el *Persiles*, en la famosa loa a la ciudad de Lisboa que aparece en la primera jornada de *El burlador de Sevilla* (c. 1612–1625), de controvertida autoría atribuida a Tirso de Molina.[18] En esa

---

18 Se produce un esquema común en todos estos autores en relación a la descripción de la ciudad al que se le pueden aplicar las palabras de Marc Vitse, en su interesante artículo sobre esta loa de *El burlador*, por cuanto existe un deliberado propósito de retratar «una contrastada estructura dramática de Lisboa como dechado de virtud y de honor, a modo de referencia ejemplar». En este sentido, señala en el caso de la comedia de Tirso un esquema jerárquico, no descriptivo, por el que el primer elemento destacado se correspondería con la Lisboa religiosa, seguida de la civil y, finalmente, de la portuaria (Vitse, 1978, pp. 20–41).

descripción, la arquitectura con la alusión a los templos, se halla al servicio de la fe romana que profesan los protagonistas.

El desembarco de los peregrinos en la ciudad de Lisboa le sirve, pues, como pretexto a Cervantes para reafirmar en ellos su intención de profundizar en esa fe, que no han podido vivir en las tierras de 'fe torcida', es decir, reformadas y alejadas por tanto de la obediencia romana. Las notas con las que describe brevemente su llegada resaltan estos aspectos:

> Llegó el navío a la ribera de la ciudad y, en la de Belén, se desembarcaron, porque quiso Auristela, enamorada y devota de la fama de aquel santo monasterio, visitarle primero y adorar en él al verdadero Dios libre y desembarazadamente, sin las torcidas ceremonias de su tierra. (III, 1, 434)

La expresión de catolicidad de Auristela, que comporta la referencia a «las torcidas ceremonias de su tierra», hay que enmarcarla en un movimiento de progresiva manifestación de su ortodoxia[19] que observamos en el grupo de los peregrinos, desde el momento de su llegada a Lisboa, y que presenta como hitos fundamentales a partir del momento del desembarco, la descripción altamente positiva del monasterio de Guadalupe (III, 5, 471), para seguir con la ciudad de Toledo, sede primada de España y «claro espejo y depósito de católicas ceremonias» (III, 8, 405), con la exaltación de la «sacrosanta, alma ciudad de Roma» (IV, 3, 644), la exposición del llamado credo de los penitenciarios donde se amplia el conocimiento de la fe de Segismunda (IV, 5, 657), para continuar con la visita a las cuatro Basílicas Mayores (IV, 6, 659).

El propio nombre de la protagonista, Auristela deriva de 'estrella del cielo' y, como muy bien señala Dominique Reyre,[20] se trata de un nombre simbólico alusivo a su castidad que remite a la iconografía de la Virgen María, paradigma de virginidad perpetua – antes, durante y después del parto – como revelan las tres estrellas con las que se representa en su velo. A su vez, no debemos olvidar que Auristela, a la par que es ejemplo de castidad, se constituye en la guía de todo el grupo de peregrinos, ocupando, pues, un papel rector como el que se le atribuye en la Iglesia Católica a la Virgen. No hace falta decir que esta función de la figura de la Virgen en la concepción católica es muy distinta que en la reformada.

Del mismo modo en lo que se refiere, y siguiendo a Reyre,[21] acerca del valor simbólico de los nombres en nuestra obra el coprotagonista, Periandro, puede

---

19 Señala esta idea Pelorson, 2003, pp. 54–55.
20 Reyre, [estudio onomástico], en Pelorson, 2003, p. 110.
21 Reyre, [estudio onomástico], en Pelorson, 2003, p.123.

aludir al 'peregrino-hombre' (>Peri-andro[s]), el *Homo viator* por antonomasia en camino hacia la *Civitate Dei* agustiniana.

En buena medida, el viaje de los peregrinos, con el destino final en Roma, presenta un marcado carácter catequético en su búsqueda por afianzar sus conocimientos doctrinales. Se constituye en una suerte de seminario itinerante, institución – el seminario – por otra parte típicamente tridentina, que tendrá como centro fundamental el credo de los penitenciarios (IV, 5, 656–658), ya en la parte final de la novela y que, como ya hemos dicho, demostramos en un artículo reciente su carácter ortodoxo frente a la interpretación de Maurice Molho,[22] cuando defiende que Cervantes en este pasaje construye un discurso en el que se distancia de las supuestas verdades que se predican en él. De ser así, estaríamos, pues, ante la recreación de un texto ortodoxo en sus términos, aunque alejado del posible sentir del narrador, en manifiesta actitud crítica.

En una línea de interpretación alejada de la que defendemos, Michael Nerlich juzga como 'catolizantes' todas las interpretación ortodoxas que se han venido haciendo de este credo[23] y que fueron objeto de una discusión pormenorizada en una contribución nuestra, ya citada que no expondremos aquí.[24]

Frente a las opiniones críticas de Nerlich debemos concluir que en el *Persiles* es difícil imaginar un mayor grado de ortodoxia que el que se explicita, especialmente por la defensa del primado de Pedro en el credo de los penitenciarios (IV, 5, 656–658) – y a lo largo de la novela en general –, donde se defiende el origen del poder de las llaves otorgado, según sostiene el catolicismo, a San Pedro en el conocido pasaje de Mt. 16, 19, revelador de una concepción jerárquica de la Iglesia articulada bajo el sucesor del ministerio petrino, en manifiesta oposición a la visión eclesiológica que defienden Lutero y otros reformadores.

El libre albedrío

Es sabido que entre las disposiciones conciliares de Trento el Decreto de justificación, que reafirma la importancia de las obras para la salvación, es el más importante. Ciertamente en el pensamiento teológico de la época, tal concepto de la justificación puede considerarse la contraseña del pensar tridentino contra el

---

[22] Molho, 1994, pp. 11–24.
[23] Opinión diseminada en muchos lugares de su libro y especialmente en «El *Persiles* no es una obra católica tridentina»: Nerlich, 2005, pp 203–233. Apoyan este parecer heterodoxo Castillo y Spadaccini, 2000, p. 127.
[24] Garau, 2013, pp. 241–268.

luteranismo y su lema *Sola Fides*. Para Lutero, pues, la justificación se produce por la fe en Jesucristo, otorgando menor valor a las obras. El hombre no es libre de cooperar en el proceso salvífico sino que actúa de un modo pasivo. Así, para la doctrina católica, el hombre puede libremente aceptar la gracia que Dios le ofrece para salvarse o para rechazar la salvación. Lutero afirmará lo contrario en su obra *De servo arbitrio* (1526), escrita en respuesta a la de Erasmo *De libero arbitrio* (1524), quien sí creía en la posibilidad de la aceptación de la gracia divina.[25]

Consecuentemente, Lutero establece el determinismo universal, fundándose en los atributos divinos, de modo fundamental en el carácter de inmutabilidad de la ciencia y voluntad de Dios. Con ello, elimina la posibilidad del libre albedrío, llegando a la conclusión que el pecado original determina al hombre hacia el mal. Hay para Lutero una 'apariencia de libertad' que, en tanto que apariencia ilusoria, es falsa ya que todo lo que acaece se realiza necesaria e inmutablemente con respecto a la voluntad de Dios.[26]

Puestos a escoger entre Erasmo y los sofistas medievales (los escolásticos), Lutero opta por estos ya que, aunque admitan la existencia del libre albedrío, realmente niegan su contenido al sostener que, sin el auxilio de la gracia, es imposible que el hombre, por sí mismo, se encamine hacia el bien.

El autor que nos ocupa, siguiendo la tesis de Luis Rosales en *Cervantes y la libertad*, y frente a la tesis de Castro que niega la libertad del mundo cervantino,[27] defiende apasionadamente que

> la libertad ocupa el centro del pensamiento antropológico cervantino. No hay en Cervantes determinismo natural alguno. Casi la totalidad de los personajes viven enfrentados a la sociedad de su tiempo y sostenidos únicamente por un hálito vigoroso y dramático de libertad.[28]

Recientemente Bradley J. Nelson[29] explica el episodio en el que se relata que Isabela Castrucho decepciona a un tío suyo que quería que se casase con un primo suyo «porque la hacienda quedase en casa» (III, 20, 615). Isabela finge estar endemoniada para no acceder a la boda y poder hacerlo con su enamorado Andrea Marulo. Analiza este investigador este pasaje de la obra en tanto

---

25 García-Villoslada, 2008, vol. 1, pp. 192–197, entre muchos otros.
26 Bonet, 1932, p. 72.
27 Es conocida la postura contraria a la interpretación de Américo Castro del erasmismo de Cervantes por parte de Green, 1969, vol. 4, p. 173 n y en otros muchos lugares de esta obra. Sobre la cuestión que aquí tratamos, y en defensa de una postura antideterminista y católica en España en esta época, ver en esta misma obra «El libre albedrío», vol. 2, pp. 239–312.
28 Rosales, 1996, p. 805.
29 Nelson, 2014, pp. 1039–1050.

que manifestación del libre albedrío, a partir de las tesis de Luis de Molina en su *Concordia liberi arbitrii cum gratiae donis, divina praescientia, providentia, praedestinatione et reprobatione* (1588), por cuanto las diversas elecciones posibles de Isabela se constituirían en posibles «futuros contingentes condicionales», característicos de la llamada «ciencia media».

Pero la defensa cervantina del libre albedrío se explicita en muchos otros lugares de nuestro libro:

> [Periandro en diálogo con Arnaldo, le responde:]
>
> [...] Mi hermana y yo vamos, llevados del destino y de la elección, a la santa ciudad de Roma y, hasta vernos allá, parece que no tenemos ser alguno ni libertad para usar de nuestro albedrío. Si el cielo nos llevare a pisar la santísima tierra y adorar sus reliquias santas, quedaremos en disposición de disponer de nuestras hasta agora impedidas voluntades, y entonces será la mía toda empleada en servirte. (I, 16, 232-233)
>
> *Da cuenta Arnaldo del suceso de Taurisa*
> [...] Mi albedrío lo es para obedecerte. (I, 17, 235)
>
> A lo que Periandro le replicó que detuviesen algunos días la partida: quizá, con la tardanza del tiempo, se mudarían o se templarían los influjos rigurosos de las estrellas.[...]
> –Ea, pues – dijo Periandro–: echada está la suerte. Partamos en buena hora, y haga el cielo lo que ordenado tiene, pues nuestra diligencia no lo puede escusar. (I, 18, 239)
>
> [...] a estas o otras semejantes razones que les dije: «la baja fortuna jamás se enmendó con la ociosidad ni con la pereza; en los ánimos encogidos nunca tuvo lugar la buena dicha; nosotros mismos nos fabricamos nuestra ventura, y no hay alma que no sea capaz de levantarse de su asiento; los cobardes, aunque nazcan ricos, siempre son pobres, como los avaros mendigos. (pp. 360-361)
>
> –Sola una voluntad, ¡oh Persiles!, he tenido en toda mi vida, y esa habrá dos años que te la entregué, no forzada sino de mi libre albedrío; la cual tan entera y firme está agora como el primer día que te hice señor della; la cual, si es posible que se aumente, se ha aumentado y crecido entre los muchos trabajos que hemos pasado. (IV, 1, 628)
>
> [Cenotia la maga dice:]
>
> [...] Pero, como la naturaleza parece que nos inclina antes al mal que al bien, no podemos tener tan a raya los deseos que no se deslicen a procurar el mal ajeno; que ¿quién quitará al airado y ofendido que no se vengue? ¿Quién el amante desdeñado, que no quiera, si puede, reducir a ser querido del que le aborrece? Puesto que en mudar las voluntades, sacarlas de su quicio, como esto es ir contra el libre albedrío, no hay ciencia que lo pueda, ni virtud de yerbas que lo alcancen. (II, 8, 332)

Vemos en esta última cita que Cervantes prueba que el libre albedrío se evidencia en el hecho de que la maga manifieste «que no se puede sacar la voluntad de su quicio». Esto prueba que no está, a diferencia del ejemplo que explica Nelson, a favor de la libertad de indiferencia, tal como la entiende el jesuita Molina. Por el contrario, defendería la doctrina más tradicional de Báñez y los dominicos, esencialmente la de Santo Tomás.

Tal concepción, más tradicional de la libertad, ya la había manifestado años antes por boca de Don Quijote al decir que

> Aunque bien sé que no hay hechizos en el mundo que puedan mover y forzar la voluntad, como algunos simples piensan, que es libre nuestro albedrío y no hay yerba ni encanto que le fuerce; lo que suelen hacer algunas mujercillas simples y algunos embusteros bellacos es algunas misturas y venenos, con que vuelven locos a los hombres, dando a entender que tienen fuerza para hacer querer bien, siendo, como digo, cosa imposible forzar la voluntad. (I, XXII, 240)

Sea como fuere, seguidor del jesuita Luis de Molina o del dominico Domingo Báñez cuyas tesis se contraponen en la *Polémica de auxiliis*, de imposible solución. Nuestro más importante autor, con los matices que se quieran, se muestra un firme defensor del libre albedrío, en consonancia con la doctrina católica y como manifestación de su ortodoxia.

Permítanme que concluya esta exposición con una cita de mi querido humanista Bartolomé Jiménez Patón que resume, en *El virtuoso discreto* (c. 1629–1631), con cierto gracejo, algunos de los aspectos de la ortodoxia que hemos tratado en el *Persiles*:

> El ladrón confesó a Cristo y Pedro le negó, para darnos a entender en Pedro que ningún justo se fíe de sí, ni presuma porque está sujeto a caer siete veces al día. En el ladrón, se nos declara que ninguno, por malo y perverso que sea, desconfíe. De suerte que conviene que el bueno tema su ruina y perdición, condenándose por soberbio, y el malo tema no se condene por malicia y desconfianza. Porque Dios con igualdad nos engendró y nos guarda, dándonos a todos libre albedrío con libertad para que cada uno alargue la mano al agua o al fuego, que es decirle advierta que tiene «su alma en su palma»; en su mano está el obrar bien o mal y sin poder dar la culpa a otro. [f. 25v°] Cada uno se condena o salva porque él quiere, reduciendo su voluntad a obras que son las que acompañan al salir desta vida, y, si las buenas faltan, con fee muerta se podrá ir al infierno.[30]

Bibliografía

Armstrong-Roche, Michael, *Cervantes' epic novel: empire, religion, and the dream life of heroes in «Persiles»*, Toronto, University of Toronto Press, 2009.

Avalle-Arce, Juan Bautista, «Introducción», en Juan Bautista Avalle-Arce (ed.), *Los trabajos de Persiles y Sigismunda*, Madrid, Castalia, 1969, pp. 7–32.

---

30 Jiménez Patón, *El virtuoso discreto, primera y segunda parte*, p. 121.

Bañeza Román, Celso, «Refranes de origen bíblico en Cervantes», *Anales Cervantinos*, 27, 1989a, pp. 45–77.
Bañeza Román Celso,, «Cervantes al servicio de la Contrarreforma», *Alcántara. Revista del Seminario de Estudios Cacereños*, 17, 1989b, pp. 7–64.
Bañeza Román, Celso, «Instituciones y costumbres eclesiásticas en Cervantes», *Anales Cervantinos*, 29, 1991, pp. 73–91.
Bañeza Román Celso,, «Citas bíblicas literales de Cervantes en castellano», *Anales Cervantinos*, 33, 1995-1997, pp. 78–92.
Blanco, Mercedes, «Literatura e ironía» en Guillermo Grilli (ed.), *Los trabajos de Persiles y Sigismunda*, Actas del II Congreso Internacional de la Asociación de Cervantistas, Napoli, 1995, pp. 625–635.
Bonet, Alberto, *La filosofía de la libertad en las controversias teológicas del siglo XVI y primera mitad del XVII*, Barcelona, Imprenta Subirana, 1932.
Canavaggio, Jean, *Retornos a Cervantes*, New York, Instituto de Estudios Auriseculares, 2014.
Casalduero, Joaquin, *Sentido y forma de los «Los trabajos de Persiles y Sigismunda»*, Madrid, Gredos, 1975.
Castillo, David y Spadiccini, Nicholas, «El antiutopismo en *Los trabajos de Persiles y Sigismunda*: Cervantes y el cervantismo actual», *Cervantes. Bulletin of the Cervantes Society of America*, 20, 1, 2000, pp. 115–131.
Castro, Américo, *El pensamiento de Cervantes*, nueva edición ampliada y con notas del autor y de Julio Rodríguez-Puértolas, Barcelona-Madrid, Noguer, 1980.
Cervantes, Miguel de, *Don Quijote de la Mancha*, ed. dirigida por Francisco Rico con la colaboración de Joaquín Forradellas, Barcelona, Instituto Cervantes-Crítica, 1998.
Cervantes, Miguel de, *Los trabajos de Persiles y Sigismunda*, ed. Juan Bautista Avalle-Arce, Madrid, Castalia, 1969.
Cervantes, Miguel de, *Los trabajos de Persiles y Sigismunda*, ed. Carlos Romero Muñoz, Madrid, Cátedra, 2004.
Cervantes, Miguel de, *Obras completas*, ed. Ángel Valbuena Prat, Madrid, Aguilar, 1965.
Descouzis, Paul, *Cervantes a nueva luz. I. El Quijote y el Concilio de Trento*, Frankfurt am Main, Vittorio Klostermann, 1966.
Descouzis, Paul, *Cervantes a nueva luz. II. Con la Iglesia hemos dado, Sancho*, Madrid, Ediciones Iberoamericanas, 1973.
Denzinger, Heinrich y Hünermann, Peter (eds.), *El Magisterio de la Iglesia. Enchiridion Symbolorum Definitionum et Declarationum de Rebus Fidei et Morum*, Barcelona, Herder, 2006.
Egido, Aurora, «Poesía y peregrinación en el Persiles. El templo de la Virgen de Guadalupe», en Antonio Bernat Vistarini (ed.), *Actas del Tercer Congreso Internacional de la Asociación de Cervantistas*, Palma, Universitat de les Illes Balears, 1998, pp. 13–41.
Forcione, Alban K., *Cervantes' christian romance: a study of «Persiles y Sigismunda»*, Princenton, Princenton University Press, 1972.
Garau, Jaume, «Notas sobre la predicación en el *Quijote*», en Antonio Bernat Vistarini (ed.), *Volver a Cervantes*, Palma, Universitat de les Illes Balears, 2001, pp. 577–582.
Garau, Jaume, «De la predicación en tres comedias de Cervantes: *El trato de Argel, Los baños de Argel* y *El rufián dichoso*», *Anales Cervantinos*, 42, 2010, pp. 177–191.
Garau, Jaume, «Predicación y ortodoxia en el *Persiles*», *Anales Cervantinos*, 45, 2013, pp. 241–268.

Garau, Jaume, «A vueltas con la ortodoxia cervantina en el *Persiles*», en Abraham Madroñal y Carlos Mata Induráin (eds.), *El Parnaso de Cervantes y otros parnasos*, New York, Instituto de Estudios Auriseculares, 2017, pp. 13–35.
García-Villoslada, Ricardo, *Martín Lutero*, Madrid, Biblioteca de Autores Cristianos, 2008.
Garrido Gallardo, Miguel Ángel., «El texto del *Quijote* y el catecismo de Trento», en Ruth Fine y Santiago López Navia (eds.), *Cervantes y las religiones*, Universidad de Navarra, Madrid/ Frankfurt am Main, Iberoamericana/ Vervuert, 2008, pp. 157–173.
Gómez Moreno Ángel,, *Claves hagiográficas de la literatura española (del Cantar de Mío Cid a Cervantes)*, Madrid/Frankfurt am Main, Iberoamericana/Vervuert,2008.
Granada, Fray Luis de, *Introducción del símbolo de la fe*, ed. José María Balcells, Madrid, Cátedra, 1989.
Green, Otis H., *España y la tradición occidental*, Madrid, Gredos, 1969.
Hatzfeld, Helmut Anthony, *El Quijote como obra de arte del lenguaje*, Madrid, Consejo Superior de Investigaciones Científicas, 1966.
Illanes, José Luis y Saranyana, Josep-Ignasi, *Historia de la Teología*, Madrid, Biblioteca de Autores Cristianos, 2012.
Jiménez Patón Bartolomé,, *El virtuoso discreto, primera y segunda parte*, ed. crítica, introducción y notas de Jaume Garau y María del Carmen Bosch, Madrid/Frankfurt am Main, Iberoamericana/Vervuert, 2014.
Lapesa, Rafael, «En torno a *La española inglesa* y el *Persiles*», en Francisco Sánchez-Castañer (ed.), *Homenaje a Cervantes*, vol. 2, Valencia, 1950, pp. 365–388.
Lozano-Renieblas, Isabel, *Cervantes y el mundo del Persiles*, Alcalá de Henares, Centro de Estudios Cervantinos, 1998.
Lozano-Renieblas, Isabel, «Religión e ideología en el *Persiles* de Cervantes», en Ruth Fine y Santiago López Navia (eds.), *Cervantes y las religiones*, Madrid, Universidad de Navarra, Iberoamericana/ Vervuert, 2008, pp. 361–375.
Lutero, *Obras*, ed. Teófanes Egido, Salamanca, Sígueme, 2001.
Mata Induráin, Carlos, «Bodas místicas vs bodas humanas en el *Persiles* de Cervantes: Sosa Coitiño y Leonora Pereira, contrapunto de Periandro y Auristela», en Ignacio Arellano y Jesús María Usunáriz (eds.), *El matrimonio en Europa y el mundo hispánico. Siglos XVI y XVII*, Madrid, Visor Libros, 2005, pp. 95–112.
Micozzi, Patrizia, «Imágenes metafóricas en la canción a la Virgen de Guadalupe», en Guillermo Grilli (ed.), *Actas del II Congreso Internacional de la Asociación de Cervantistas*, Napoli, 1995, pp. 711–723.
Molho, Maurice, «Algunas observaciones sobre la religión en Cervantes», en Carlos Romero Muñoz, Donatella Pini Moro, Antonella Cancellier (eds.), *Atti delle Giornate Cervantine*, Padua, Unipres, 1994, pp. 11–24.
Moner, Michel, «El tema religioso en la narrativa cervantina: posturas ideológicas y estrategias discursivas», en Carmen Rivero Iglesias (ed.), *Ortodoxia y heterodoxia en Cervantes*, Alcalá de Henares, Asociación de Cervantistas, 2011, pp. 119–129.
Monroy, Juan Antonio, *La Biblia en el Quijote*, Madrid, Victoriano. Suárez, 1963.
Morón Arroyo, Ciriaco, *Nuevas meditaciones del Quijote*, Madrid, Gredos, 1976.
Muñoz Iglesias, Salvador, *Lo religioso en el Quijote*, Toledo, Estudio Teológico de San Ildefonso, 1989.
Nelson, Bradley J., «Eventos ocasionales: la ciencia "media" y la ficción en *Los trabajos de Persiles y Sigismunda*», en Emilio Martínez Mata y María Fernández Ferreiro (eds.), *Comentarios a Cervantes. Actas selectas del VIII Congreso Internacional de la*

Asociación de Cervantistas, Asturias, Fundación María Cristina Masaveu Peterson, 2014, pp. 1039–1050.

Nerlich, Michael, *El «Persiles» descodificado, o la «Divina comedia» de Cervantes*, Madrid, Hiperión, 2005.

Ortega y Gasset, José, «Meditaciones del Quijote», *Obras Completas*, Madrid, *Revista de Occidente*, 1957 [1914], pp. 311–399.

Pelorson, Jean-Marc, *El desafío del Persiles*, seguido de un estudio onomástico por Dominique Reyre, Toulouse, Presses Universitaires du Mirail, 2003.

Reyre, Dominique, [estudio onomástico], en Jean Marc Pelorson (ed.), *El desafío del Persiles*, Toulouse, Presses Universitaires du Mirail, 2003.

Rivero Iglesias, Carmen (ed.), *Ortodoxia y heterodoxia en Cervantes*, Alcalá de Henares, Centro de Estudios Cervantinos, 2011.

Romero Muñoz, Carlos, «Introducción», en Carlos Romero Muñoz (ed.), *Los trabajos de Persiles y Sigismunda*, Madrid, Cátedra, 2004, pp. 11–101.

Rosales, Luis, *Cervantes y la libertad*, Madrid, Editorial Trotta, 1996.

Rosenblat, Ángel, *La lengua del Quijote*, Madrid, Gredos, 1978.

Vilanova, Antonio, «El peregrino andante en el *Persiles* de Cervantes», en Antonio Vilanova (ed.), *Erasmo y Cervantes*, Barcelona, 1989 [1949], pp. 326–409.

Vitse, Marc, «La descripción de Lisboa en *El burlador de Sevilla*», *Criticón*, 2, 1978, pp. 20–41.

Zugasti, Miguel, «Matrimonio y matrimonios en el *Persiles* de Cervantes», en Ignacio Arellano y Jesús María Usunáriz (eds.), *El matrimonio en Europa y el mundo hispánico. Siglos XVI y XVII*, Madrid, Visor Libros, 2005, pp. 65–93.

Emmanuel Marigno Vazquez
La imagen en la escritura cervantina. Nuevos planteamientos

Mi reflexión aquí se centrará en el campo de la imagen, con la intención de destacar un eventual diálogo entre lo antiguo y lo moderno en distintos textos de Miguel de Cervantes y Saavedra, y en *Don Quijote de la Mancha* en particular.

¿Tiene Cervantes un propósito meta-literario o poético en torno a la imagen? ¿Cuáles son las fuentes de esta praxis y reflexión iconológica cervantina? ¿Se centra esta dialéctica en lo estético, en lo ético o en ambos? Desde otras perspectivas preguntaremos también si se le puede considerar a Cervantes como una transición entre una cultura de lo divino hacia otra de lo metafísico, retomando términos de Gilbert Durand o Michel Foucault. Por fin ¿qué significa la permanencia de Cervantes en las artes europeas desde las primeras traducciones del XVII hasta las recreaciones visuales más postmodernas?

No retomaré en este trabajo la cuestión del «ut pictura poesis» horaciano,[1] por no considerar la imagen desde la perspectiva plástica – imagen retórica e imagen gráfica –, sino desde perspectivas filosóficas.[2] Tampoco trataré aquí de las relaciones entre realidad y ficción.[3] Desde otras perspectivas, Hans Belting precisa que «Le corps est la source de nos images. [...]. Dans de telles circonstances, le corps est donc à la fois *lieu* et *médium*, d'où que puissent venir les images qui sont «projetées» en lui et par lui».[4] Esta dimensión corpórea de la imagen ya venía asomando en *La Philosophía antigua poética* de Alonso López Pinciano, particularmente en el Prólogo:

> Mas ¿para qué, lector, te canso con esta apología, si sabes que Apolo fue médico y poeta, por ser estas artes tan affines que ninguna más?, que si el médico templa los humores, la poética enfrena las costumbres que de los humores nacen.[5]

En *La República*[6] Platón condena la poesía como mentira reprensible moralmente y la *Poética*[7] de Aristóteles – aunque intentase diferenciar la ficción de la

---

[1] Horacio, *Arte poética*, 2010.
[2] La cultura visual como tal ha sido exhaustivamente estudiada desde una perspectiva emblemática en Arellano, 2013, pp. 93–108; 2004, pp. 571–583; 2000, pp. 9–32; 1999, pp. 317–336; 1997, pp. 419–443; 1998, pp. 169–212.
[3] Ver las novedosas conclusiones al propósito en Schmelzer, 2016, pp. 145–157.
[4] Belting, 2004, pp. 98–99.
[5] López Pinciano, *Philosophía antigua poética*, 1998, p. 12.
[6] Platón, *La República o El Estado*, 2015.
[7] Aristóteles, *Poética*, 2016.

moral – mantiene la necesidad de un papel ético en las mismas producciones artísticas. La *Philosophía antigua poética* de Alonso López Pinciano, sin embargo, consigue separar la verdad histórica – o fábula – de la verdad moral.

Aunque resulte difícil averiguarlo con certeza, parece que Pinciano desempeñó determinada influencia en Cervantes en el momento de formular nuevos códigos en el ámbito de la prosa, como pudo ya discutirse por la década de los 40 hasta los 60 y aun recientemente en el año 1996.[8]

A la luz de estos datos y de otros que vendrán a continuación empezaré en un primer tiempo con la vertiente textual, hipotextual y contextual partiendo de cuestiones ecfrásticas; en un segundo momento, intentaré un enfoque de tipo lingüístico y filosófico para esbozar un recorrido desde la *Historia de la Ideas* acerca de lo visual, arrancando en los conceptos helenísticos hasta Cervantes pasando por San Agustín; y por fin, intentaré esbozar el lugar que ocupó y sigue ocupando Cervantes en las expresiones visuales europeas (imagen retórica, gráfica y escenografía), en el ámbito galo en particular.

Aproximaciones texuales, hipotextuales y contextuales

La postura canónica de Cervantes resulta algo singular en este giro del XVI al XVII español. Enemigo de Lope y partidario más bien de una estética aristotélica en cuanto al drama, como parece plasmarlo la *Numancia*,[9] resulta adoptar una postura más moderna en la prosa de las *Novelas Ejemplares*[10] y *Don Quijote de la Mancha*,[11] con algún deje de tradición renacentista en *La Galatea*,[12] cuya segunda parte anunciada en el paratexto del segundo *Quijote* nunca llegó a publicarse, plasmando pues el *Quijote* y el *Persiles*[13] como libros testamentarios.

Si seguimos una lógica diacrónica, nos percatamos de que los cánones de la *Numancia* se conforman con los preceptos de la tragedia aristotélica; el primer *Quijote* de 1605 por su parte, va declinando todos los conceptos griegos acerca de la imagen a partir del tema de la locura quijotesca, que inserta en el relato

---

8 Ver Atkinson, 1948, pp. 189–208; Blanco, 1996, pp. 189–218; Canavaggio, 1958, pp. 13–107; y Riley, 1966.
9 Cervantes, *Numancia*, 1984.
10 Cervantes, *Novelas ejemplares*, 1994.
11 Cervantes, *Don Quijote de la Mancha*, 1983.
12 Cervantes, *La Galatea*, 2016.
13 Cervantes, *Los trabajos de Persiles y Sigismunda*, 2016.

los conceptos griegos de «phantasía» y «emphasis», a los que se opone el buen sentido de los personajes sanos de mente que le oponen a Don Quijote el «eidos» y el «eikon».

Todo ello se derrumba en el *Quijote* de 1615, siendo el punto de ruptura el capítulo de «La Cueva de Montesinos», de la que asoma un Don Quijote más o menos consciente de haber soñado. «La Cueva de Montesinos», con esta ruptura ontológica en el personaje, ilustra desde la ficción un giro contextual epistemológico del que parece dar testimonio *Don Quijote de la Mancha*. «La Cueva de Montesinos» de Cervantes matiza la cueva de la *República* de Platón, en particular, el concepto de «Idea» como absoluta y trascendental; aquí (II, XXII), las Ideas ya no las alberga solo la razón como en Platón, sino también la ensoñación e imaginación:

> –¿Infierno le llamáis? –dijo don Quijote–. Pues no le llaméis ansí, porque no lo merece, como luego veréis.[14]

Parece proponer aquí Cervantes la idea de lo relativo de las Ideas.[15] Para Platón, las Ideas son absolutas y se alcanzan mediante una recepción racional, cuando para Cervantes (II, XXIII) vienen relacionadas con la percepción visual:

> A esta sazón dijo el primo:
> –Yo no sé, señor don Quijote, cómo vuestra merced en tan poco espacio de tiempo como ha que está allá bajo haya visto tantas cosas y hablado y respondido tanto.
> –¿Cuánto ha que bajé? –preguntó don Quijote.
> –Poco más de una hora –respondió Sancho.
> –Eso no puede ser –replicó don Quijote–, porque allá me anocheció y amaneció y tornó a anochecer y amanecer tres veces, de modo que a mi cuenta tres días he estado en aquellas partes remotas y escondidas a la vista nuestra.
> –Verdad debe de decir mi señor –dijo Sancho–, que como todas las cosas que le han sucedido son por encantamento, quizá lo que a nosotros nos parece un hora debe de parecer allá tres días con sus noches.
> –Así será –respondió don Quijote.[16]

Este capítulo de «La Cueva de Montesinos» viene reforzado por la secuencia de «El Caballero de los Espejos» (II, XV) y «El Caballero del Verde Gabán» (II, XVI) que pone en duda las referencias epistemológicas desquiciadas – la poesía – y anticuadas – los clásicos de la Antigüedad – de su hijo. Aquí, aunque el Caballero del Verde Gabán rechace la idea de «poesía como ciencia» afirma, sin embargo,

---

14 Cervantes, *Don Quijote de la Mancha*, 1983, p. 701.
15 Ver Schmelzer, 2016, pp. 155–156 en particular.
16 Cervantes, *Don Quijote de la Mancha*, 1983, p. 708.

la primacía de la contemporaneidad – «los modernos romancistas» – sobre la Antigüedad – Homero, Marcial, Virgilio, Horacio, Persio, Juvenal y Tibulo –. Y este propósito cobra tanto más valor cuanto que no lo dice el desquiciado Don Quijote:

> –Yo, señor don Quijote –respondió el hidalgo–, tengo un hijo, que, a no tenerle, quizá me juzgara por más dichoso de lo que soy, y no porque él sea malo, sino porque no es tan bueno como yo quisiera. Será de edad de diez y ocho años; los seis ha estado en Salamanca, aprendiendo las lenguas latina y griega, y cuando quise que pasase a estudiar otras ciencias, halléle tan embebido en la de la poesía (si es que se puede llamar ciencia), que no es posible hacerle arrostrar la de las leyes, que yo quisiera que estudiara, ni de la reina de todas, la teología. Quisiera yo que fuera corona de su linaje, pues vivimos en siglo donde nuestros reyes premian altamente las virtuosas y buenas letras, porque letras sin virtud son perlas en el muladar. Todo el día se le pasa en averiguar si dijo bien o mal Homero en tal verso de la *Ilíada*; si Marcial anduvo deshonesto o no en tal epigrama; si se han de entender de una manera o otra tales y tales versos de Virgilio. En fin, todas sus conversaciones son con los libros de los referidos poetas, y con los de Horacio, Persio, Juvenal y Tibulo, que de los modernos romancistas no hace mucha cuenta; y con todo el mal cariño que muestra tener a la poesía de romance, le tiene agora desvanecidos los pensamientos el hacer una glosa a cuatro versos que le han enviado de Salamanca, y pienso que son de justa literaria.[17]

En su respuesta Don Quijote no solo confirma esta primacía estética moderna evocada por el Caballero del Verde Gabán – los modernos romancistas –, sino que también rescata la referencia ética procedente de la Antigüedad. El texto pugna, pues, por una adaptación estética al *hic et nunc*, afirmando, sin embargo, lo atemporal del componente ético. Dicho de otra forma, Cervantes, mediante una dialéctica ficcional entre dos personajes complementarios que son el Caballero del Verde Gabán y Don Quijote, procede a una síntesis entre la referencia ética clásica – la Antigüedad grecorromana – y la referencia estética moderna – la poesía contemporánea –. En este sentido se le puede considerar a Cervantes como una figura de entre siglos, o sea, una transición entre los códigos morales clásicos y los cánones culturales modernos. Para Cervantes pues (II, XVI), las Ideas resultan circunstanciales desde una perspectiva estética y trascendentales desde una perspectiva ética:

> Riña vuesa merced a su hijo si hiciere sátiras que perjudiquen las honras ajenas, y castíguele, y rómpaselas; pero si hiciere sermones al modo de Horacio, donde reprehenda los vicios en general, como tan elegantemente él lo hizo, alábele, porque lícito es al poeta escribir contra la invidia, y decir en sus versos mal de los invidiosos, y así de los otros vicios, con que no señale persona alguna; pero hay poetas que, a trueco de decir una malicia, se pondrán a peligro que los destierren a las islas de Ponto. Si el poeta fuere casto en sus

---

17 Cervantes, *Don Quijote de la Mancha*, 1983, p. 648.

costumbres, lo será también en sus versos; la pluma es lengua del alma: cuales fueren los conceptos que en ella se engendraren, tales serán sus escritos; y cuando los reyes y príncipes veen la milagrosa ciencia de la poesía en sujetos prudentes, virtuosos y graves, los honran, los estiman y los enriquecen, y aun los coronan con las hojas del árbol a quien no ofende el rayo, como en señal que no han de ser ofendidos de nadie los que con tales coronas veen honradas y adornadas sus sienes.[18]

Otra dialéctica metaliteraria sería el «Discurso sobre las Armas y las Letras» (I, XXXVIII), en que se discute con más o menos implicación autobiográfica el tópico de la fuerza de las armas y el de las leyes. Afirma aquí Don Quijote la superioridad del soldado sobre el letrado, de la espada sobre la pluma; ahora bien, en el episodio del Caballero del Verde Gabán, defiende Don Quijote (II, XVI) un discurso algo distinto acerca del estatuto de los letrados:

> Sea, pues, la conclusión de mi plática, señor hidalgo, que vuesa merced deje caminar a su hijo por donde su estrella le llama, que siendo él tan buen estudiante como debe de ser, y habiendo ya subido felicemente el primer escalón de las ciencias, que es el de las lenguas, con ellas por sí mesmo subirá a la cumbre de las letras humanas, las cuales tan bien parecen en un caballero de capa y espada y así le adornan, honran y engrandecen como las mitras a los obispos o como las garnachas a los peritos jurisconsultos.[19]

No solo las letras no resultan aquí inferiores, sino que enaltecen el Ejército, el Estado y la Iglesia. Cervantes modera el estatuto de las Armas ante las Letras, adelantando de cierta manera lo que será después el poder de las letras bajo el Conde Duque de Olivares, quien transformará la literatura y la pintura por los años 1622–1643 en herramienta política, arma de propaganda ideológica e imagen del poder político, como han sido el Salón de los Reinos y el Casón del Retiro, donde los óleos de Carducho, Velázquez, Maíno y demás contemporáneos junto con las comedias históricas de Lope celebraban las hazañas del Imperio por Europa y la Nueva España.[20] Cervantes anuncia, pues, esta concepción de las artes como visión, imagen, herramienta de representación mental.

Mediante una dialéctica narrativa polifónica, Cervantes consigue una especie de síntesis epistemológica que supera la locura de Don Quijote y la cordura del Caballero del Verde Gabán, y esto, mediante el recurso al narrador extradiegético: «Admirado quedó el del Verde Gabán del razonamiento de don Quijote».[21]

Esta polifonía narrativa también parece disociar lo bueno de lo bello, que ya no van necesariamente vinculados, aunque Cervantes (II, XVI) parezca abogar

---

18 Cervantes, *Don Quijote de la Mancha*, 1983, p. 650–651.
19 Cervantes, *Don Quijote de la Mancha*, 1983, p. 650.
20 Ver Brown y Elliott, 2003.
21 Cervantes, *Don Quijote de la Mancha*, 1983, p. 651.

por una poesía a la vez «hermosa» y «virtuosa», lo cual confirma la idea según la cual otros podían opinar de distinto modo:

> La poesía, señor hidalgo, a mi parecer es como una doncella tierna y de poca edad y en todo estremo hermosa, a quien tienen cuidado de enriquecer, pulir y adornar otras muchas doncellas, que son todas las otras ciencias, y ella se ha de servir de todas, y todas se han de autorizar con ella [...]. Ella es hecha de una alquimia de tal virtud, que quien la sabe tratar la volverá en oro purísimo de inestimable precio; hala de tener el que la tuviere a raya, no dejándola correr en torpes sátiras ni en desalmados sonetos; no ha de ser vendible en ninguna manera, si ya no fuere en poemas heroicos, en lamentables tragedias o en comedias alegres y artificiosas; no se ha de dejar tratar de los truhanes, ni del ignorante vulgo, incapaz de conocer ni estimar los tesoros que en ella se encierran.[22]

Cervantes (II, XVI) desvincula la ética de lo espacio-temporal, sin embargo, la estética irrumpe del *hic et nunc*:

> Y a lo que decís, señor, que vuestro hijo no estima mucho la poesía de romance, doime a entender que no anda muy acertado en ello, y la razón es esta: el grande Homero no escribió en latín, porque era griego, ni Virgilio no escribió en griego, porque era latino; en resolución, todos los poetas antiguos escribieron en la lengua que mamaron en la leche, y no fueron a buscar las estranjeras para declarar la alteza de sus conceptos; y siendo esto así, razón sería se estendiese esta costumbre por todas las naciones, y que no se desestimase el poeta alemán porque escribe en su lengua, ni el castellano, ni aun el vizcaíno que escribe en la suya.[23]

Desde perspectivas filosóficas y contemporáneas, Hans Belting confirma el propósito cervantino afirmando que «la forme *artistique* est une forme *historique*».[24] En esta dialéctica de lo «natural/artificial», rechaza Cervantes (II, XVI) la idea de Platón, según la cual lo natural supera lo artificial:

> También digo que el natural poeta que se ayudare del arte será mucho mejor y se aventajará al poeta que solo por saber el arte quisiere serlo: la razón es porque el arte no se aventaja a la naturaleza, sino perficiónala.[25]

Cervantes parece aquí afirmar la superioridad de la forma estética concebida por el poeta – ingenio – sobre la forma ética, tal y como la recibe la mente – juicio –. De cierto modo, y como lo hará tres décadas después Baltasar Gracián en la *Agudeza y Arte de ingenio*,[26] Cervantes afirma una forma de dominio del ingenio

---

22 Cervantes, *Don Quijote de la Mancha*, 1983, p. 649.
23 Cervantes, *Don Quijote de la Mancha*, 1983, p. 650.
24 Belting, 2007, p. 63.
25 Cervantes, *Don Quijote de la Mancha*, 1983, p. 650.
26 Gracián, Baltasar, *Agudeza y Arte de ingenio*, 2010.

sobre el juicio, a la vez que ubica en planos distintos la filosofía, la locura y la poesía.

Aproximaciones lingüísticas y filosóficas

Gilbert Durand en *Science de l'Homme et Tradition. Le nouvel esprit anthropologique*[27] recuerda que el pensamiento occidental evolucionó en tres etapas que arrancan en el espíritu teológico medieval hasta el actual positivismo, pasando por el pensamiento metafísico. Michel Foucault por su parte en *Les mots et les choses*[28] ahonda en la idea de que el Renacimiento es el momento en que el Occidente se traslada desde la teología hacia la metafísica, o sea de Dios hacia el Hombre, rompiendo de hecho con la ética medieval que le prohibía a todo ser humano reflexionar sobre sí mismo, por ser Dios el único punto de reflexión.

El arraigo cervantino en la ética de la Antigüedad ha sido hondamente demostrado en distintos estudios, en particular, a partir del uso de la écfrasis. La reciente publicación dirigida por Frederick De Armas, *Ekphrasis in the Age of Cervantes*,[29] reúne investigaciones como las de Ana María Laguna,[30] quien estudia el «Prólogo» de *Don Quijote de la Mancha* demostrando rasgos mitológicos; lo mismo Cristina Müller[31] en su artículo sobre la muerte del protagonista en el *excipit*, o Ignacio López Alemani[32] que contextualiza el retrato de Sigismunda y Auristela del *Persiles* en el panorama pictórico aurisecular, mientras Frederick De Armas[33] trata de la importancia de la imagen en Cervantes a partir de *El retablo de las maravillas*.[34]

Las presencias mitológicas en Cervantes también han sido el tema de «Ekphrasis and Eros in Cervantes's *La Galatea:* The case of the Blushing Numphs»[35] de F. De Armas, «The Eloquence of Mercury and the Enchantments of Venus: Humanitas in Botticelli and Cervantes's *Don Quixote*»,[36] «The Hermetic

---

[27] Durand, 1975.
[28] Foucault, 1966.
[29] De Armas, 2005.
[30] Laguna, 2005, pp. 127–143.
[31] Müller, 2005, pp. 156–174.
[32] López Alemani, 2005, pp. 202–216.
[33] De Armas, 2005, pp. 217–233.
[34] Cervantes, *Ocho comedias y ocho entremeses nunca representados*, 2005.
[35] De Armas, 2000, pp. 33–47.
[36] De Armas, 2001, pp. 118–136.

Raphael: Ekphrasis in *Don Quixote* and John Crowley's *Aegypt*»[37] y «(Mis)placing the Muse: Ekphrasis in Cervantes's *La Galatea*».[38]

Pero no solo figura en Cervantes una iconografía de tipo mitológico, sino también otra mucho más contemporánea, como lo demuestra F. De Armas en *Quixotic Frescoes: Cervantes and Italian Renaissance Art* [39] y en *Objects of Culture in the Literature of Imperial Spain*.[40]

Este recorrido crítico parece confirmar que Cervantes sintetiza la cultura mitológica con el arte más contemporáneo, como si la écfrasis cervantina fuese una especie de transición o reflexión entre lo antiguo y lo moderno.

En efecto, desde Platón hasta la posmodernidad, pasando por la Roma Antigua y el cristianismo agustiniano, las acepciones y el estatuto de la imagen conocieron una constante evolución. Dicha evolución es perceptible desde una perspectiva lingüística, que denota cambios semióticos, filosóficos e incluso cosmogónicos.

La episteme griega disponía de una amplia paleta semántica, que iba desde el *eidôlon* [εἴδωλον] hasta el *tupos* [τύποῦ], pasando por el *eikôn* [εἰκών], el *phantasma* [φάνταῦμα] y el *emphasis* [ἔμφαῦιῦ].

El *eidôlon*, del verbo *eidon* [εἶδον] 'ver', remite a lo que percibe el ojo, especie de duplicación de la realidad que no existe de por sí, se trata de un medium vacío. De cierto modo, el *eidôlon* lo encarna Sancho Panza en su representación mental de la realidad, una imagen al estado natural de las percepciones, sin representación mental, una especie de buen sentido o sentido común.

En el lugar opuesto figura el *eidos* o la *idea* [ἰδέα] que goza de contenido y forma concreta, y a las que se les asocia las nociones de «belleza» y «verdad»; el *eidos* corresponde, pues, con una forma a la vez estética y ética, tal y como la define Platón en el *Crátilo*.[41] El *eidos* lo encarna, paradójicamente, Don Quijote: en efecto, en la primera parte de 1605 es la locura la que hace de Don Quijote el blanco de las mofas por parte de la sociedad; sin embargo, en 1615 un progresivo regreso del protagonista al *eidos* le permite a la novela cervantina trasladarse desde la burla inicial en contra de Don Quijote hacia la sátira del protagonista en contra de la sociedad.

El *eidos* puede declinarse en *eikôn* [εἰκών], o sea 'lo que se parece a'; el *eikôn* resulta ser una especie de reproducción fiel de la realidad, una copia fidedigna y creíble, que dará la derivación morfosemántica «icono», «iconográfico».

---

[37] De Armas, 2007, pp. 133-154.
[38] De Armas, 2010, pp. 25-41.
[39] De Armas, 2006.
[40] De Armas, 2013.
[41] Platón, *Crátilo*, 2003, pp. 358-455.

Platón distingue este mimetismo objetivo de la realidad de otra representación anti-mimética como es *phantasma* [φάνταῦμα], o sea 'lo que parece ser'; *phantasma* no corresponde con una reproducción fiel de la realidad, sino como deformación de esta realidad por el espíritu humano. Uno de los derivados de *phantasma* es *emphasis* [ἔμφαῦιῶ] que Aristóteles define como reflejo o refracción.

Entendemos pues que la lengua griega no permite distinguir la «reflexión» – metafísica – de la refracción – física –, ambas denominadas *anaklasis*, lo cual presupone sistemas hermenéuticos que conducen a asimilar la forma estética con el contenido ético, o sea, el conocido *kalos kagathos*.

Las expresiones del *phantasma* que brotan de la mente quijotesca en la primera parte, tienen como causa una forma de locura, una pérdida de la razón, con lo cual no podemos asimilar el *phantasma* del protagonista con la *phantasia* del autor, o sea, una reescritura consciente de la realidad plasmada en un lenguaje específico, un idiolecto plástico que corresponde con un discurso claro y construido acerca de la realidad. Este es el punto de ruptura estética entre Cervantes y las filosofías de la Antigüedad, o, por lo menos, Platón, puesto que Aristóteles distingue lo artificial de lo natural afirmando lógicas distintas.

En *Don Quijote* el paso de *phantasma* de la primera parte a *eidos* y *eikôn* de la segunda presupone un cambio de estatuto en la voz narrativa intra-diegética, que se traslada desde una voz dionisiaca hacia una apolínea, pues, si la divinidad declama palabras inasequibles – *Quijote* de 1605 –, la pitia o el poeta por su parte las aclaran – *Quijote* de 1615 –. Todo ocurre como si las dos partes de *Don Quijote de la Mancha* funcionasen como una especie de síntesis lexicológica y filosófica – consciente o no por parte de Cervantes – que arranca en unas referencias de tipo politeísta – écfrasis mitológica – para concluir en una forma de poesía postridentina, que Cervantes presentaría de forma «encriptada» mediante juegos de voces narrativas.

Cervantes parece, pues, sintetizar en *Don Quijote de la Mancha* las diferentes acepciones del concepto griego de «imagen», a la vez que se aleja del rechazo platónico a la *mimêmata*; en efecto, en un marco ficcional es donde Cervantes construye su propósito meta-literario arraigado tanto en el juicio como en el ingenio, y esta manera de forjar lo ético – *eidos* – dentro de la forma estética – *mimêmata* – enmarca la novela cervantina dentro del concepto latino de *imago*.

En Plauto, Cicerón o Virgilio la *imago* ya no implica consideraciones metafísicas – lo bueno, lo verdadero – de la cultura griega, tomándose solo en cuenta criterios plásticos.

Pero será la filosofía agustiniana la que permitirá pasar de una imagen como percepción externa a la de representación interior, o sea, de imagen como fenómeno de refracción a imagen como actividad de reflexión, cosa impensable en la epistemología griega.

El Libro X de las *Confesiones*[42] de San Agustín compara la memoria con distintas salas de un palacio en que cada lugar cumple con una función específica, que clasifica las distintas huellas mnemónicas según características propias. San Agustín demuestra que la memoria goza de la facultad de borrar algunas de estas huellas, lo cual indica también un paso de la mente como receptáculo pasivo – como en tiempos de Aristóteles – al de actividad selectiva. De cierto modo, esto viene ilustrado en *Don Quijote* mediante la evolución del protagonista en la segunda parte, gracias al desvanecimiento progresivo de *phantasma* del que padecía el protagonista en la primera parte.

Desde el marco lingüístico, esto se traduce por la creación del verbo «imaginarse» a partir del sustantivo *imago*; por primera vez en la *Historia de las Ideas* se admite la idea de pensar con imágenes, cosa imposible desde una perspectiva helenística. Pues todo parece demostrar que *Don Quijote* funciona como receptáculo de los conceptos clásicos – griegos y latinos – de lo que llamamos hoy «imagen», a la vez que integra las aportaciones agustinianas hacia una cultura visual moderna.

En suma, la novela cervantina funciona como síntesis y superación de los conceptos occidentales de imagen, objeto privilegiado de la écfrasis cervantina, y no solo en el *Quijote*. ¿En qué medida se le puede entonces considerar a Cervantes como fuente de una forma de humanismo europeo renovado?

¿Cervantes como señal de la contemporaneidad?

Cervantes se ubica conscientemente en el eje temporal, dialoga de modo explícito con el pasado, el presente y el porvenir. De hecho, Cervantes rodea el *Quijote*, el *Persiles* y la *Galatea* de una función simbólica, casi metafísica, ubicándolas más allá de su pronta muerte.

El paratexto «Prólogo al lector» del segundo *Quijote*, como si fuese una predicción o voz testamentaria abierta sobre la historia, declara que: «Olvídaseme de decirte, que esperes el *Persiles* que ya estoy acabando y la segunda parte de *Galatea*».[43] Estos son los últimos pensamientos de una pluma que dejará de escribir definitivamente en 1616. El autor, a orillas de la Estigia, se imagina a sí mismo y a su obra desde una perspectiva editorial e histórica, contempla la historia de la literatura como un lugar donde el espíritu humano deja huella propia, estilo, nuevo hálito.

---

42 San Agustín, *Las Confesiones*, 2010.
43 De la que, al final, desdichadamente no disponemos.

Para controlar su legado personal, mata Cervantes a su personaje único, Don Quijote, el prototipo en que se encarna su aportación artística, afianzando así su paternidad ante la Historia, declarando en el mismo «Prólogo al lector» que «en ella te doy a don Quijote dilatado y, finalmente muerto y sepultado, por que ninguno se atreva a levantarle nuevos testimonios, pues bastan los pasados [...]».[44] Desaparecen las máscaras, cesan los juegos narrativos y las *mises en abyme* de *auctoritas*: muere el apócrifo Avellaneda – *mimêmata* –, Cide Hamete Benengeli y Sansón Carrasco – *phantasia* –, y permanece el *eidos* cervantino ante la Historia.

Jean Canavaggio en *Don Quichotte: du livre au mythe. Quatre siècles d'errance*[45] aprecia esta entrada de Cervantes en la Historia literaria a partir de la noción de «mito»; Cervantes le brinda a la cultura europea y mundial la imagen de un prototipo inexistente hasta aquel entonces y que sobrevive bajo distintas formas plásticas hasta hoy día.

Esta posición viene matizada por el mitógrafo José Manuel Losada Goya, quien rechaza la posibilidad de un «mito» quijotesco, dado que la dimensión extra-narrativa divina necesaria para definir un mito no existe aquí, lo cual hace imposible cualquier raigambre transcendental en este personaje literario; desde esta perspectiva, Don Quijote solo puede pretender alcanzar el estatuto de figura literaria o de héroe.

Pero en ambos casos la figura quijotesca llegó, sea cual sea su estatuto, hasta nosotros, venciendo los marcos espacio-temporales y enfrascando *eidos* propio en «iconos» constantemente actualizados por las diferentes modernidades sucesivas.

Javier del Prado Biezma en «Mitos y crisis del mito: un problema de conceptos y de terminología»[46] sugiere el concepto de «mito ascendente», que define el hecho de pasar – para una persona o personaje – de la esencia inmanente hacia la transcendente gracias a la función mnemónica de los distintos receptores. Quizá este compromiso epistemológico permita definir la figura quijotesca como nueva modalidad de representación visual.

Prueba de ello son las traducciones que de pronto brotaron por toda Europa, como las de Thomas Shelton *The delightful Historie of the most Ingenious Knight Don Quixote de la Mancha* [1612]), César Oudin *L'ingénieux don Quichotte de la Manche* [1614] o Lorenzo Franciosini *L'ingegnoso cittadino don Chisciotte della Mancia* [1622].

---

44 Cervantes, *Don Quijote de la Mancha*, 1983, p. 539.
45 anavaggio, 2005.
46 Prado Biezma, 2015, pp. 71–90.

Estas traducciones dieron lugar, a su vez, a reescrituras europeas en el ámbito de la novela primero.⁴⁷ En el contexto ultra-pirenaico, en concreto, la figura quijotesca se declinó en las novelas de Charles Sorel (*Le berger extravagant* [1628]), Adrien de Monluc (*Dom Quichotte gascon* [1630]), Du Verdier (*Le Chevalier hypocondriaque* [1632]), Filleau de Saint-Martin (*Quichotte* [1677]), en lo que se refiere al siglo XVII.

Para el siglo XVIII el prototipo quijotesco sigue inspirando la novela gala en títulos como *Histoire des imaginations extravagantes de Monsieur Oufle* del Abad Bordelon [1710], *La Voiture embourbée* [1714] de Marivaux y *La Belle par accident* [1742] de Cazotte, *Augustine de Villeblanche ou Le Stratagème de l'amour* [1788] y por fin *Jacques le fataliste* [1796] de Diderot.

La centuria del XIX refuerza la presencia de la figura quijotesca mediante novelas como *Histoire de Juliette ou les Prospérités du vice* [1801] del marqués de Sade, cuando el romanticismo de Stendhal da lugar a *Lucien Leuwen* [1834], *La Chartreuse de Parme* [1839]; el realismo de Balzac genera figuras quijotescas como *Le Père Goriot* [1835], *César Birotteau* [1837], *Les Illusions perdues* [1836–1843] o *Le cousin Pons* [1846]; tres novelas quijotescas de Flaubert *Madame Bovary*, *L'Education sentimentale* y *Bouvard et Péruchet*, le abren paso a Proust con *A la recherche du temps perdu*, y a Alfonse Daudet autor de *Tartarin de Tarascon* [1872].

Curiosamente la novela francesa del siglo XX se aleja del prototipo quijotesco, excepto en tres autores que son Jean-Paul Toulet autor de *Le Mariage de don Quichotte* (1902), Michel Houellebecq en *Particules élémentaires* (1998), *La Possibilité d'une île* (2005) y por fin Sylvie Grimbert, autora de *La conquête du monde* (2012).

Si lo vemos de manera transgenérica, nos percatamos de que el señalado declive de la figura quijotesca en el género novelístico, se debe a un traslado del mito hacia el teatro y el drama, fenómeno que va creciendo de modo exponencial a partir de los años 2000. En efecto, el escenario francés postmoderno consta de un corpus de unas 80 reescrituras dramáticas quijotescas.⁴⁸ En realidad, toda la francofonía se ha inspirado en la figura quijotesca, mucho más allá de Francia, en particular Bélgica, Quebec (Montreal) y Nigeria.

Señalaremos también aquí, no solo la vertiente transgenérica – paso de la novela al teatro –, sino incluso la transmedial, dado que estas creaciones teatrales postmodernas retoman de la novela cervantina exclusiva y principalmente la vertiente visual, cosa que se traduce con el recurso a pantallas, video proyecciones, filmaciones en directo del espectáculo, incluso a veces proyectado mediante

---

47 Ver Marigno, 2013, pp. 155–165.
48 Ver Marigno, 2012, pp. 97–120.

reformulación digital, presencia de citas cinematográficas, pictóricas, etc. Ilustran en particular esta presencia del componente visual, las recientes escenografías de *Ich Bin don Quijote* de Lisie Philip (2006), *Don Quichotte. Solo provisoire* de Dominique Boivin (2009) o *Don Quichotte du Trocadero* de José Montalvo (2013).[49]

Este auge contemporáneo de una expresión visual quijotesca en el drama galo postmoderno se explica, sin duda, por la influencia escenográfica que tuvo la técnica teatral de Svoboda, y también se entiende gracias al impulso que le dio el *Don Quijote* (1957–1969/1992) de Orson Welles, en particular, gracias a la dialéctica de la pantalla que plantea toda una reflexión plástica y visual entorno al diálogo entre cine y teatro. Recordemos en concreto la secuencia en que Don Quijote despedaza la pantalla de cine donde acontecen escenas de combates y demás luchas, episodio que no deja de recordar el hipotexto de Gines de Pasamonte (I, 22) vuelto Maese Pedro titiritero en el segundo *Quijote* (II, XXV, XXVI y XXVII).

Queda por observar lo que será la figura quijotesca en el cine, ámbito en que no parece poder arraigarse, sin que, de momento, nadie haya podido brindar alguna hipótesis. Más asequibles, sin embargo, son las ilustraciones postmodernas – *Don Quijote*, *Novelas Ejemplares*, etc. – realizadas por los años 1980–2016 en España, Francia, Suiza, etc. y que también anclan a Cervantes como fuente postmoderna de cultura visual.[50]

Conclusiones

A la vez *épistémè* contextual del XVII, tal y como la define Michel Foucault en *L'Archéologie du savoir*[51] y *personnage-concept* retomando nociones de Gilles Deleuze y Félix Guattari en *Qu'est-ce-que la philosophie*,[52] la figura cervantina de Don Quijote representa una dialéctica estética y ética que arranca en el XVII como prototipo y sigue declinándose desde hasta hoy día conformándose a los códigos estéticos de la contemporaneidad.

Gracias a las tempranas traducciones europeas del XVII, particularmente francesas, inglesas e italianas, numerosas reescrituras novelísticas brotaron por toda Europa, no solo en el mismo género novelístico sino también en el teatro y las artes plásticas con ediciones bibliófilas en particular.

---

49 Ver Marigno, 2016, pp. 349–374 y 2015, pp. 367–377.
50 Ver Marigno, 2014, pp. 165–184.
51 Foucault, 1968.
52 Deleuze y Guattari, 1991.

Todo ellos parece confirmar la hipótesis, según la cual la visión humanista cervantina debe ser estudiada como aportación a la cultura visual europea y esto, no solo como material cultural, sino como relación especular y ontológica del hombre occidental respecto a sí mismo y a su entorno, una manera de interrogar esquemas mentales y socioculturales a partir de una herramienta plástica renovada que permita reformular contenidos éticos en período de vacuidad o transición ideológica.

Bibliografía

Arellano, Ignacio, «Motivos emblemáticos en el teatro de Cervantes», *Boletín de la Real Academia Española*, 77, 1997, pp. 419–443.
Arellano, Ignacio, «Visiones y símbolos emblemáticos en la poesía de Cervantes», *Anales cervantinos*, 34, 1998, pp. 169–212.
Arellano, Ignacio, «Más sobre el lenguaje emblemático en el *Viaje del Parnaso* de Cervantes», *Lexis*, 23:2, 1999, pp. 317–336.
Arellano, Ignacio, «Los emblemas en el *Quijote*», en Rafael Zafra y José Javier Azanza (dirs.), *Emblemata aurea*, Madrid, Akal, 2000, pp. 9–32.
Arellano, Ignacio, «Elementos emblemáticos en la *Galatea* y el *Persiles*», *Bulletin of Spanish Studies*, 81, 2004, pp. 571–583.
Arellano, Ignacio, «Cultura visual y emblemática en las *Novelas ejemplares* de Cervantes», *Anales Cervantinos*, 45, 2013, pp. 93–108.
Aristóteles, *Poética* [- 335], Barcelona, Angle, 2016.
Atkinson, William Christopher, «Cervantes, El Pinciano and the *Novelas Ejemplares*», *Hispanic Review*, 16, 1948, pp. 189–208.
Belting, Hans, *Pour une anthropologie des images*, Paris, Gallimard, 2004.
Belting, Hans, *L'histoire de l'art est-elle finie? Histoire et archéologie d'un genre* (1983), Paris, Gallimard, 2007.
Blanco, Mercedes, «Vraisemblance et réel dans le *Quichotte*», *La licorne*, 39, 1996, pp. 189–218.
Brown, Jonathan y Elliott, John, *Un palacio para el Rey: el Buen Retiro y la Corte de Felipe IV*, Madrid, Taurus, 2003.
Canavaggio, Jean, «Alonso López Pinciano y la estética literaria de Cervantes en el *Quijote*», *Anales cervantinos*, 7, 1958, pp. 13–107.
Canavaggio, Jean, *Don Quichotte: du livre au mythe. Quatre siècles d'errance*, Paris, Fayard, 2005.
Cervantes Saavedra, Miguel de, *Don Quijote de la Mancha* [1605–1615], Barcelona, Juventud, 1983.
Cervantes Saavedra, Miguel de, *La Galatea* [1585], Madrid, Penguin Clásicos, 2016.
Cervantes Saavedra, Miguel de, *Los trabajos de Persiles y Sigismunda* [1617], Madrid, Hiperión, 2016.
Cervantes Saavedra, Miguel de, *Novelas ejemplares* [1613], Madrid, ed. Harry Sieber, Cátedra, 1994.

Cervantes Saavedra, Miguel de, *Numancia* [1585], Madrid, Cátedra, 1984.
Cervantes Saavedra, Miguel de, *Ocho comedias y ocho entremeses nunca representados* [1815], vol. 5, Zaragoza, Aneto, 2005.
De Armas, Frederick, «Ekphrasis and Eros in Cervantes's *La Galatea*: The case of the Blushing Numphs», en Francisco La Rubia Prado (ed.), *Cervantes for the 21st Century. Studies in Honor of Edward Dudley*, Newark, Juan de la Cuesta, 2000, pp. 33–47.
De Armas, Frederick, «The Eloquence of Mercury and the Enchantments of Venus: Humanitas in Botticelli and Cervantes's *Don Quixote*», en William S. Haney and Peter Malekin (eds.), *Humanism and the Humanities in the Twenty-first Century*, Lewisburg, Bucknell University Press, 2001, pp. 118–136.
De Armas, Frederick, «Painting with Blood and Dance: Titian's Salome and Cervantes's *El retablo de las maravillas*», en Frederick De Armas (ed.), *Ekphrasis in the Age of Cervantes*, Lewisburg, Bucknell University Press, 2005, pp. 217–233.
De Armas, Frederick, *Quixotic Frescoes. Cervantes and Italian Renaissance Art*, Toronto, University of Toronto Press, 2006.
De Armas, Frederick, «The Hermetic Raphael: Ekphrasis in *Don Quixote* and John Crowley's *Aegypt*», en A. Robert Lauer y Sonya S. Gupta (eds.), *Cervantes and his Legacy in Contemporary Fiction*, Hyderabad, Central Institute of English and Foreign Languages, 2007, pp. 133–154.
De Armas, Frederick, «(Mis)placing the Muse: Ekphrasis in Cervantes's *La Galatea*», en Frederick de Armas (ed.), *Writing for the eyes in the Spanish Golden Age*, Lewisburg, Bucknell University Press, 2010, pp. 25–41.
De Armas, Frederick, *Objects of Culture in the Literature of Imperial Spain*, Toronto, University of Toronto Press, 2013.
Deleuze, Gilles y Guattari, Felix, *Qu'est-ce-que la philosophie ?*, Paris, Éditions de Minuit, 1991.
Durand, Gilbert, *Science de l'Homme et Tradition. Le nouvel esprit anthropologique*, Paris, Tête de feuilles/Sirac, 1975.
Foucault, Michel, *Les Mots et les Choses*, Paris, Gallimard, 1966.
Foucault, Michel, *L'archéologie du savoir*, Paris, Gallimard, 1968.
Gracián, Baltasar, *Agudeza y Arte de ingenio* [1642], Orbigo, A Coruña, 2010.
Horacio, *Arte poética*, Madrid, Dykinson, 2010.
Laguna, Ana María, «Ekphrasis in the Prologue to *Don Quijote* I: Urganda the 'Unknowable' and the Mirrors of Fiction», en Frederick De Armas (ed.), *Ekphrasis in the Age of Cervantes*, Lewisburg, Bucknell University Press, 2005, pp. 127–143.
López Alemani, Ignacio, «A Portrait of a Lady: Representations of Sigismunda-Auristela in Cervante's *Persiles*», en Frederick De Armas (ed.), *Ekphrasis in the Age of Cervantes*, Lewisburg, Bucknell University Press, 2005, pp. 202–216.
López Pinciano, Alonso, *Philosophía antigua poética* [1596], ed. José Rico Verdú, Madrid, Fundación José Antonio de Castro, 1998.
Marigno, Emmanuel, «Las recreaciones teatrales del *Don Quijote de la Mancha* de Miguel de Cervantes y Saavedra en Francia (siglos XVII–XXI): estado de la cuestión y nuevas aproximaciones», *Anales Cervantinos*, 44, enero-diciembre 2012, pp. 97–120.
Marigno, Emmanuel, «Réescrituras quijotescas en la narrativa francesa (siglos XVII-XXI)», en Carlos Mata (ed.), *Recreaciones quijotescas y cervantinas en la* narrativa, Pamplona, EUNSA, 2013, pp. 155–165.
Marigno, Emmanuel, «El *Coloquio de los perros* de Miguel de Cervantes ilustrado por Manuel Alcorlo», en Emmanuel Marigno, Carlos Mata Induráin y Hugo Hernán Ramírez Sierra

(eds.), *Cervantes creador y Cervantes recreado*, Pamplona, Servicio de Publicaciones de la Universidad de Navarra, Colección BIADIG (Biblioteca Áurea Digital), 26, 2014, pp. 165–184.

Marigno, Emmanuel, «Un fénix en el siglo XX: la *Numancia* de Jean Louis Barrault (1937–1965)», en José Manuel Losada Goya and Antonella Lipscomb (eds.), *Myths in crisis. The crisis of myth. Mitos en crisis. La crisis del Mito*, Cambridge, Cambridge Scholars Publishing, 2015, pp. 367–377.

Marigno, Emmanuel, «Filiations quichottesques dans la dramaturgie française contemporaine (2000–2015): une génération de la post-dramaturgie ?», *Revue Tunisienne des Langues vivantes*, 21, 2016, pp. 349–374.

Márquez, Miguel Ángel «*Loca amoena* en el *Quijote*. El arte de la transición en los episodios pastoriles», *Anales Cervantinos*, 48, 2016, pp. 159–182.

Mestre Zaragoza, Marina, «La *Philosophía antigua poética* de Alonso López Pinciano, un nuevo estatus para la prosa de ficción», *Criticón*, 120–121, 2014, pp. 57–71.

Müller, Cristina, «Individuation, Ekphrasis and Death in Don Quixote», en Frederick De Armas (ed.), *Ekphrasis in the Age of Cervantes*, Lewisburg, Bucknell University Press, 2005, pp. 156–174.

Platón, *Crátilo* [- 360], en José Luis Calvo (ed.), *Diálogos. Obra completa*, vol. 2, Madrid, Editorial Gredos, 2003, p. 358–455.

Platón, *Crátilo* [- 360], *La República o El Estado* [- 385], Madrid, Jorge A. Mestas, 2015.

Prado Biezma, Javier del, «Mitos y crisis del mito: un problema de conceptos y de terminología», en José Manuel Losada Goya y Antonella Lipscomb (eds.), *Myths in crisis. The crisis of myth. Mitos en crisis. La crisis del Mito*, Cambridge, Cambridge Scholars Publishing, 2015, pp. 71–90.

Riley, Edward Calverley, *Teoría de la novela en Cervantes*, Madrid, Taurus, 1966.

San Agustín, *Las Confesiones*, Madrid, Gredos, 2010.

Schmelzer, Félix, «Ciencia y ficción. Notas sobre el escepticismo epistemológico del *Quijote*», *Anales cervantinos*, 48, 2016, pp. 145–157.

Rafael Ramis Barceló
Escolásticos y novatores: precisiones a la recepción de Cervantes en el pensamiento hispano de los siglos XVII y XVIII

Pese a que el título del encuentro que nos reúne aquí sea «Cervantes y el humanismo europeo», quisiéramos ofrecer algunas reflexiones sobre la recepción de Cervantes en los siglos XVII y XVIII, a través del análisis de una serie de autores hispanos poco tratados o desconocidos, cuya actitud hacia el humanismo, la filosofía o la ciencia fue muy dispar.

La lectura de algunos pasajes del *Apéndice á la primera salida de don Quixote el Escolástico*,[1] escrito por el agustino calzado Fr. Pedro Centeno, bajo el pseudónimo de Eugenio Habela Patiño, nos ha dado ocasión de reflexionar sobre un tema poco explorado: las alusiones y comentarios sobre Cervantes en las obras de los escolásticos y de los novatores hispanos.[2] Hasta donde conocemos, no existe un estudio sistemático sobre este tema.[3]

Los escritores que aquí abordamos son personajes curiosos, difícilmente clasificables, que, como veremos, dieron un parecer mayoritariamente positivo del escritor alcalaíno. Lo más interesante de este cuadro es que casi todos los autores estuvieron ligados entre sí, por vínculos religiosos, académicos o por ser críticos o censores unos de otros. Vamos a intentar un examen de estas citas y alusiones para estudiar también si el juicio de estos personajes, en su gran mayoría eclesiásticos, estuvo en consonancia o no con las ideas europeas de su tiempo y para saber qué obras o ideas de Cervantes les resultaban más interesantes.

La escolástica y los libros religiosos

La fortuna de Cervantes en el siglo de los Austrias Menores ha sido objeto ya de muchísimos estudios, que sería ocioso traer aquí a colación. Su obra fue traducida a diversos idiomas y leída por gente de muy distinta condición de toda Europa. En España, como no podía ser de otra forma, tuvo aún mayor éxito y

---

[1] Centeno, *Apéndice á la primera salida*, 1789.
[2] Un clásico insoslayable es López Piñero, 1979. Para un resumen de la contraposición entre escolásticos y novatores, ver el resumen de López Cruchet, 1998, pp. 59–67.
[3] Algunos de los textos más significativos pueden verse en Rey Hazas; Muñoz Sánchez, 2006.

resonancia. Por esa razón, en diversas obras de orientación religiosa, homilética, filosófica o teólogica se hizo mención a su persona o a sus libros.

Así como la alusión a *La Galatea* de Cervantes en la *Primera parte del Teatro de los dioses de la Gentilidad*[4] del franciscano Baltasar de Vitoria ha sido ya suficientemente advertida,[5] resulta, por ejemplo, menos conocida la referencia cervantina de Fr. Pedro de Alba y Astorga,[6] un franciscano de Zamora, radicado en Lovaina, de clara orientación inmaculista y con juicios a menudo extravagantes. En una de sus obras titulada *Exercito limpio austral*,[7] de propósito netamente mariano, hizo un juicio negativo de Cervantes, Góngora y Quevedo:

> ...uno puede escribir bien y no ser bueno lo que escribe, como Tertuliano, Origenes y Rufino en lo Eclesiastico: y en lo Historial Apuleo, Hisopo, y Ovidio escribieron bien, pero no fue bueno lo que escribieron: y en nuestro Español muchas cosas escribieron Gongora y Quevedo, que las escribieron bien, pero ellas no son buenas; y lo mismo digo de Cervantes en D. Quixote de la Mancha.[8]

No se trata de un juicio completamente negativo, como sucede con Góngora y Quevedo, aunque sí censuraba *El Quijote*, porque no todo lo que en él estaba contenido resultaba edificante. Estos dos franciscanos aquí citados eran principalmente escritores y apologistas.

Detengámonos ahora en la obra de uno de los autores más peculiares del siglo XVII: Juan Caramuel. Considerado un escolástico abierto[9] por unos y un precursor de los novatores por otros,[10] el obispo Caramuel tuvo siempre gran aprecio por lo hispano, y en su obra escolástica hizo continuas alusiones a Lope de Vega, Tirso o Quevedo, apreciadas ya en otros estudios.[11] Pero también, entre tantas ideas teológicas, médicas, filosóficas y científicas, hubo lugar para aludir al Licenciado Vidriera:

> Aliquas historias proponit hic Naudeaeus, at occurrunt tam multae, ut librum possem justae magnitudinis facere, si vellem universas scribere. Quid enim dicere possemus Licenciato illi Vitreo, cujus morbum ita risit Cervantes ut de illo scripserit specialem Novellam...[12]

---

4 Vitoria, *Primera parte del Teatro*, 1646, p. 668: «También Miguel de Cervantes, eloquentissimo español...».
5 Serés, 2003, p. 399.
6 Simón Díaz, 1973, pp. 29-33.
7 Alba y Astorga, *Exercito limpio austral*, 1663.
8 Alba y Astorga, *Exercito limpio austral* 1663, pp. 337-338.
9 Velarde Lombraña, 1989, p. 31.
10 Ver el artículo de Garma Pons, 1977-1978, pp. 77-85, fruto de su muy discutida tesis doctoral.
11 Díaz Marroquín, 2008, pp. 55-68, especialmente p. 56.
12 Caramuel, *Trismegistus theologicus*, 1679, p. 238.

En efecto, Caramuel indicó en nota, para los que no conocieran a Cervantes, que «Novella haec inscribitur *El Licenciado Vidriera*». No fue el único escolástico que se refirió al Manco de Lepanto. Dos años antes José Sáenz de Aguirre,[13] benedictino logroñés y célebre catedrático en la Universidad de Salamanca, había escrito unas palabras sobre Cervantes en su tratado sobre las virtudes y los vicios.[14] Al referirse a la virtud heroica, hizo un repaso detallado de algunas obras en un pasaje que, pese a su extensión, queremos ofrecer íntegramente:

> Itaque heroibus suis tribuebant ethnici progeniem divinam, veluti praeditis virtute superante omnes humanas vires, et quae propterea divina censeretur. Hinc est, ut quibusdam etiam illorum adscriberent talem fortitudinem, seu robur corporis, ut nullum existeret monstrum in terris, cui vincendo non essent satis. Quare poetae finxerunt, ubicumque aliquod monstrum appareret, statim solitos convolare heroas ad illum debellandum. Huc expectant admiranda illa gesta Herculis contra serpentes, apros, leones, hydram, Amazonidas. Huc expeditio Jasonis contra draconem, Bellerophontis adversus chimaeram, Persei in Gorgones, et cetum horibilem, aperto ore hiantem in Andromacham. Hic denique incredibilia illa, et figmentis plena facinora, saeculis posterioribus tributa equitibus peregrinis, vulgò, *Cavalleros Andantes*: ut Amadisio de Gaula, Belianisio de Gracia, Phebeo equiti, aliisque, quorum fabular in libris praesertim Italicis, et Hispanicis legebantur, non sine vulgi admiratione et fide: donec ferè omnes illos de ridiculo habuit, et proscripsit è confinibus Hispaniae lepidissimus Cervantes aureo illo libro, qui prae manibus omnium habetur. Ne autem gesta illa tantas vires exigentia apparent prorsus incredibilia, addebant, omnes heroas fuisse maximè proceros et giganteae magnitudinis, uno excepto Tydeo, qui ideò in tragoediis usus fuit cothurno, ut accessione illa justam heroum staturam aequaret. Omnes autem laudes à poetis et mytholigis quibusque tributae heroibus, in una illorum fortitudine celebranda positae sunt: nec aliam ferè, nisi fortè pietatem Aenae, exaggeratis illis encomiis commendant, tanquam virtutem heroicam.[15]

«Lepidissimus Cervantes», escribió Sáenz de Aguirre, quien en 1686 fue elevado a la dignidad cardenalicia por su lucha contra el galicanismo.[16] Había calificado, como hemos visto, de áureo a *El Quijote*, juicio que casi una centuria más tarde volvería a ser repetido íntegramente por otro escolástico, Vicente Calatayud,[17] catedrático de Teología en la Universidad de Valencia, y miembro de la Congregación del Oratorio.

Fue el P. Calatayud un tomista convencido, que escribió para refutar los errores de molinistas y también de los molinosistas, con argumentos extraídos

---

13 Díaz Díaz, 2003, pp. 39–42.
14 El P. Ramón Ceñal admiró la obra de este autor, especialmente la filosófica. Ver Ceñal, 1962, pp. 373–406, especialmente, p. 374.
15 Aguirre, *De virtutibus*, 1677, Disp. XIII, f. iv.
16 Domínguez, 2014, pp. 31–62.
17 Fuster, *Biblioteca Valenciana*, 1830, p. 64.

de Santo Tomás. En efecto, en su *Divus Thomas*[18] y concretamente en el artículo III (que describía la virtud heroica, de manera poética y religiosa, siguiendo al «Clarissimus purpuratus Cardinalis de Aguirre»[19]) reprodujo íntegramente el juicio del benedictino sobre Miguel de Cervantes.[20]

En las primeras décadas del siglo XVIII el Quijote fue objeto de nuevas interpretaciones. Algunas estuvieron cerca temáticamente de las ya expuestas, como la de Miguel Pérez, monje basilio[21] y catedrático de Sagrada Escritura en Salamanca,[22] quien, en un tratado sobre teología bíblica, puso numerosos ejemplos extraídos de la literatura española; hermanándole con Quevedo y otros autores, tuvo unas palabras para Cervantes, tratando asimismo de la heroicidad:

> Sic post tot mendacia mendax non fuit, sed verax potiùs. In scopum non absimilem collimavit ingeniosus hispanus Michael de Cervantes ludibrio exponens vanissima commenta equitum vagorum cum monstrosis suis facinoribus ac inverosimilibus eventis, quales Amadisii, Belianisii, Zebrini, Platires, Splandianes, etc., quos feliciter eliminavit, edito libro sui ridiculi Heróis facentissimo. Somnium ergo phoenicis (cuius historicam veitatem nè unus quidem vel suo ipsius vel saltem alterius experimento testatur) non per poetam corneam veracitatis historicae, sed per eburneam fabulae poeticae ad nos pervenit. Et haec de Poëtis.[23]

Tenemos que situar a Miguel Pérez en la misma línea de Sáenz de Aguirre, de quien fue compañero de claustro en Salamanca. Pérez fue llamado «Biblioteca animada y oráculo de la academia salmantina»[24] por Feijoo y desempeñó numerosos cargos en Salamanca, ciudad en la que murió, siendo ya centenario.

No hemos hallado mayores referencias a Cervantes en las obras escolásticas, con la excepción de la alusión en la célebre obra teológico-erudita del jesuita catalán Juan Bautista Gener[25] que, si bien contenía algunos errores biográficos propios del estado de investigación de su época, hacía un importante elogio del escritor:

> MICHAEL CERVANTES SAAVEDRA, origine saltem Hispalensis, celebratissimis inventis ubique terrarum notus. Inclaruit 1613. (Ingeniosus et per jocundus Domnus [sic] Quixotus de la Mancha: Galatea diserta etc.).[26]

---

18 Calatayud, *Divus Thomas*, 1752.
19 Calatayud, *Divus Thomas*, 1752, p. 275.
20 Calatayud, *Divus Thomas*, 1752, p. 277.
21 Benito y Durán, 1966, pp. 213–292, especialmente p. 286.
22 Dorado, *Compendio histórico*, 1776, p. 474.
23 Pérez, *Corollarium seu Additiones*, 1714, cap. 10, p. 792.
24 Feijoo, *Theatro crítico universal*, 1727, vol. 1, p. 181.
25 Andrés Martín, 1987, p. 365.
26 Gener, *Theologia dogmatico-scholastica*, 1767, p. 89.

Gener se benefició del trabajo erudito de su amigo Gregorio Mayans, que fue, como veremos, el centro del cervantismo del siglo XVIII, aunque no hay duda de que el jesuita, en un alarde de erudición para tratar cualquier tema y autor relacionado con la religión, supo apreciar también la obra del autor de *La Galatea*.

No es de extrañar que las mentes más avanzadas y eruditas entre los escolásticos hispanos fueran las que citasen con agrado al escritor alcalaíno. Cabe preguntarse si estos escolásticos tuvieron algún contacto con la pre-ilustración europea o con los escolásticos de otros países. A la vista de las obras que hemos podido analizar, los escolásticos hispanos no contagiaron su interés cervantino a sus homólogos europeos, ni tan solo a los eruditos. El debate cervantino fue, en todo caso, entre escolásticos aperturistas y novatores o reformadores, todos ellos españoles.

Con todo, ¿qué decían, mientras tanto, de Cervantes en otros lugares de Europa? Tomemos algunas referencias. Al hilo de los escolásticos, veamos la opinión de Jean-Baptiste de Boyer, Marqués d'Argens, punzante escritor y filósofo, autor de las *Lettres juives*. En ellas podemos leer lo siguiente:

> Je regarde, en général, les Théologiens Espagnols, comme des Gens que tout l'Ellebore d'Anticire ne pourroit guérir. Ils font accoutumez, des les prémiers pas qu'ils fons dans l'Etude, à ne se nourrir que de Chimeres; et leur Cerveu s'est dérangé à un tel Point, qu'il seroit plus aisé de faire revenir de sa Folie le Héros de Michel de Cervantes, qu'un Homme infatué des Maximes de Sanchès, de Suarès, d'Escobar, de Tambourin, et de leurs semblables.[27]

No todos los juicios fueron negativos: más bien, al contrario. Puede hallarse en *The Lucubrations of Isaac Bickerstaff* un gran elogio hacia «the exquisite Genius and discerning Spirit of Michael Cervantes»[28] y otros tantos entre filósofos y literatos ingleses del siglo XVIII,[29] como el reverendo Anthony Blackwall, distinguido latinista, que citó al escritor español entre los clásicos.[30]

También hay que destacar el parecer encomiástico del teólogo evangélico, filósofo e historiador Friedrich Wilhelm Bierling en su muy celebrada historia del pirronismo[31]:

> Nota est elegantissima satira, sub schemate fabular, cuius heros Don Quixote, inuoluta, qua fastum Hispanorum exagitasse putatur MICHAEL CERVANTES, ipse Hispanus. Liber characteres sapientiae atque stultitiae, morumque praecepta iucunde tradit.[32]

---

27 Boyer, *Lettres juives*, 1737, p. 204.
28 Steele, *The Lucubrations of Isaac Bickerstaff*, 1723, p. 298.
29 Ver Barrio; Crespo, 2007.
30 Blackwall, *De praestantia classicorum*, 1735, p. 326.
31 Para la evolución de la recepción de Cervantes y, en particular, de *El Quijote* en el mundo germánico del siglo XVIII, ver Rivero Iglesias, 2011.
32 Bierlingii, *Commentatio de Pyrrhonismo historico*, 1724, p. 144n.

Lo cierto es que la selección de escritos de autores extranjeros que hemos presentado es anterior a 1737, año en que Gregorio Mayans publicó su documentada biografía cervantina,[33] que permitió un incremento inmediato del conocimiento de la vida y obra del escritor.[34] Lo curioso es que, tras el éxito que había tenido Cervantes entre los pensadores e historiadores durante el primer tercio del siglo XVIII, el alcalaíno pasó a ser en general patrimonio de escritores y literatos, aunque no exclusivamente, como veremos a continuación.

Filósofos, escritores y novatores españoles

¿Qué repercusión tuvieron estos comentarios de filósofos, teólogos y escritores extranjeros en España? Poca, si repasamos las obras de los autores hispanos. Indicó Aguilar Piñal que los escritores del siglo XVIII encontraron en Cervantes, y especialmente en *El Quijote*, aquello que querían ver.[35] Cada uno lo usó para defender sus ideas e intereses y se hallan referencias de todo tipo.

Hay que destacar que no todos los hombres dieciochescos gustaron de Cervantes ni de su obra más célebre.[36] Algunos juicios propiciaron debates muy conocidos, como el que enfrentó a Nasarre y Montiano con Mayans a propósito de *El Quijote de Avellaneda*, que generó una polémica[37] la cual, con diversas ramificaciones, abrazó buena parte de la centuria. Dejaremos esta vertiente más literaria, bastante trabajada, para centrarnos en autores y citas menos conocidos y estudiados.[38]

---

33 Mayans Siscar, *Vida de Miguel de Cervantes Saavedra*, 1737.
34 Del éxito inmediato de la biografía de Mayans, dan fe alusiones tempranas como la que aparece en la compilación *Scaligerana, Thuanba, Perroniana, Pithoeana, et Colomesiana: Ou remarques Historiques, critiques, morales, et litteraires de Jos. Scaliger, J. Aug. de Thou, du Perron, Fr. Pithou, et S. Colomiés*, p. 583.
35 Aguilar Piñal, 1982, pp. 207-216 y 1983, pp. 154-163.
36 López, 1999, pp. 247-264.
37 Ver Giménez López, 2006.
38 Hay alusiones en libros de difícil clasificación como, por ejemplo, una obra miscelánea, esencialmente de carácter religioso, sobre las celebraciones de la canonización de San Félix de Cantalicio hechas en Murcia: Martínez Talón, *Relacion de los sagrados cultos, y obsequiosas devotas demonstraciones, conque la M.N.M.L. ciudad de Murcia celebró la canonizacion de San Felix de Cantalicio el dia 20 de febrero de 1713*. En ella, el autor recoge un parecer literario de su hermano, José Martínez Talón, abogado de los reales consejos y vecino de la ciudad de Murcia, en el que se alude a Cervantes. Ver Aguilar Piñal, 1989, p. 517 y sobre J. Martínez Talón, ver Marín Cano, 2011, p. 203. La cita sobre Cervantes es la siguiente: Martínez Talón, *Relacion de los sagrados cultos, y obsequiosas devotas demonstraciones, conque la M.N.M.L. ciudad de Murcia celebró*

Desde luego, durante la mitad de la centuria abundaron más los juicios literarios y estilísticos que los filosóficos, teológicos y científicos. A ello también contribuyó notoriamente la *Rhetorica* de Mayans, que – como es sabido – quiso enjuiciar las virtudes y defectos del Manco de Lepanto de forma ponderada y crítica, tal y como hizo, por ejemplo, con el *Persiles* y el *Quijote*.[39]

Mayans era un entusiasta lector de Cervantes, al igual que su amigo y colaborador Andrés Piquer. Prácticamente podemos hallar alusiones al escritor alcalaíno y a *Don Quijote* en todas las obras del novator y catedrático de anatomía, desde las más empíricas a las más filosóficas. En su *Lógica*[40] alabó el estilo cervantino y en su *Philosophía moral para la juventud española* escribió:

> La demasiada credulidad hija siempre de la ignorancia, si anda acompañada de alguna dominante pasion, es una de las cosas que hay mas á propósito para excitar la risa. Conoció bien esto nuestro Cervantes que pintando á su Don Quixote vanamente crédulo, y sumamente preocupado con las hazañas de los Caballeros Andantes, y lleno de deseo de imitar su falsa gloria, le volvió tan ridículo, que con la descripcion que de él hizo, no solo ha causado risa, sino admiracion á todas las Naciones de Europa.[41]

En un sentido general tenía razón Piquer al referirse a la admiración de las naciones europeas. Las alusiones a Cervantes y a *Don Quijote* a menudo aparecían mezcladas y pueden verse en muchas obras de esa centuria, unas más conocidas que otras. La mayoría de los escritos que le mencionaban en Europa se referían al estilo literario, como podemos encontrar, por ejemplo, en las consideraciones de Chamfort, con respecto de la comedia: «Elle existoit dans Michel Cervante [sic], qui eut la glorie de combattre et de vaincre un ridicule dont le Thêatre Espagnol auroit dû faire justice.»[42]

En España, a medida que transcurría el siglo XVIII, las obras de Cervantes, sin dejar de ser estudiadas literariamente, fueron interpretadas también de forma más minoritaria a partir de un interés ideológico y reformador. Así, por ejemplo,

---

la canonizacion de San Felix de Cantalicio el dia 20 de febrero de 1713, p. 157. «Pues para desfazer tan grandes tuertos, resucita el valoroso Don Quixote, fiscal andante en busca destas famosas aventuras».

39 «La *Historia fingida*, si es larga, admite mas *Episodios*; pero no deven ser tantos, que por ellos desaparezca el assnnto [sic] principal, como sucedió a Miguel de Cervantes Saavedra en su *Persiles i Segismunda*. I mucho menos deven ser tan fuera de proposito, quales son los totalmente estraños del assunto, error que cometiò el mismo Cervantes en la *Parte Primera de Quijote de la Mancha*, i le confessò en la Segunda» (Mayans i Siscàr, *Rhetorica*, 1757, p. 348).

40 Piquer, *Logica*, 1781, pp. 51 y 180.

41 Piquer, *Philosophía*, 1787, p. 192.

42 Chamfort, *Eloge de Molière*, 1769, p. 12.

las discusiones del célebre médico Martín Martínez sobre *El Quijote* pueden entenderse como parte del pensamiento de los novatores, dispuestos a sentar las bases de una modernización de la ciencia y del saber en España. En la *Medicina sceptica* dejó escritas las siguientes palabras:

> ...à quien primero soy deudor, es à mi Patria; y que si acaso yo acertasse à hacer una obra en materia, y modo, tan del gusto comun, como Cervantes su *Don Quixote*, Saavedra sus *Empressas*, y Quevedo sus *Sueños* (de que estoy muy lexos por mi ineptitud), a buen partido tomaria la tarea de la traduccion...[43]

El Quijote era, sin duda, un libro muy del gusto de Martínez, quien también lo citó en su celebrada *Philosophia sceptica*. En el diálogo, puso en boca del escéptico esta reflexión:

> No seria la primera vez, que una fabula ha desterrado otras fabulas. La fabulosa Historia de Don Quixote logro desterrar los perjudiciales Libros de Cavallerias. Ojalà, que la Sceptica fuesse tan discreta, y afortunada![44]

El novator cisterciense Antonio José Rodríguez buscó una fundamentación empírica para todos los saberes,[45] ajena a las autoridades. Aludió a *El Quijote* al tratar el tema de la guerra justa, refiriéndose a «un Don Quixote desfacedor de Tuertos, que no tienen conexión con el Estado, sino con el interès proprio de qualquiera Soberano, ò de qualquiera mal Ministro».[46]

Cercano al espíritu de los novatores se hallaba el P. Isla, quien en el prólogo a su *Fray Gerundio de Campazas* propugnaba también un cambio en las lecturas y en los gustos de los lectores de su tiempo y, al igual que Martín Martínez, se miraba en el espejo cervantino:

> Hasta que Miguèl de Cervantes salió con su incomprable Historia de D. Quijote de la Mancha, no se desterrò de España el extravagante gusto à Historias y Aventuras Romancescas, que embaucaban inutilissimamente à innumerables Lectores, quitandoles el tiempo, y el gusto para leer otros libros, que los instruyessen, por las que las mejores plumas havian gritado contra esta rustica, y grossera inclinacion, hasta enronquecerse. Pues por què no podrè esperar yo, que sea tan dichosa la Historia de Fray Gerundio de Campàzas, como lo fuè la de Don Quijote de la Mancha, mas siendo la materia de orden tan superior, y los inconvenientes, que se pretenden desterrar, de tanto mayor bulto, gravedad, y peso?[47]

---

43 Martínez, *Medicina sceptica*, 1722, Prólogo, s.f.
44 Martínez, *Philosophia sceptica*, 1730, p. 300.
45 Sánchez Blanco, 1991, p. 78.
46 Rodríguez, *Nuevo aspecto*, 1764, p. 285.
47 [Isla], Lobón de Salazar, *Historia del famoso predicador*, 1758, Prólogo, p. 72.

Las alusiones a Cervantes en las polémicas posteriores entre ilustrados, científicos y literatos han sido ya subrayadas en muchos trabajos, algunos de los cuales hemos ido citando. Acabamos, pues, volviendo a nuestro punto de partida: el *Apéndice á la primera salida de Don Quixote el Escolástico*.

El uso dieciochesco de los renovadores de la figura de Don Quijote concluye, en buena manera, con esta crítica a la escolástica, pensada por Fr. Pedro Centeno, quien, con ello, quería burlarse del verbosismo decadente del escolasticismo de su tiempo y apostar, como habían hecho sus correligionarios agustinos, por la filosofía moderna, que empezaron a explicar en sus colegios y cátedras en la década de 1780.[48]

Don Quijote se había convertido en un pretexto para llevar a cabo una ácida crítica contra la filosofía escolástica y para acabar con ella, al igual que, al decir cervantino, con los «libros de caballerías, que por las de mi verdadero don Quijote van ya tropezando y han de caer del todo sin duda alguna».[49] Escribió Fr. Pedro Centeno:

> ¿Consentirán que un Don Quixote Escolástico no solamente trate de resucitar los antiguos tiempos de su Filosofia, sino que se jacte de defender la misma Suma Filosófica? Pero yo quiero que por todo esto pasen los Modernos, y que satisfechos con tener de su parte á la razon, no quieran molestar los tribunales con controversias que solamente deben decidirse en el tribunal de ella; ni procuren a los Escolásticos otras penas que las del escarnio y de la mofa pública, que han sufrido en otros Paises, y están cerca de sufrir en el nuestro.[50]

Nada mejor que para concluir este repaso de la fortuna de Cervantes entre escolásticos y novatores que esta crítica, en el más puro estilo ilustrado, a la filosofía escolar que ya era objeto de befa en Europa y que pronto lo sería en España. Cerramos un círculo: hemos empezado estudiando a los teólogos hispanos y su alabanza de la virtud heroica de Don Quijote y hemos concluido con una recreación literaria del combate del caballero de la Mancha contra los escolásticos.

Conclusiones

Las páginas anteriores han mostrado una panoplia diversa de juicios y pareceres sobre Cervantes en la época que abarca desde 1650 hasta finales del siglo XIX. Posteriormente, la obra cervantina y, en particular, *El Quijote* serían objeto de

---

[48] Alted Vigil, 1984, pp. 141–179, que incluye datos sobre Fr. Pedro Centeno y la labor de la orden agustina en pro del pensamiento «moderno».
[49] Cervantes, *Don Quijote de la Mancha*, 1998, pp. 1222–1223.
[50] Centeno, *Apéndice*, 1789, p. 66.

variadas reflexiones filosóficas, a lo largo de las siguientes décadas, que caen ya fuera de los límites de este estudio.

La historiografía de las ideas en España ha señalado que desde 1650 a 1750 se produjo un enfrentamiento intelectual entre los escolásticos y los novatores, que finalmente dio lugar a las pugnas virulentas entre ilustrados y tardoescolásticos en la segunda mitad del siglo XVIII, en las que participaron muchos eclesiásticos en un bando y en otro.

¿Qué papel tuvo, así pues, la obra de Cervantes en tal debate? En primer lugar, hay que subrayar que tanto escolásticos como novatores citaron al escritor alcalaíno en sus obras, y casi todos ellos formularon un juicio positivo de él. Fueron los escolásticos y los novatores más sobresalientes quienes citaron a Cervantes. Más allá de algunas valoraciones negativas, fruto de la incomprensión o de algún malentendido, los autores citaron con agrado al gran escritor español.

Caramuel y Sáenz de Aguirre son dos de los mayores escolásticos de su época, los más abiertos a las novedades y los más receptivos con respecto a los estímulos que cualquier obra pudiese brindar. Asimismo, Martín Martínez, Antonio José Rodríguez y otros leyeron a Cervantes en clave reformadora e hicieron una valoración más ideológica de su obra.

En segundo lugar, la obra tratada por excelencia fue *El Quijote*, analizada desde el punto de vista literario, filosófico y teológico. Puede decirse que hablar de *El Quijote* equivalía a hacerlo de Cervantes y viceversa, tal era el grado de identificación de autor y obra. Sin embargo, hubo también referencias más aisladas a *La Galatea* o a las *Novelas Ejemplares*, tal y como hizo Caramuel con *El Licenciado Vidriera*.

En tercer lugar, el debate entre escolásticos y novatores no traspasó las barreras nacionales y, por tanto, tampoco se benefició del parecer de los filósofos y eruditos europeos sobre Cervantes y su obra. Hubo juicios en paralelo sobre *El Quijote* y las habilidades expresivas de su autor, aunque nunca existió un debate entre españoles y demás europeos sobre estos temas. Así pues, los juicios de Bierling, Chamfort o del Marqués d'Argens son fruto de sus lecturas singulares. No obstante, en un sentido histórico-literario, la obra de Mayans fue ampliamente difundida también en el resto de Europa. Solo los escolásticos hispanos más abiertos pudieron hacer un hueco a Cervantes en su obra, aunque sus homólogos europeos no se interesaron por esta cuestión.

Por último, no hubo un enfrentamiento entre las posturas de los escolásticos y los novatores sobre cómo leer o interpretar a Cervantes. Todos ellos tomaron de él lo que más les interesó y conformaron un juicio mayoritariamente positivo. Usaron a Cervantes a su gusto: unos para integrarlo en su obra teológica, algunos para mostrarlo como paladín de la Modernidad y otros, como Pedro Centeno, para hacer de Don Quijote un caballero andante que luchase contra los molinos de viento escolásticos.

Con Centeno empezó una época en la cual los escritores y los filósofos recrearon, cada cual a su gusto y de forma muy libre, a Don Quijote, que fue protagonista de las más variadas aventuras y disquisiciones. Siguiendo las ideas sobre «la muerte del autor» de Roland Barthes, Cervantes habría muerto definitivamente a finales del siglo XVIII, pues en los siglos XIX y XX *El Quijote* tomó ya vida propia, tanto en un sentido literario como ideológico, y esta obra y todo el pensamiento cervantino fueron reinterpretados y releídos hasta límites insospechados.

Sin embargo, en la pugna entre escolásticos y novatores podemos ver cómo los segundos finalmente quisieron imitar el estilo y el alcance cervantinos, aun sin la pretensión de escribir nuevas salidas de *El Quijote*, ni convertirlo en un héroe nacional o en un filósofo castellano. Con ello podemos corroborar que hay un proceso histórico e ideológico que permite afirmar que tanto Cervantes como su obra más conocida fueron objeto de interés (e incluso fungieron como «argumentos de autoridad») en las distintas épocas.

Este conjunto de citas y alusiones permite concluir, en fin, que Cervantes fue objeto de estudio en ámbitos aun bastante inexplorados, que caen mucho más allá de lo estrictamente literario y, con ello, pretendemos ensanchar modestamente la perspectiva sobre su recepción en los siglos XVII y XVIII.

Bibliografía

AAVV, *Scaligerana, Thuanba, Perroniana, Pithoeana, et Colomesiana: Ou remarques Historiques, critiques, morales, et litteraires de Jos. Scaliger, J. Aug. de Thou, du Perron, Fr. Pithou, et S. Colomiés*, vol. 1, Amsterdam, Chez Covens et Mortier, 1740.

Aguilar Piñal, Francisco, «Anverso y reverso del "quijotismo" en el siglo XVIII español», *Anales de Literatura Española*, 1, 1982, pp. 207–216.

Aguilar Piñal, Francisco, «Cervantes en el siglo XVIII», *Anales Cervantinos*, 21, 1983, pp. 154–163.

Aguilar Piñal, Francisco, *Bibliografía de autores españoles del siglo XVIII*, vol. 5, Madrid, CSIC, 1989.

Aguirre, José de, *De virtutibus et vitiis disputationes ethicae: in quibus accurate disseritur quidquid fere spectat ad philosophiam moralem ab Aristotele traditam decem libris ethicorum ad Nicomachum*, Salmanticae, apud Lucam Perez, 1677.

Alba y Astorga, Pedro de, *Exercito limpio austral contra las manchas que del prado en unos memoriales y pasquin y otros papeles disformes, han salido aquestos dias, oponiendose al breve de Alexandro VII...*, por Juan Martínez, Zaragoza, 1663.

Alted Vigil, Alicia, «Prensa ilustrada en la España del siglo XVIII: El Apologista Universal (1786–1788)», *Cuadernos para Investigación de la Literatura Hispánica*, 6, 1984, pp. 141–179.

Andrés Martín, Melquíades, *Historia de la teología en España, 1470–1570: Desde fines del siglo XVI hasta la actualidad*, Madrid, Fundación Universitaria Española, 1987.

Barrio, José Manuel y Crespo Allué, María José, *La huella de Cervantes y del Quijote en la cultura anglosajona*, Universidad de Valladolid, Secretariado de Publicaciones, 2007.

Benito y Durán, Ángel, «Los monjes basilios en la Universidad de Salamanca», *Miscelánea Comillas*, 46, 1966, pp. 213-292.

Bierlingii, Friderici Guilielmi, *Commentatio de Pyrrhonismo historico*, Lipsiae, Sumptibus Nicolai Foerstierii et filii, 1724.

Blackwall, Anthony, *De praestantia classicorum auctorum commentatio*, Lipsiae, Apud Iacobum Schusterum, 1735.

Boyer, Jean-Baptiste de, *Lettres juives, ou Correspondance philosophique, historique et critique, entre un juif voyageur à Paris, et ses correspondans en divers endroits*, vol. 4, Amsterdam, Chez Paul Gautier, 1737.

Calatayud, Vicente, *Divus Thomas cum patribus ex prophetis locutus Priscorum ac recentium errorum spurcissimas tenebras, Mysticam theologiam obscurare molientes Angelice dissipans sive Dissertationes theologicae scholastico-dogmaticae et mystico-doctrinales ad sensum et litteram divi Thomae*, Valentiae, apud viduam Hieronymi Conejos, 1752.

Caramuel, Joannis, *Trismegistus theologicus*, vol. 4, Crites Latine iudex arbiter de vsu sensibilium restrictionum in praxi, Vigevani, typis episcopalibus apud Camillum Conradam, 1679.

Centeno, Pedro, *Apéndice á la primera salida de don Quixote el Escolástico*, Madrid, por D. Antonio Espinosa, 1789.

Ceñal, Ramón, «La Filosofía española del siglo XVII», *Revista de la Universidad Complutense de Madrid*, 91-92, 1962, pp. 373-406.

Cervantes, Miguel de, *Don Quijote de la Mancha*, 2ª ed. corregida, Barcelona, Instituto Cervantes-Crítica, II, 74, 1998, pp. 1222-1223.

Chamfort, Sebastien Roch Nicolas De, *Eloge de Molière: discours qui a remporté le prix de l'académie françoise en 1769*, Paris, Chez la V. Rengard, 1769.

Díaz Díaz, Gonzalo, *Hombres y documentos de la filosofía española*, vol. 7, Madrid, CSIC, 2003, pp. 39-42.

Díaz Marroquín, Lucía, «Técnica vocal y retórica de los afectos en el hermetismo espiritualista del siglo XVII: el artículo XII *De oris colloquutione* de Juan Caramuel», *Criticón*, 103-104, 2008, pp. 55-68.

Domínguez, José María, «El cardenal José Sáenz de Aguirre en el contexto cultural romano de finales del siglo XVII», *Berceo*, 166, 2014, pp. 31-62.

Dorado, Bernardo, *Compendio histórico de la ciudad de Salamanca*, por Juan Antonio de Lasanta, Salamanca, 1776.

Feijoo, Benito Jerónimo., *Theatro critico universal*, vol. 1, Madrid, en la imprenta de Lorenzo Francisco Mojados, 1727.

Fuster, Justo Pastor, *Biblioteca Valenciana de los escritores que florecieron hasta nuestros dias*, vol. 2, Valencia, Imprenta y Librería e Ildefonso Mompié, 1830.

Garma Pons, Santiago, «Las aportaciones de Juan Caramuel (1606-1682) al nacimiento de la matemática moderna», *Anuario de Historia Moderna y Contemporánea*, 4-5, 1977-1978, pp. 77-85.

Gener, Joannis Baptistae, *Theologia dogmatico-scholastica perpetuis prolusionibus polemicis historico-criticis necnon sacrae antiquitatis monumentis illustrata*, tomus I, Romae, in typographeo S. Michaelis ad Ripam, 1767.

Giménez López, Enrique, *El Quijote en el Siglo de las Luces*, Alicante, Universidad de Alicante, 2006.

[Isla, José Francisco de], Francisco Lobón de Salazar, *Historia del famoso predicador fray Gerundio de Campazanas, aliàs Zotes*, Madrid, en la imprenta de D. Gabriel Ramírez, 1758.

López Cruchet, Julián, «La polémica entre escolásticos y novatores a principios del siglo XVIII: memoria histórica», en Antonio Jiménez García (coord.), *Estudios sobre historia del pensamiento español: (actas de las III Jornadas de Hispanismo Filosófico)*, AAVV, Madrid, 1998, pp. 59–67.

López Piñero, José María, *Ciencia y técnica en la sociedad española de los siglos XVI y XVII*, Barcelona, Labor, 1979.

López, François, «Los Quijotes de la Ilustración», *Dieciocho*, 22, 2, 1999, pp. 247–264.

Marín Cano, Alfredo, «Un obispo pacificador: Luis Belluga y los bandos ciezanos (1705)», en Jaime Contreras Contreras y Raquel Sánchez Ibáñez (coord.), *Familias, poderes, instituciones y conflictos*, Murcia, Editum, 2011, pp. 199–207.

Martínez Talón, Antonio Diego, *Relacion de los sagrados cultos, y obsequiosas devotas demonstraciones, conque la M.N.M.L. ciudad de Murcia celebró la canonizacion de San Felix de Cantalicio el dia 20 de febrero de 1713*, por Jayme Mesnier, Murcia, 1713.

Martínez, Martín, *Medicina sceptica y Cirugia moderna, con un tratado de operaciones chirurgicas: Tomo primero, que llaman Tentativa*, Madrid, 1722.

Martínez, Martín, *Philosophia sceptica: Extracto de la Physica antigua y moderna, recopilada en diálogos entre un aristotélico, cartesiano, gasendista y sceptico para instrucción de la curiosidad española*, Madrid, 1730.

Mayans i Siscàr, Gregorio, *Rhetorica*, tomo I, Valencia, por los herederos de Gerónimo Conejos, 1757.

Mayans i Siscàr, Gregorio, *Vida de Miguel de Cervantes Saavedra*, en Briga-Real, [s.n.], 1737.

Pérez, Miguel, *Corollarium seu Additiones ac posteriores curae ad tractatum theologico-biblicum super verba Pauli Rom. cap. 10*, tomus alter, Salmanticae, ex officina Gregorij Ortiz Gallardo, 1714.

Piquer, Andrés, *Logica*, tercera edición, Madrid, por D. Joachin Ibarra, 1781.

Piquer, Andrés, *Philosophía moral para la juventud española*, tomo primero, Madrid, en la Oficina de Benito Cano, 1787.

Rey Hazas, A.; Muñoz Sánchez, J. R. (ed.), *El nacimiento del cervantismo: Cervantes y el Quijote en el siglo XVIII*, Madrid, Verbum Editorial, 2006.

Rivero Iglesias, Carmen, *La recepción e interpretación del Quijote en la Alemania del siglo XVIII*, Argamasilla de Alba, Ayuntamiento de Argamasilla de Alba, 2011.

Rodríguez, Antonio José, *Nuevo aspecto de theologia medico-moral y ambos derechos, o paradoxas fisico-teologico-legales: obra critica, provechosa a parrocos, confessores y professores*, vol. 3, Madrid, en la Imprenta Real de la Gaceta, 1764.

Sánchez Blanco, Francisco, *Europa y el pensamiento español del siglo XVIII*, Madrid, Alianza, 1991.

Serés, Guillermo, «El enciclopedismo mitográfico de Baltasar de Vitoria», *La Perinola: Revista de investigación quevediana*, 7, 2003, pp. 398–421.

Simón Díaz, José, *Bibliografía de la literatura hispánica*, Vol. 5, Madrid, CSIC, 1973, pp. 29–33.

Steele, Richard, *The Lucubrations of Isaac Bickerstaff, Esquire*, vol. 3, [printed for E. and R. Nutt et alii], London 1723.

Velarde Lombraña, Julián, *Juan Caramuel: Vida y Obra*, Oviedo, Pentalfa, 1989.

Vitoria, Baltasar de, *Primera parte del Teatro de los dioses de la Gentilidad*, por Bernardo Nogués, Valencia, en casa de los herederos de Crysostomo Garriz, 1646.

Christoph Strosetzki
Don Quijote y la filosofía del idealismo alemán

El *Quijote* fue un modelo oportuno para ejemplificar de manera programática los principios de la filosofía del idealismo alemán. Por ello, en las siguientes páginas no solo se reunirán los pasajes en los que se cita a los personajes del *Quijote*, sino que se presentarán aquí más bien las ideas que sustentan la ejemplaridad del *Quijote*. Así, por ejemplo, no supone progreso alguno mencionar a Hegel cuando caracteriza el enigma como forma artística resuelta en sí y para sí y cita a Sancho Panza, el cual habría dicho con razón que «prefiere con mucho que se le dé primero la solución y después el enigma».[1] Síntesis y culmen de la filosofía del idealismo alemán fue Hegel, de cuyo temprano tratamiento de esta materia da testimonio su obra *Diferencia entre los sistemas de Filosofía de Fichte y Schelling* del año 1801. Por ello, a continuación se mostrará su concepción del idealismo, la cual queda complementada por los trabajos anteriores fundamentales de Schelling. Dado que también Schiller y Friedrich Schlegel se ocuparon de Fichte y Schelling y, a su vez, se refirieron a las teorías de éstos, también serán tenidos en cuenta aquí.

    Vamos a centrarnos en particular en la presentación de cuatro puntos. Dado que se atribuye el idealismo al sujeto en su relación con el objeto, comenzaremos adentrándonos en la problemática sujeto-objeto. En este contexto se encuentran la posición predominante del sujeto y la relación entre lo infinito y lo finito, así como entre el idealista y el realista. El segundo punto lo conforma la filosofía de la historia, el tercero la interpretación filosófica del mito y, para terminar, el cuarto punto lo componen los efectos del humor, la sátira y la ironía resultantes de la tensión entre sujeto y objeto. Puesto que la relación entre sujeto y objeto tal como se presenta en Hegel, por ejemplo en la lucha o en la relación señor-vasallo, ya se trató en otro lugar, no será aquí objeto de nuestra atención.[2]

    El punto de partida de la filosofía idealista es sencillo: así como el espíritu absoluto – esto es Dios – creó el mundo, el sujeto individual crea de forma análoga su realidad a partir de sí mismo y con su capacidad configuradora individual. La actividad y la configuración parten, así pues, del sujeto, de forma que la realización del objeto se debe al sujeto. Schelling lo formula de la siguiente forma: «Dios es aquello a lo que no precede ningún otro concepto, como el espacio a

---

[1] Hegel, *Ästhetik*, 1995, vol. 1, p. 385.
[2] Strosetzki, 2006, pp. 73–98.

https://doi.org/10.1515/9783110598636-011

la geometría. El mundo, por el contrario, sólo puede concebirse como resultado de Él».[3] La voluntad divina se convierte en origen de la naturaleza, es creadora, así pues, de la naturaleza.[4] De tal modo, Dios es aquella causa en el proceso del mundo «que otorga supremacía a lo ideal sobre lo real».[5] Lo que es válido para Dios, es de forma análoga también válido para las creaciones: «Los entes finitos, por el contrario, solo disponen de la libertad de posicionarse eternamente».[6] Esto significa que la realidad representa de forma explícita lo que en la idea solo se da de forma implícita. La naturaleza se origina por los momentos contenidos en la idea que se diluyen y coexisten. «La naturaleza es, según esta teoría, nada más que la idea disuelta»,[7] «pues cada ente se desarrolla solamente por la posición del ser implícito como explícito».[8]

Para Schelling el mundo interior tiene por tanto prioridad frente al exterior: «El hecho real siempre es, sin embargo, algo interior; el hecho real de una batalla, por ejemplo, se encuentra en el espíritu del estratega, no en los ataques o cañonazos; el hecho real de un libro sólo lo conoce aquel que lo comprende».[9] Para ejemplificarlo, Schelling recurre a la geometría y a la luz. En ambos ejemplos algo parte de un punto y se posa sobre los objetos de la realidad, bien sean modelos geométricos, o bien sean, por ejemplo, los rayos del sol. La luz, según él, no puede ser materia, pues atraviesa los cuerpos transparentes. «La luz es al parecer en el mundo expandido una analogía del espíritu, la luz no es sino el espíritu pensante, solo que en su nivel más profundo».[10]

Hegel parte de las hipótesis de Schelling cuando formula: «El carácter general del espíritu consiste en la posición de las determinaciones que tiene en sí. [...] El espíritu obra de manera esencial; se hace lo que es en sí mismo, su acto, su obra; de este modo se convierte en su propio objeto y se ofrece a sí mismo como una existencia (*Dasein*)».[11] El sujeto espiritual es, así, activo y proyecta lo interior sobre lo exterior. Para ejemplificar a su lector la primacía de lo interior, Hegel se considera obligado a recurrir al concepto de lo romántico. «El verdadero contenido de lo romántico es la interioridad absoluta, la forma correspondiente

---

3 Schelling, *Einleitung in die Philosophie*, 1989, p. 68.
4 Schelling, *Einleitung in die Philosophie*, 1989, p. 86.
5 Schelling, *Einleitung in die Philosophie*, 1989, p. 97.
6 Schelling, *Einleitung in die Philosophie*, 1989, p. 106.
7 Schelling, *Einleitung in die Philosophie*, 1989, p. 65.
8 Schelling, *Einleitung in die Philosophie*, 1989, p. 53.
9 Schelling, *Einleitung in die Philosophie*, 1989, p. 37s.
10 Schelling, *Einleitung in die Philosophie*, 1989, p. 51. En la geometría, Schelling se remite a una alegoría de Platón, según la cual «la geometría sueña con lo realmente existente, pero no lo alcanza» (Schelling, *Einleitung in die Philosophie*, 1989, p. 18).
11 Hegel, *Die Vernunft in der Geschichte*, 1955, p. 66.

de la subjetividad espiritual como discernimiento de su autonomía y libertad».[12] Se devalúa así lo exterior y solo puede apreciarse en dependencia de lo interior.[13]

Cuando el sujeto erudito comienza su actividad, es la libertad lo que le caracteriza. Por el contrario, resulta que el ignorante no es libre, pues se enfrenta a un mundo extraño: «un más allá y fuera del que depende, sin que él haya hecho para sí mismo este mundo extraño y por tanto esté en él como en el suyo junto a sí mismo. El impulso de la avidez de conocimiento [...] deriva solamente del afán por superar esa relación de no libertad y por apropiarse del mundo en la representación y en el pensamiento. De modo contrario, la libertad en la actuación persigue que la razón de la voluntad alcance la realidad».[14] El sujeto alcanza tanta mayor libertad cuanto más lleva sus representaciones a la realidad objetiva.

Todo ello lo explica Hegel con ejemplos extraídos de la literatura, donde ve un paralelismo entre el *Götz de Berlichingen* de Goethe y el *Don Quijote* de Cervantes. Hegel caracteriza la época de Götz y de Franz von Sickingen como la de un nuevo orden en el que la caballería llega a su ocaso. El honorable caballero Götz, a quien odian los príncipes y a quien se dirigen los oprimidos, sucumbe ante las intrigas del emperador y de la corte episcopal. Hegel caracteriza al caballero a continuación mediante su autonomía en la conformación de la realidad medieval y su fracaso ante un mundo moderno transformado: «Haber elegido como primer tema este contacto y colisión entre la edad heroica medieval y la vida reglamentada moderna revela el gran sentido de Goethe. Pues Götz y Sickingen son todavía héroes que quieren regular autónomamente las circunstancias de su entorno más o menos amplio según su personalidad, su coraje y su justo, recto sentido; pero el nuevo orden de cosas lleva a Götz mismo a la injusticia y supone su ruina. Pues el terreno adecuado para esta clase de autonomía solo se halla en la caballería y en la relación feudal de la Edad Media. Pero si ahora el ordenamiento legal se ha civilizado completamente en su prosaica figura y se ha convertido en lo predominante, entonces queda fuera de lugar la autonomía aventurera de los individuos caballerescos, y, cuando ésta quiere mantenerse como lo único válido y enderezar entuertos y socorrer a los oprimidos en el sentido de la caballería, cae

---

12 Hegel, *Ästhetik*, 1995, vol. 1, p. 500; no obstante, resultaría insuficiente si se pasara por alto el contexto filosófico en Hegel y se hablara solamente del Romanticismo literario (Close, 1977, pp. 29–41; Rivero, 2011).
13 «Lo que aparece exteriormente ya no puede expresar la interioridad, y cuando sin embargo es todavía llamado a hacerlo, no recibe sino la tarea de patentizar que lo externo es la existencia (*Dasein*) insatisfactoria y debe remitir a lo interno, al ánimo y al sentimiento, como al elemento esencial» (Hegel, *Ästhetik*, 1995, vol. 1, p. 508).
14 Hegel, *Ästhetik*, 1995, vol. 1, p. 105.

en el ridículo, en el que Cervantes nos presenta a su Don Quijote».[15] Götz, al igual que Don Quijote, podría actuar evidentemente como caballero de manera libre y autónoma en un mundo medieval caballeresco, pero no puede hacerlo dentro del nuevo orden transformado de las cosas, pues éste no se corresponde con la «autonomía aventurera de los individuos caballerescos». Ya este paralelismo entre *Don Quijote* y el *Götz de Berlichingen*, representado por primera vez en 1774 en Berlín, muestra la actualidad del *Don Quijote* por aquel entonces.

Es característico del posicionamiento filosófico de Hegel que no pretenda ver corregido al sujeto por medio del orden de las cosas, sino que se aferre al sujeto a expensas de las cosas. Hegel denomina a Don Quijote como un carácter noble colocado en el estado fijo y determinado de una realidad descrita con precisión según sus relaciones externas. De ello resulta «la cómica contradicción entre un mundo intelectivo, ordenado por sí mismo, y un ánimo aislado que quiere crearse este orden y estabilidad solo por sí y por la caballería, única que podría derribarlos. [...] Don Quijote es en su desatino un ánimo perfectamente seguro de sí mismo y de su causa, o más bien esto no es más que el desatino de que es y permanece seguro de sí y de su causa».[16] Hegel muestra así sus simpatías por el alma caballeresca aislada de Don Quijote, quien por medio de la caballería pretende crear un orden propio y derribar el mundo ya existente sustituyéndolo por el mundo ordenado por él mismo. Don Quijote es así un paradigma del sujeto que conforma en su espíritu el objeto.

Götz y Don Quijote están unidos por la caballería, una forma de vida por la que Hegel siente especial aprecio. A dicha caballería le dedica un extenso capítulo en su *Estética*, pues sus representantes suponen claramente buenos paradigmas para su filosofía idealista.

Características del caballero serían el honor, amor y fidelidad subjetivos. Con ello, Hegel considera que el honor no ha de estar vinculado a circunstancias objetivas, como un valor real objetivo, la propiedad o la posición social, sino a la representación de la personalidad de uno mismo, el «valor que el sujeto se atribuye a sí mismo. En la fase actual este valor es tan infinito como infinito es el sujeto».[17] Los modelos del sujeto se encuentran por tanto en la consciencia que el sujeto tiene de sí mismo. Siempre que aquellos procedan de la realidad exterior serán irrelevantes. También en este caso podría tomarse como ejemplo a Don Quijote, si bien Hegel no lo hace en este punto.

---

15 Hegel, *Ästhetik*, 1995, vol. 1, p. 195.
16 Hegel, *Ästhetik*, 1995, vol. 1, p. 566.
17 Hegel, *Ästhetik*, 1995, vol. 1, p. 535.

En el capítulo acerca de la autonomía del carácter individual, Hegel habla del aventurerismo. «Ahora bien, al ánimo en sí encerrado le es tan indiferente a qué coyunturas dirigirse como contingente es cuáles se le ofrecen. Pues en su acción le importa menos consumar una obra en sí misma fundamentada y subsistente por sí misma que más bien hacerse valer sólo en general y obrar proezas».[18] De nuevo introduce Hegel ejemplos extraídos del mundo caballeresco. Cita la expulsión de los moros y árabes de los países cristianos y las cruzadas de los caballeros, que él denomina «aventura colectiva de la Edad Media cristiana»,[19] aunque al mismo tiempo relativiza esto negándoles la finalidad verdaderamente espiritual y la integridad. No obstante, convierte a la «colisión», esto es, la lucha de opuestos, en una categoría central en relación con el aventurerismo. Ve en ello un recurso estético capital. La colisión conllevaría disonancia en la armonía del ideal en sí unitario «y la tarea del arte aquí no puede consistir sino por una parte en evitar que en esta diferencia perezca la belleza libre, y por otra en presentar la escisión y su lucha, con lo que, mediante la solución de los conflictos, de aquéllas resulta la armonía, y solo de este modo brilla ésta en toda su esencialidad».[20] Las aventuras del mundo caballeresco, bien sean las de las cruzadas, o bien las de Don Quijote, presentan de manera paradigmática con sus múltiples «colisiones» cómo el sujeto consciente de sí mismo obtiene justificación para sí.

En lo referente a la estimación de la caballería, sus aventuras y colisiones, Hegel pudo recurrir a Friedrich Schlegel, para quien la caballería sería tan española como romántica: «Puesto que la poesía española se ha mantenido sin ningún tipo de influencia extranjera y en su conjunto puramente romántica, puesto que es en esta nación donde la poesía caballeresca cristiana medieval más ha perdurado hasta en los tiempos de era moderna, y ha alcanzado la forma más artística, por todo ello este es el lugar adecuado para determinar la esencia de lo romántico».[21] Dentro de la literatura española, Schlegel considera especialmente valiosos los libros de caballerías, como el *Amadís*, cuya configuración romántica y carácter idílico destaca Schlegel entre los españoles. En el *Don Quijote* de Cervantes todavía podrían reconocerse algunas huellas de estos libros de caballerías.[22]

---

18 Hegel, *Ästhetik*, 1995, vol. 1, p. 561.
19 Hegel, *Ästhetik*, 1995, vol. 1, p. 562.
20 Hegel, *Ästhetik*, 1995, vol. 1, p. 203.
21 Schlegel, *Kritische Schriften und Fragmente*, 1988, vol. 4, p. 160.
22 Schlegel, *Werke in zwei Bänden*, 1988, vol. 2, p. 271. Del mismo modo que en el idealismo el espíritu subjetivo conforma lo objetivo, en la literatura sería la poesía la que configura la realidad prosaica colocándose por encima. Schlegel concreta este punto en su comentario a las traducciones del *Quijote*. Mientras que en las traducciones anteriores habría faltado poesía, es

Estamos acostumbrados a ver en Friedrich Schlegel al ensayista y teórico de la literatura. Si se piensa, en cambio, que también intervino en discusiones filosóficas de su tiempo y que elogió de manera especial la filosofía idealista, habrá que observar entonces también sus disquisiciones relativas a la teoría de la literatura ante un trasfondo filosófico. No ha de olvidarse tampoco que de su pluma nació un libro sobre la filosofía transcendental y que se ocupó asimismo de la teoría de Fichte.[23] Él mismo reconoce en 1808 como mérito de Fichte que este «destruyó de raíz la limitación empírica basada en el pensamiento de la época, que Kant había permitido que perdurase, y que los kantianos habían incluso ampliado y reforzado todavía más; y que al mismo tiempo mostró qué poderoso efecto puede producir un uso libre y audaz de la idea de lo infinito».[24] La idea fundamental de la teoría fichteana la formula Schlegel de la siguiente manera: «la naturaleza como mundo sensorial muerto y mero reflejo de la reflexión sería el verdadero no-ser, un ser aparente completamente fútil y del todo secular; nada más que impedimento y barrera del espíritu en continuo desarrollo hacia el infinito».[25]

Sobre la significación de la filosofía idealista, Friedrich Schlegel escribe que en una época en la que la moral se degenera, las leyes se corrompen y todo resulta confuso y adulterado, «sólo por medio de la filosofía puede restablecerse el bienestar de las personas y mantenerse íntegro».[26] Precisamente esta nueva filosofía del idealismo muestra «lo más exterior que el hombre sólo por sí mismo alcanza, solo mediante la capacidad y el arte del libre pensamiento, y mediante el valor y voluntad firmes de constante persecución de los principios una vez ya concebidos».[27] Mientras que en la primera cita se critica la realidad verdadera por ser negativa desde el punto de vista moral y se le contrapone la realidad espiritual – considerada positiva – del idealismo filosófico, en la segunda cita se resalta la capacidad creadora del sujeto pensante en el sentido que le da precisamente el idealismo. Según Schlegel, el idealismo es por tanto el «punto central y el fundamento de la literatura alemana; sin él, no es posible una Física que abarque

---

Tieck, amigo íntimo «de la antigua poesía romántica», «quien pretende suplir esta carencia y reproducir en alemán la impresión y el espíritu del conjunto». Schlegel, *Werke in zwei Bänden*, 1988, vol. 2, p. 314.

23 Schlegel, *Transcendentalphilosophie*, 1991; Schlegel, *Kritische Schriften und Fragmente*, 1988, vol. 3, pp. 109–125.

24 Schlegel, *Kritische Schriften und Fragmente*, 1988, vol. 3, p.109.

25 Schlegel, *Kritische Schriften und Fragmente*, 1988, vol. 3, p. 113. No obstante, la filosofía de Schlegel se desarrolló cada vez más hacia un movimiento opuesto al aprecio de la razón en la Ilustración y en la filosofía hegeliana que la siguió. El accionamiento de la consciencia subjetiva es para Schlegel una puesta en marcha inconsciente de la consciencia (Elsässer, 1991, p. XVs.).

26 Schlegel, *Kritische Schriften und Fragmente*, 1988, vol. 3, p. 77.

27 Schlegel, *Kritische Schriften und Fragmente*, 1988, vol. 3, p. 77.

la naturaleza en su conjunto, y la poesía más elevada cual otra forma de expresión de la misma visión transcendental de las cosas solo difiere del idealismo por medio de la forma».[28] Así pues, lo que Schlegel reclama para el idealismo en las diferentes áreas de conocimiento podría haberse denominado en la terminología del pasado siglo XX como *episteme foucaultiana* y podrían haberse esperado de ésta nuevos enfoques en filosofía, física, poesía y erudición.

No resulta por ello asombroso que también pueda recurrirse al dramaturgo Friedrich Schiller como prueba del predominio paradigmático del idealismo alemán. En el segundo prefacio a su tragedia *Los bandidos* del año 1781, compara a su protagonista Karl Moor con Don Quijote. Según él, este último estaría marcado al igual que Moor por un carácter entusiasta y ajeno a la realidad (*Weltverfehlung*), causa admiración a la vez que suscita críticas en aquellos momentos en que la sobrevaloración de sí mismo conduce a la catástrofe: «y a estos sueños entusiastas de grandeza y eficacia solo se le podía unir la amargura frente al mundo no ideal, así acabó el singular Don Quijote, a quien detestamos y amamos, admiramos y compadecemos en el ladrón Moor».[29] Al igual que el bandido Moor, también Don Quijote se enfrenta, con su idealismo y entusiasmo, a un mundo para nada ideal. Si bien se añade aquí a la dimensión ontológica la dimensión apreciativa y moral, que pudimos observar asimismo en Schlegel, se mantiene constante la oposición de sujeto y objeto.

Schiller diferencia entre dos actitudes diferentes del sujeto frente al objeto. El sujeto puede tener, como en el caso de Moor o de Don Quijote, un carácter realista o idealista. Mientras que el carácter realista confía como observador objetivo en su percepción sensible y se somete en la vida cotidiana a la necesidad, el carácter idealista está caracterizado por un espíritu especulativo inquieto que busca lo absoluto en todos los conocimientos y acciones.[30] Queda claro que Schiller tiene en poca estima al realista. Éste, en cuanto como puro empirista, se somete a la realidad exterior, se aferra al individuo y solo conoce lo que percibe por los sentidos.[31]

---

28 Schlegel, *Werke in zwei Bänden*, 1988, vol. 2, p. 250.
29 Schiller, *Die Räuber*, 1910, pp. 348s.
30 «Puesto que el realista se deja determinar por la necesidad de la naturaleza, y el idealista por la necesidad de la razón, entre ambos debe darse la misma relación que encontramos entre los efectos de la naturaleza y las acciones de la razón». Schiller, *Werke in drei Bänden*, 1952, vol. 2, p. 355.
31 «Por eso también no es más que lo que las impresiones externas quieran hacer accidentalmente de él» (Schiller, *Werke in drei Bänden*, vol. 2, 1952, p. 364); «El realista por sí solo nunca hubiera ensanchado el ámbito de la humanidad más allá de los límites del mundo sensible ni hubiera revelado al espíritu humano su grandeza autónoma y su libertad; todo lo que en la humanidad hay de absoluto no pasa de ser para él una hermosa quimera y el creer en ello no le parece

Por el contrario, Schiller coloca en el lado positivo al idealista, «quien toma de la sola razón sus conocimientos y motivos [...] Así da la razón a cada una de las acciones el carácter de la autonomía y la perfección. A partir de sí misma lo crea todo, y a sí misma lo remite todo».[32] Pese a todo, el idealista también tiene su lado oscuro, como ha mostrado la comparación de Don Quijote y Moor. El idealista, con sus verdades generales, puede que pase por alto los objetos individuales y cotidianos. «Puede así con su saber filosófico dominar el conjunto y no obtener mediante ello beneficio alguno para lo particular, para la práctica: y aun más, al aspirar en todo lugar a las razones supremas, mediante las cuales todo se vuelve posible, puede descuidar fácilmente las razones más cercanas, mediante las cuales todo se vuelve real».[33] Modificando la frase kantiana, según la cual el pensamiento sin contenido estaría vacío y las intuiciones sin conceptos ciegas,[34] Schiller deduce de la contradicción propia de la teoría del conocimiento la antipatía psicológica de sus representantes por el lado contrario.[35]

La relación que se ha presentado entre el sujeto y el objeto tiene asimismo consecuencias para la observación de la historia. Para Hegel, en la historia predomina la razón. La verdad no se encuentra en la superficie sensible. Toda consideración científica de la historia ha de dejarse guiar por la razón y por la reflexión. «A quien ve el mundo de manera racional, éste también le ve de manera racional; ambos se determinan mutuamente».[36] Puesto que Hegel considera que en el mundo domina la voluntad divina, el contenido de la historia universal ha de ser necesariamente racional: «y para descubrirla, hace falta la conciencia de la razón, no los ojos de la cara, ni un intelecto finito, sino los ojos del concepto, de la razón, que atraviesan la superficie y penetran más allá de la intrincada maraña de los acontecimientos».[37] Desde el punto de vista filosófico, lo primario no son los acontecimientos, los destinos o las pasiones concretos, sino «el espíritu de los acontecimientos, que hace surgir los acontecimientos; este es Mercurio,

---

mucho mejor que un desvarío, porque nunca contempla al hombre en su pura capacidad, sino únicamente en un obrar determinado y por lo tanto limitado» (Schiller, *Werke in drei Bänden*, vol. 2, p. 361).

32 Schiller, *Werke in drei Bänden*, 1952, vol. 2, p. 357.
33 Schiller, *Werke in drei Bänden*, 1952, vol. 2, p. 357.
34 Kant, *Kritik der reinen Vernunft*, 1956, p. 95.
35 «De ahí que, si el entendimiento especulativo desprecia al común por su limitación, el entendimiento común se burla del especulativo por su vacuidad, ya que los conocimientos pierden siempre en precisión lo que ganan en amplitud» (Schiller, *Werke in drei Bänden*, vol. 2, 1952, p. 358).
36 Hegel, *Die Vernunft in der Geschichte*, 1955, p. 31.
37 Hegel, *Die Vernunft in der Geschichte*, 1955, p. 32.

el guía de los pueblos».[38] Así, las leyes, las costumbres, los fines e intereses de un pueblo se orientan por su espíritu, que Hegel denomina *Volksgeist* («espíritu del pueblo»). De este modo, si se observan las leyes y costumbres de un pueblo, éstos no son objetos externos, sino asuntos de carácter espiritual.[39] Una obra literaria como el *Quijote* ha de entenderse, así pues, como el espíritu de un pueblo hecho realidad.

Hegel designa la transformación como una de las categorías centrales de la historia. Esta se presenta como una incesante sucesión de pueblos, Estados e individuos. Es cierto que la contemplación de las ruinas de Cartago, Persépolis y Roma lleva a reflexionar sobre el carácter transitorio de los Estados y a lamentarse por una vida que una vez estuvo marcada por la riqueza y el poder. Sin embargo, de la transformación se origina de manera dialéctica algo nuevo en lo que, según Hegel, no solo se rejuvenece el espíritu, sino que aparece además elevado y sublimado. Así, cada espíritu de un pueblo tiene su propio principio. Una vez que ha alcanzado el objetivo, abandona el escenario de la historia universal. Como todo individuo natural, el espíritu de un pueblo es limitado y finito. Florece, goza de vigor, se debilita y muere. El punto culminante para el espíritu de un pueblo es alcanzar su idea, lo cual al mismo tiempo lleva a su declive y a la aparición de otro espíritu, de otra etapa.

Por su parte, cuando Schelling compara el *Wilhelm Meister* de Goethe con el *Quijote* de Cervantes, constata que Cervantes, en vista de las circunstancias históricas, lo tuvo más fácil que Goethe, pues en su época los pastores todavía ejercían su profesión, existían los caballeros, los moros y los piratas; el espíritu del pueblo era, pues, poético. Aunque en Goethe también encuentra su expresión la lucha entre la idealidad y la realidad, no se manifiesta cada vez en nuevas formas, sino que se trataría de una misma lucha reflejada de forma reiterada. Schelling califica ambas novelas como las más significativas hasta el momento. Aunque provienen de naciones diferentes, *Don Quijote* tiene validez universal. Así como de la Antigüedad cabe elogiar a Homero, en la Edad Moderna se ha de alabar a Cervantes por su extraordinaria capacidad de imaginación.[40]

Para Schlegel, el *Quijote* ha gozado durante doscientos años de la admiración de todas las naciones europeas no solo por su estilo y su riqueza imaginativa,

---

38 Hegel, *Die Vernunft in der Geschichte*, 1955, p. 33.
39 Hegel, *Die Vernunft in der Geschichte*, 1955, pp. 60s. En ello, el espíritu defiende su obra de objetivación también frente a la fuerza exterior, e incluso muestra su mayor implicación allí donde se enfrenta a una contradicción. El fin de la historia universal sería que el espíritu «llegue a saber lo que es verdaderamente y haga objetivo este saber, lo realice en un mundo presente, se produzca a sí mismo objetivamente» (Hegel, *Die Vernunft in der Geschichte*, 1955, p. 74).
40 Schelling, *Werke*, 1959, vol. 3, pp. 331–333.

«sino también como un cuadro vivo y épico en su conjunto de la vida española y de su carácter innato».[41] Está por tanto marcado por el espíritu del pueblo español. Por esa razón, para Schlegel carecen de valor las imitaciones de la novela aparecidas en Inglaterra o Francia.[42]

Sin embargo, ¿cómo pudo suceder que el *Volksgeist* alemán de los tiempos de Schlegel pudiera reconocerse a sí mismo precisamente en una novela española, cuya aparición quedaba ya doscientos años atrás? Schlegel recurre aquí a una argumentación muy hábil. Considera que la Edad Media española habría estado menos influida por los árabes que por los godos, esto es, los germanos.[43] Como la historia española sería entonces una rama de la alemana y la Edad Media perduró de manera ininterrumpida hasta el siglo XVII, puede considerarse que también el *Quijote* es una obra marcadamente germánica. En un primer momento, según él, el espíritu germánico venció en España al romano y se mantuvo con sus valores cristianos a pesar del influjo árabe. Esta tradición ininterrumpida habría llegado a su fin solo en el siglo XVIII por medio del «despotismo romano» de la hegemonía francesa. De este modo, cuando Schlegel observa la literatura española del Siglo de Oro encuentra lo propio, que se ha expandido por el mundo, y puede identificarse así con la poesía de Cervantes.

Cuando Schelling, como ya se ha mostrado aquí, coloca a Cervantes como autor moderno al mismo nivel que a Homero como autor de la Antigüedad, queda ello justificado no en último término por el hecho de que ambos crearon mitos. Los mitos, como objetivación del espíritu, cobran especial importancia en la filosofía del idealismo alemán. Friedrich Schlegel deriva el perjuicio de la poesía moderna del hecho de que la literatura antigua pudo crear una y otra vez a partir de sus mitos, perjuicio que consiste en no disponer de dichos mitos. De manera precisa formula lo siguiente: «No tenemos una mitología. Sin embargo, añado yo, estamos a punto de obtener una, o más bien, ha llegado el momento de que contribuyamos a producir una».[44] Esta nueva mitología ha de construirse sobre la

---

41 Schlegel, *Kritische Schriften und Fragmente*, 1988, vol. 4, p. 152.
42 *Don Quijote*, para Schlegel, es tanto más inimitable cuanto más se le imita. El genio de Cervantes habría elevado una representación prosaica de la actualidad real a la categoría de poesía. Esto solo habría sido posible porque la situación era diferente a la de Francia, Inglaterra y Alemania. «La vida verdadera en España era entonces aún más caballeresca y romántica que en cualquier otra parte de Europa. Incluso la carencia de un orden burgués estrictamente perfeccionado, la vida libre y salvaje en las provincias, pudo ser más favorable a la poesía». Así, Richardson, quien aunque de otra manera a como lo habían hecho los imitadores de Cervantes, «intentó elevar la realidad moderna a poesía», tampoco pudo alcanzar su objetivo (Schlegel, *Kritische Schriften und Fragmente*, 1988, vol. 4, p. 153 y p.155).
43 Schlegel, *Vorlesungen über Universalgeschichte*, 1960, pp. 178s.
44 Schlegel, *Werke in zwei Bänden*, 1988, vol. 2, p. 159.

base del idealismo filosófico. «Si una mitología puede solamente surgir como por sí misma de las profundidades más hondas del espíritu, encontramos una señal muy importante y una singular confirmación de aquello que buscamos en el gran fenómeno de nuestra época, ¡el idealismo!»[45]

Con ello se nos plantea la cuestión de hasta qué punto Don Quijote puede convertirse en nuevo mito del idealismo filosófico. En este punto ha de tomarse en consideración en primer lugar el valor filosófico que Hegel atribuye a los mitos. Hegel diferencia entre dos concepciones de los mitos. La primera es la concepción del mito como testimonio histórico, que vinculados a orígenes o sucesos históricos surgen de sacerdotes, artistas y poetas. La segunda «insiste en que alberguen un sentido general profundo cuyo reconocimiento en su encubrimiento es, sin embargo, la tarea propia de la mitología en cuanto a la consideración científica de los mitos. La mitología debe por tanto entenderse simbólicamente. Pues simbólicamente aquí significa simplemente que los mitos, como en cuanto productos del espíritu – por extravagantes, frívolos, grotescos, etc., que puedan parecer, por mucho que puedan estar mezclados de contingentes arbitrariedades exteriores de la fantasía –, engloban sin embargo significados, es decir, pensamientos generales sobre la naturaleza de Dios, filosofemas».[46] Un mito, por tanto, es significativo porque contiene un filosofema.

En la mitología antigua ve Hegel una evolución partiendo de Gea y Urano, que pasa después por Cronos y su linaje, y que avanza finalmente hacia Zeus y los suyos. Esta sucesión muestra «un incipiente despuntar de lo espiritual sobre lo natural».[47] Así pues, también aquí, como en la historia de los espíritus populares, los mitos antiguos quedan reemplazados por los más modernos. Los mitos de los dioses griegos tienen sus raíces, según Hegel, en las creencias del pueblo griego; sin embargo, son creaciones libres de sus poetas, los cuales se convierten de ese modo en creadores de la mitología.[48] Al buscar productos mitológicos correspondientes a su tiempo, Hegel da con Klopstock, el cual propone una mitología «nacional», «y así, Klopstock, puede decirse por orgullo nacional, intentó refrescar la antigua mitología de Wotan, Hertha, etc.»[49] Aunque la necesidad de

---

45 Schlegel, *Werke in zwei Bänden*, 1988, vol. 2, p. 160. Schlegel incluye en la nueva mitología el ingenio (*Witz*) de la poesía romántica, que encuentra en las obras de Cervantes y Shakespeare (Schlegel, *Werke in zwei Bänden*, 1988, vol. 2, p. 164).
46 Hegel, *Ästhetik*, 1955, p. 305; «Por el lado objetivo, el inicio del arte está estrechamente vinculado a la religión. Las primeras obras de arte son de índole mitológica. En la religión lo que se hace consciente es lo absoluto en general, aunque en sus más abstractas y pobres determinaciones» (Hegel, *Ästhetik*, 1955, p. 311).
47 Hegel, *Ästhetik*, 1955, pp. 448s.
48 Hegel, *Ästhetik*, 1955, p. 461.
49 Hegel, *Ästhetik*, 1955, p. 510.

una nueva mitología popular común fuera grande, Hegel rechaza esta restauración de dioses olvidados desde hace ya mucho tiempo por parecerle inapropiada.

Schelling se ocupa de la mitología de manera todavía más extensa que Hegel. Ya en sus primeros escritos, aparecidos entre 1792 y 1797, aunque también en sus lecciones tardías de los años 1837 y 1842 y en la *Filosofía del arte* (1802–1805), trata de los mitos.[50] Está convencido de que el mito de Prometeo y de Pandora «es un mito elaborado poéticamente para la representación de una especulación filosófica».[51] En este mito se ilustra «la aspiración del hombre a una mayor dignidad como una razón capital de la miseria humana mediante el ejemplo particular de la propiedad».[52] Puesto que en los mitos encuentran su expresión las verdades filosóficas, Schelling puede denominarlos como verdadera ciencia que cuestiona la verdad contenida en la mitología.[53] Así se confirma la interpretación de los mitos como verdadera filosofía.[54]

Dado que en los mitos se presentan verdades de manera comprensible e inteligible también para aquellos que en forma abstracta no los comprenderían, la mitología podría entenderse como una forma temprana de la filosofía. Como en las lenguas más antiguas del mundo todavía no existía la denominación sensible para dichos conceptos, para Schelling la filosofía del mundo más antiguo es una filosofía condicionada en su totalidad por la sensibilidad, es decir, una mitología.[55] Este modo de proceder de la más antigua filosofía fue copiado por filósofos

---

50 Parte de la idea de que los testimonios más antiguos de todos los pueblos comienzan con la mitología y diferencia, al igual que Hegel, entre mitos que guardan relación con la historia antigua del mundo o del pueblo y aquellos que expresan «filosofemas» en forma poética. No obstante, no le resulta fácil realizar dicha diferenciación, pues también los filosofemas podrían estar vinculados a sucesos históricos. Puesto que cada pueblo expresa su particularidad por medio de su mitología, Schelling considera ridículo pretender que tribus pastoriles produzcan mitos heroicos y que tribus guerreras generen mitos pastoriles.
51 Schelling, *Werke*, 1958, vol. 1, p. 15.
52 Schelling, *Werke*, 1958, vol. 1, p. 41. Algo similar es válido asimismo para el Prometeo encadenado a una roca: «Aquí en su roca representa de algún modo a toda la humanidad. El buitre que roe el hígado que crece una y otra vez es la imagen del desasosiego eterno y de la aspiración incesante a cosas mayores que atormenta a los mortales» (Schelling, *Werke*, 1958, vol. 1, pp. 41s.).
53 Schelling, *Philosophie der Mythologie*, 1996, pp. 158s.
54 «El término Filosofía de la mitología es muy similar al de Filosofía de la naturaleza, del arte: el término es algo complicado, en especial cuando digo: Filosofía del mundo mitológico» (Schelling, *Philosophie der Mythologie*, 1996, p. 160).
55 «De esta manera surgieron mitos, alegorías, personificaciones de la más antigua filosofía, que hasta el momento rara vez se han observado desde la perspectiva correcta. [...] Por ejemplo, si un sabio hubiera tenido el objetivo de enseñar a un pueblo sensible, ¿qué camino le hubiera quedado para acercarles su enseñanza si no el de la historia?» (Schelling, *Werke*, 1958, vol. 1., p. 28).

posteriores que, a su vez, quisieron aclarar diversos filosofemas. Schelling da como ejemplo a Platón, quien a menudo vincula sus especulaciones a mitos ya existentes de su nación, a imágenes de los poetas y de la creencia popular.

Schelling descubre nuevos mitos en la novela: «La novela ha de ser un espejo del mundo, al menos de la época, y convertirse así en una mitología parcial».[56] Schelling nombra entonces el *Quijote* para mostrar «lo que la idea de una mitología creada por el genio de un individuo quiere decir. Don Quijote y Sancho Panza son personajes mitológicos en todo el orbe civilizado, como la historia de los molinos de viento, etc. son verdaderos mitos, tradiciones mitológicas».[57] El tema de la novela y, con ello, de su filosofema es lo real en conflicto con lo ideal. Así como la épica mitológica de Homero está dividida en la *Ilíada* y la *Odisea*, la novela de Cervantes también está dividida en dos partes. Mientras que en la primera parte del *Quijote* el ideal del héroe choca contra el mundo corriente, en la segunda parte este mundo queda fingido y mitificado. Mientras que en la *Odisea* Circe finge un mundo en la representación, en el *Quijote*, según Schelling, esto lo llevan a cabo los duques. Si bien con ello se llevan a conmiseración los ideales del héroe y se relativizan de manera satírica, surgen triunfantes en lo referente al conjunto de la novela.

Ya el hecho de que Sancho Panza acompañe a su señor es para Schelling una «fuente inagotable de ironía».[58] Con esto se refiere a aquella ironía característica de la novela conformada por oposiciones. Se presenta también cuando Don Quijote y Cardenio se encuentran uno frente al otro «hasta que la insensatez de uno perturba la del otro».[59] Sin embargo, faltaría dicha ironía allí donde la novela, como se hizo en el siglo XVII, se interpreta erróneamente y de manera simplista como una mera sátira de una determinada insensatez. En general, puede decirse que la ironía, la sátira y el humor son apreciados por todos los representantes de la filosofía del idealismo, aun cuando los significados de los conceptos varíen en cada caso.

Cuando Hegel habla de sátira se refiere no como Schelling a las oposiciones en la novela, sino a la contraposición esbozada al comienzo entre sujeto y objeto. Aunque se mueve en un nivel más general, sí se deja entrever en Don Quijote el conflicto constatado por aquél entre el sujeto y la realidad exterior y el comportamiento satírico resultante de ello. «Un espíritu noble, un alma virtuosa, a la que se le niega la realización de su consciencia en un mundo de vicio e insensatez, se vuelve con apasionada indignación o más sutil ingenio y más fría amargura

---

56 Schelling, *Werke*, 1959, vol. 3, p. 327.
57 Schelling, *Werke*, 1959, vol. 3, p. 330.
58 Schelling, *Werke*, 1959, vol. 3, p. 331.
59 Schelling, *Werke*, 1959, vol. 3, p. 328.

contra la existencia que tiene ante sí y se enoja o se burla del mundo que contradice directamente su idea abstracta de virtud y verdad».[60]

¿Cuáles son los fundamentos de la concepción hegeliana de la sátira? No se encuentra muy alejado de Schelling, aun cuando subraya de manera expresa que su teoría de la ironía está basada en Schlegel y se apoya en los principios de la filosofía de Fichte, en la medida en que estos se aplican al arte. Según Hegel, Fichte hace del Yo el principio absoluto de todo saber, toda razón y conocimiento.[61] El Yo artístico como genial creador no está ligado a su creación por cuanto que el creador puede tanto eliminarla como crearla. Así, el Yo artístico vive en la cotidianidad, pero «en cuanto genio, esta relación con su realidad efectiva determinada, con sus acciones particulares, así como con lo en y para sí universal, es para él al mismo tiempo algo nulo, y se comporta irónicamente frente a ello».[62]

Hegel ve la sátira asimismo en otro nivel. Explica por medio de la saturación del espíritu de una época otro tipo de comicidad que se distancia. Si dicho espíritu ya ha encontrado su expresión más detallada y completa en el arte, el espíritu ya no dispone de nada secreto donde poder agotar su trabajo. Nace así la necesidad de «volverse *contra* la única sustancia válida: así como en Grecia Aristófanes, por ejemplo, se rebeló contra su presente y Luciano contra todo el pasado griego, y en Italia y España, a finales de la Edad Media, Ariosto y Cervantes comenzaron a volverse contra la caballería».[63] Se considera aquí el humor como actitud oportuna frente a un espíritu de una época desgastado y no se atribuye a Don Quijote, sino a Cervantes. De este modo, Hegel puede ver en el *Quijote* «una burla de la caballería romántica» «mediante una ironía verdadera».[64] A esta opinión, sin embargo, se la contesta de forma dialéctica que los hechos de Don Quijote componen solo el hilo en el que una serie de novelas insertadas auténticamente románticas eleva a un nivel superior el valor de lo que las aventuras de Don Quijote diluyen cómicamente. La consciencia progresiva de la época lleva según Hegel a «poner en ridículo lo arbitrario de los aventurerismos medievales, lo fantástico y exagerado de la caballería, lo formal de la autonomía y del aislamiento subjetivo de los héroes dentro de una realidad efectiva que ya se abre a una riqueza mayor de circunstancias e intereses nacionales, y, por tanto, a llevar a la intuición todo este mundo, por más que el eco permanezca realzado en él también con seriedad y preferencia, desde el punto de vista de lo cómico».[65] El punto culminante de esta

---

60 Hegel, *Ästhetik*, 1995, vol. 1, p. 494.
61 Hegel, *Ästhetik*, 1995, vol. 1, p. 72.
62 Hegel, *Ästhetik*, 1995, vol. 1, p. 74.
63 Hegel, *Ästhetik*, 1995, vol. 1, p. 578.
64 Hegel, *Ästhetik*, 1995, vol. 1, p. 566.
65 Hegel, *Ästhetik*, 1955, vol. 2, p. 466.

consideración, tanto distanciadamente cómica como crítica de la caballería, lo conforman para Hegel Ariosto y Cervantes.

Schiller adopta una posición similar cuando atribuye a un escritor como Tácito un espíritu elevado que observa desde arriba lo inferior y que desde su elevada posición lo hace parecer aún más bajo. «La sátira patética ha de brotar por tanto en todo momento de un espíritu intensamente penetrado por el ideal».[66] Al igual que para Hegel, también para Schiller la poesía satírica está marcada por la tensión entre realidad e idealidad en la obra poética: «Poeta satírico es aquel que toma como objeto el distanciamiento de la naturaleza y la contradicción de la realidad y el ideal (en ambos casos se termina ejerciendo sobre el espíritu un mismo efecto). Esto puede llevarlo a cabo el poeta, ya de manera seria y afectada, ya de manera jocosa y serena, según permanezca más bien en el ámbito de la voluntad o en el de la razón. En el primer caso ocurre mediante la sátira patética o represiva; en el otro mediante la sátira jocosa».[67] Schiller se distancia, sin embargo, de la sátira voltaireana, la cual brilla mediante múltiples formas, si bien carece de toda idealidad.[68] Schiller encuentra una razón grave elemental y que lucha por un ideal incluso en la más malvada burla con la que Luciano y Aristófanes maltratan a Sócrates. Por el contrario, en la literatura moderna sería Cervantes quien expresaría «un carácter grande y bello» «en cada ocasión digna en su *Don Quijote*»,[69] esto es, personifica aquella idealidad que se echa de menos en Voltaire.

Resumiendo, puede decirse que Don Quijote fue tan apreciado porque como sujeto individual crea su propia realidad a partir de sí mismo con su capacidad creativa espiritual. La actividad y la constitución de la realidad parten así en igual medida de él, de modo que la realización del objeto se debe al sujeto, el mundo interior tiene para Don Quijote preferencia sobre el mundo exterior. Sus ideas caballerescas las proyecta sobre la realidad. Como sujeto consciente es libre y configura la realidad en lugar de dejarse llevar por ella. Se convierte en paradigma para el sujeto que conforma en su espíritu el objeto. Para él la naturaleza es un no-ser, nada más que impedimento y óbice de su espíritu, que avanza hacia lo infinito. Su mundo caballeresco reconfigura como poesía la realidad prosaica superponiéndose a ella. En sus aventuras caballerescas vive en primera persona, como Götz, la colisión de la época heroica medieval con la vida moderna reglamentada. El honor es para él la consciencia que él como sujeto tiene de sí mismo. Como Karl Moor, no piensa de manera práctica, sino idealista, al no dejarse guiar

---

66 Schiller, *Werke in drei Bänden*, 1952, vol. 2, p. 319.
67 Schiller, *Werke in drei Bänden*, 1952, vol. 2, pp. 317s.
68 Schiller, *Werke in drei Bänden*, 1952, vol. 2, pp. 323s.
69 Schiller, *Werke in drei Bänden*, 1952, vol. 2, p. 323.

por la necesidad de la naturaleza, sino al actuar por sí mismo y aplicar su razón en cada una de sus acciones, aunque en ello no ve lo individual.

Puesto que también la observación de la historia ha mostrado el desarrollo dialéctico de la razón en la historia, en la que los espíritus de los pueblos determinan las objetivaciones, ha sido posible descubrir en todas las diferencias existentes entre Cervantes y Goethe la influencia germánica en el espíritu del pueblo español romántico que Don Quijote convierte en su propia objetivación. Se convirtió en un mito moderno cuyo filosofema se convierte en objeto de una mitología como filosofía propiamente dicha.

Este mito moderno de Don Quijote presenta ironía en la observación de la contradicción entre Don Quijote y Sancho, ve sátira allí donde domina la tensión entre realidad e idealidad, entre lo real y lo ideal, es testimonio de la burla y el ingenio del espíritu noble frente al mundo contradictorio, en la burla a la caballería cuenta la necesidad de volverse contra lo ya saturado en el espíritu de la época, tal como hicieron Aristófanes, Luciano y Cervantes y remite a un autor que se comporta como creador genial de manera irónica frente a su fútil criatura.

Llegados a este punto, se plantea la cuestión de si los representantes de la filosofía idealista, que ven en Don Quijote un filosofema de su filosofía, no se habrían comportado también de manera irónica al observar su filosofía y al personaje que la encarna, de modo similar a Cervantes.

Bibliografía

Close, Anthony, *The Romantic Aproach to «Don Quixote»*, Cambridge, Cambridge University Press, 1977.
Elsässer, Michael, «Einleitung», en Michael Elsässer (ed.), Friedrich Schlegel, *Transcendentalphilosophie*, Hamburg, Meiner, 1991, p. XVs.
Hegel, Georg Wilhelm Friedrich, *Ästhetik*, vols. 1 y 2, Frankfurt, Europäische Verlagsanstalt, 1955.
Hegel, Georg Wilhelm Friedrich, *Die Vernunft in der Geschichte*, Hamburg, Meiner, 1955.
Kant, Immanuel, *Kritik der reinen Vernunft*, ed. Raymund Schmidt, Hamburg, Meiner, 1956, p. 95.
Rivero Iglesias, Carmen, *La recepción e interpretación del Quijote en la Alemania del siglo XVIII*, Ciudad Real, Diputación Provincial, 2011.
Schelling, Friedrich Wilhelm Joseph, *Einleitung in die Philosophie*, Stuttgart, frommann-holzbog, 1989.
Schelling, Friedrich Wilhelm Joseph, *Philosophie der Mythologie in drei Vorlesungsnachschriften 1837/1842*, München, Fink, 1996.
Schelling, Friedrich Wilhelm Joseph, *Werke*, ed. Manfred Schröter, vol. 1, München, Beck, 1958.
Schelling, Friedrich Wilhelm Joseph, *Werke*, ed. Manfred Schröter, vol. 3, München, Beck, 1959.
Schiller, Friedrich, *Die Räuber, Zweite Vorrede, Sämtliche Werke*, vol. 1, München, Leipzig, 1910, Horenausgabe.

Schiller, Friedrich, *Werke in drei Bänden*, vol. 2, Wiesbaden, Insel, 1952.
Schlegel, Friedrich, *Kritische Schriften und Fragmente*, vols. 3 y 4, Paderborn, München, Schöningh, 1988.
Schlegel, Friedrich, *Transcendentalphilosophie*, Hamburg, Meiner, 1991.
Schlegel, Friedrich, *Vorlesungen über Universalgeschichte*, ed. Jean-Jacques Anstett, München, Paderborn, Wien, Ferdinand Schöningh, Thomas-Verlag, 1960.
Schlegel, Friedrich, *Werke in zwei Bänden*, vol. 2, Berlin, Weimar, Aufbau, 1988.
Strosetzki, Christoph, «Los discursos del feudalismo y de la guerra justa en el Quijote», en Christoph Strosetzki (ed.), *Discursos explícitos e implícitos en el Quijote*, Pamplona, Eunsa, 2006, pp. 73-98.

www.ingramcontent.com/pod-product-compliance
Lightning Source LLC
Chambersburg PA
CBHW030115170426
43198CB00009B/626